해커스공기업

NCS 모듈형

통합 봉투모의고사

실전모의고사
1회

50문항형

해커스잡

실전모의고사
1회
(50문항형)

□ **시험 유의사항**

[1] 50문항형 시험은 한국농어촌공사, 한전KPS, 한전KDN, 한국전기안전공사, 한국가스공사, 한국환경공단 등의 기업에서 출제 영역, 시간, 시험 순서 등 세부 구성을 다르게 출제하고 있습니다. (2021년 필기시험 기준)

[2] 본 실전모의고사는 50문항형 시험에서 자주 출제되는 의사소통능력, 수리능력, 문제해결능력, 자원관리능력, 정보능력, 기술능력, 조직이해능력, 직업윤리 8개 영역으로 구성되어 있으며, 문제가 영역 구분 없이 뒤섞여 출제되므로 영역별 제한 시간 없이 전체 문항을 60분 내에 푸는 연습을 하시기 바랍니다.

[3] 마지막 페이지에 있는 OMR 답안지와 해커스ONE 애플리케이션의 학습 타이머를 이용하여 실전처럼 모의고사를 풀어보시기 바랍니다.

01. 다음 글의 중심 내용으로 가장 적절한 것은?

> 우리나라의 서해 인근에는 갯벌이 넓게 펼쳐져 있다. 그중에는 개간 사업으로 인해 파괴된 갯벌도 많지만, 자연 그대로의 모습을 보전하고 있는 갯벌도 많다. 충청남도 태안에 위치한 가로림만 갯벌이 대표적으로, 가로림만은 총면적이 100km²에 달할 만큼 크고 만입(灣入)해 형성된 지형이라는 점에서 반폐쇄형 갯벌이라는 특징이 있다. 특히 조수간만의 차가 크고 수심이 얕아 갯벌이 잘 발달할 수 있는 조건을 갖추고 있으며, 간조 때에는 만 전체 면적의 약 70%가 갯벌로 드러나게 된다. 가로림만의 갯벌에서는 대형저서동물 149종을 비롯해 상괭이, 붉은발말똥게, 흰발농게와 같이 수많은 해양생물이 관찰되며 해양생태계 최상위 지표에서만 확인되는 점박이물범을 볼 수 있는 유일한 장소이기도 해 그 가치는 수치로 산정하기 힘들 정도로 뛰어나 세계 5대 갯벌로 손꼽히기도 한다. 그런데, 일각에서는 가로림만 지역의 경우 해안을 구성하는 배후 산지의 고도가 낮고 경사가 완만한 탓에 해안 지형 경관이 여타 갯벌 대비 뛰어나지 않다는 점에서 개간 사업을 시행해 이득을 챙길 필요가 있다는 주장도 제기되고 있다. 실제로 인근에 태안화력발전소가 있기도 하고, 조력발전소의 유력 후보지로 자주 거론되는 편이다. 다행히도 가로림만이 해양보호구역으로 선정됨에 따라 관련 사업이 백지화되기는 하였으나 개간 사업을 통해 경제적 이익을 얻어야 한다고 생각하는 이들도 많다. 하지만, 생태계적 이점과 더불어 지역 어민들의 생업적 측면을 고려하면 가로림만을 보존했을 때의 가치가 개간 사업을 통한 경제적 이익보다 높다. 물론 만 입구의 소규모 간척은 피하기 어려울 수 있지만, 대규모 간척 사업은 아직까지 시행된 바 없어 미래 후손을 생각해서라도 체계적으로 관리하여 보전해나갈 필요가 있다.

① 가로림만 갯벌은 개간 사업이 진행되지 않은 갯벌이므로 빠르게 대규모 간척을 진행할 필요가 있다.
② 가로림만 갯벌에서만 확인되는 다양한 해양생물들이 있으므로 세계 5대 갯벌로 선정해야 한다.
③ 가로림만 갯벌은 생태계적으로 보존 가치가 높으나, 갯벌로 인한 어민들의 피해가 심각한 편이다.
④ 가로림만 갯벌은 개간 사업 미진행에 따른 보전 가치가 높으므로 철저한 관리를 통해 보호되어야 한다.
⑤ 가로림만 갯벌이 생태계에 미치는 악영향을 고려할 때 소규모 간척만 시행되어야 한다.

02. 다음 중 창의적 사고에 대해 잘못 이야기하고 있는 사람은?

> A: 창의적 사고란 기존의 지식이나 개념들을 특정한 요구 조건에 적합하거나 유용하도록 새롭게 조합하는 것을 의미해.
> B: 개인이 발휘한 창의력은 다양한 상황에서 사회발전을 위한 원동력을 제공하기도 하고, 새로운 사회 시스템을 구축하는 데 쓰이기도 하는 등 새로운 가치를 창출할 수 있어.
> C: 문제를 빠르게 해결하는 사람보다 풀리지 않는 문제를 해결하는 사람이 창의적인 사람이라고 할 수 있어.
> D: 창의적 사고는 통상적인 것이 아니라 기발하거나 독창적인 것이어야 하고, 유용하고 적절한 가치가 있는 것이어야 해.
> E: 일반적으로 교육훈련을 통해 개발될 수 있으나 집념이나 끈기가 강할수록 창의력이 다소 낮아지는 측면이 있으니 주의해야 해.

① A　　　　② B　　　　③ C　　　　④ D　　　　⑤ E

03. 이 과장의 하루 일과에 대한 설명이 다음과 같을 때, ㉠~㉻을 같은 종류의 자원 낭비요인끼리 바르게 연결한 것은?

이 과장은 어제 늦은 시간까지 업무를 수행하다가 ㉠ 늦잠을 자는 바람에 회사에 지각하고 말았다. 지각한 시간만큼 점심시간을 활용해 업무를 수행하려 했던 이 과장은 동료의 부추김으로 점심을 먹으러 나갔고, ㉡ 늦어진 만큼의 업무는 내일로 미루기로 하였다. 식당에서 점심을 먹고 나오던 중 이 과장의 눈에 이번 달에 출시된 태블릿 PC가 들어왔다. 평소 IT 기기에 관심이 많던 이 과장은 ㉢ 계획에 없던 태블릿 PC를 구입하였고, 태블릿 PC를 구매하면서 함께 받은 충전기의 색깔이 마음에 들지 않아 평소 좋아하던 색깔의 ㉣ 충전기를 재구매하였다. 들뜬 마음으로 회사에 들어온 이 과장은 새로 구입한 태블릿 PC를 동료들에게 자랑하며, 탕비실에 비치된 ㉤ 일회용 종이컵을 사용하여 커피를 탔다. 혼자 커피를 마시던 이 과장은 미안한 마음에 동료 모두에게 커피를 타서 나누어 주었다. 이 과장이 속한 부서의 팀원은 총 10명이나, 이 과장은 8잔의 커피만 탔다. 이 과장은 아직도 ㉥ 자신의 팀원이 현재 모두 몇 명인지 파악하지 못하고 있다.

① ㉠, ㉢   ② ㉣, ㉤   ③ ㉣, ㉥   ④ ㉡, ㉢, ㉣   ⑤ ㉢, ㉣, ㉤

04. 다음 중 제조물 책임의 주요 내용으로 가장 적절하지 않은 것은?

① 제조물 책임은 제조물의 결함으로 인한 생명, 신체 또는 재산상의 손해를 입은 자에 대한 손해배상이다.

② 제조물 책임은 제조물의 안정성 강화 또는 충실한 소비자 보호에 긍정적인 영향을 미친다.

③ 제조업자 또는 공급업자가 당해 제조물을 공급하지 않았다는 사실이 입증되더라도 손해배상책임을 면할 수 없다.

④ 법의 적용 대상인 제조물은 제조 및 가공된 동산이며, 다른 동산이나 부동산의 일부를 구성하는 경우를 포함한다.

⑤ 제조물 책임은 제조원가 상승이나 클레임 건수 증가 등의 부정적인 영향을 불러올 수 있다.

05. 목적에 맞게 관리하고 활용해야 하는 정보는 크게 동적정보와 정적정보로 구분된다. 다음 ㉠~㉕을 정보활용의 형태에 따라 바르게 분류한 것은?

> ㉠ 각국의 환율과 그에 따른 원화 가치 환산 그래프
> ㉡ 정치인의 연설을 다룬 인터넷 뉴스 기사
> ㉢ 스마트폰에 저장된 전화번호부 목록
> ㉣ 신문에서 확인한 테러 위험국 국민 입국 금지 권고 소식
> ㉤ 해외여행 시 목적지의 날씨를 확인하기 위해 알아본 기상 정보
> ㉥ 어린 시절 피아노 경연 대회에서 상 받는 모습을 찍은 동영상

	동적정보	정적정보
①	㉠, ㉡, ㉣	㉢, ㉤, ㉥
②	㉠, ㉣, ㉤	㉡, ㉢, ㉥
③	㉡, ㉢, ㉣	㉠, ㉤, ㉥
④	㉠, ㉡, ㉣, ㉤	㉢, ㉥
⑤	㉢, ㉣, ㉤, ㉥	㉠, ㉡

06. 다음 ㉠~㉢에 들어갈 문서의 종류를 바르게 연결한 것은?

> • (㉠)를 작성할 때는 소비자들이 이해하기 어려운 전문용어의 사용은 가급적 지양해야 한다.
> • 핵심 내용의 효과적인 전달을 위해 내용에 적합한 표나 그래프를 활용하면 (㉡)의 설득력을 높일 수 있다.
> • 회사 외부로 전달하는 (㉢)는 작성 목적을 고려하여 누가, 언제, 어디서, 무엇을, 어떻게 혹은 왜가 드러나도록 작성해야 한다.

	㉠	㉡	㉢
①	설명서	기획서	보고서
②	기획서	보고서	설명서
③	설명서	공문서	기획서
④	기획서	공문서	설명서
⑤	설명서	기획서	공문서

07. 다음은 지역별·위반내역별 식품 접객업체의 위반 현황에 대한 자료이다. 자료에 대한 설명으로 적절한 것은?

[지역별·위반내역별 식품 접객업체의 위반 현황]

(단위: 건)

구분	전체	시설	보존 및 유통기준	개인위생	위생적 취급기준	영업자 준수사항	기타
서울	8,258	1,737	151	1,289	649	1,038	3,394
부산	1,709	415	68	294	168	194	570
대구	1,090	167	54	192	88	155	434
인천	1,282	302	98	219	107	238	318
광주	877	249	22	130	155	101	220
대전	553	185	20	51	40	84	173
울산	465	74	15	115	55	118	88
세종	282	22	1	75	7	20	157
경기	7,538	1,533	237	916	404	1,645	2,803
강원	919	96	13	99	74	235	402
충북	659	84	18	117	106	131	203
충남	1,266	144	34	289	103	146	550
전북	529	88	38	90	45	96	172
전남	1,126	231	13	176	70	162	474
경북	1,235	206	24	142	31	260	572
경남	1,855	422	44	226	117	278	768
제주	597	144	52	121	44	81	155
합계	30,240	6,099	902	4,541	2,263	4,982	11,453

※ 출처: KOSIS(식품의약품안전처, 식생활관리현황)

① 제시된 지역 중 기타 내역을 위반한 건수가 1,000건 이상인 지역은 총 3개 지역이다.

② 영업자 준수사항 내역을 위반한 건수가 가장 많은 지역과 가장 적은 지역의 영업자 준수사항 내역 위반 건수 차이는 4,962건이다.

③ 광주에서 위생적 취급기준 내역을 위반한 건수는 인천에서 위생적 취급기준 내역을 위반한 건수의 1.5배 이상이다.

④ 대전의 식품 접객업체가 위반한 전체 내역 건수에서 시설 내역을 위반한 건수가 차지하는 비중은 30% 이상이다.

⑤ 개인위생 내역을 위반한 건수가 가장 많은 지역은 보존 및 유통기준 내역을 위반한 건수도 가장 많다.

08. G 사 경영지원팀의 이 사원은 탕비실에서 사용할 냉장고를 새로 구입하여 설치한 후 주의사항에 대해 확인하였다. 다음 주의사항을 근거로 판단한 내용으로 가장 적절한 것은?

[냉장고 설치 시 주의사항]

1. 장소 선택
   - 바닥이 평평한 곳에 설치하십시오.
     - 냉장고가 설치되는 바닥이 평평하지 않으면 진동과 소음이 심해질 수 있고, 냉장고 문의 수평이 맞지 않는 원인이 될 수 있습니다.
   - 햇볕이 내리쬐는 곳, 열기와 습기가 많은 곳은 피해주십시오.
   - 냉장고를 설치할 공간의 벽과 냉장고 옆면과 뒷면은 10cm, 윗면은 10cm 이상 사이를 두고 설치해주십시오.
     - 좁은 공간에 냉장고를 설치하면 통풍이 잘 안 되어 냉장 성능이 떨어지고, 전기료도 많이 나올 수 있습니다.
     - 냉장고와 주위 공간이 너무 좁으면 제품 외부에 이슬이 생길 수 있습니다.
   - 냉장고 문이 충분히 열릴 수 있는지 확인하십시오.

2. 높낮이 맞추기
   - 조정 다리를 좌우로 돌려 높낮이를 맞춰주십시오.
     - 높낮이가 맞지 않으면 소음, 진동의 원인이 되거나 문 두 개의 높이가 차이 날 수 있으며 냉동, 냉장이 잘 안 될 수도 있습니다.

3. 접지
   - 콘센트에 접지 단자가 있는 경우
     - 따로 접지할 필요 없습니다.
   - 콘센트에 접지 단자가 없는 경우
     - 접지선을 이용한 접지 방법: 접지선을 동판에 연결하여 습기가 많은 땅속에 25cm 깊이로 묻어줍니다.
     - 누전차단기를 이용한 접지 방법: 항상 물기가 있는 장소에 설치할 때 서비스센터에 의뢰합니다.

4. 전원 연결
   - 220V 전용 콘센트에 전원 플러그를 꽂아주십시오.
     - 110V 지역에서는 변압기 등 별도의 장치를 이용하여 사용하십시오.
     - 전원 플러그를 뺀 뒤 바로 꽂으면 냉장고에 무리가 가므로 전원 플러그를 다시 꽂을 때는 5분 이상 경과한 후 꽂아주십시오.

5. 식품 보관
   - 전원 플러그를 꽂고 냉장고 안이 충분히 차가워진 후 식품을 넣어주십시오.
     - 설치 초기에 냉장고 내부 플라스틱 고유의 냄새가 날 경우가 있으나 냉장고를 가동시키면 문의 여닫음에 따라 냉기 순환 작용에 의해 냄새는 사라집니다.

---

① 냉장고 설치 후 전원 플러그를 꽂는 순간 냉장고 내부 특유의 냄새가 증발하므로 식품을 바로 보관할 수 있다.

② 접지 단자가 있는 콘센트에 접지선을 이용해 접지하기 위해서는 접지선을 동판에 연결하여 습기가 많은 땅속에 묻어야 한다.

③ 110V 지역에서 전원을 연결할 때는 냉장고에 무리가 가지 않도록 설치하고 5분이 경과한 후 전원 플러그를 꽂아 사용하면 된다.

④ 전기료가 평상시보다 많이 나오는 경우 냉장고 윗면·옆면·뒷면과 냉장고 주변 벽 사이 간격이 10cm 이상 떨어져 있는지 확인한다.

⑤ 냉장고와 냉장고 주변 간의 여유 공간이 너무 좁을 경우 냉장고 문의 수평이 맞지 않는 원인이 될 수 있다.

09. 다음 글의 빈칸에 들어갈 용어로 적절한 것은?

> ( )는 일의 순서와 소요기간을 결정할 때 이용하는 도구로, 업무를 달성하는 데 필요한 전 작업을 작업 내용과 순서를 기초로 하여 네트워크상으로 표시·파악한다. 이때, 통상적으로 업무를 구성하는 작업내용은 이벤트라고 통칭하며 원(圓)으로 표시하고, 각 작업의 실시는 액티비티라고 통칭하며 소요 시간과 함께 화살표로 표시한다.

① PERT   ② 책임분석표   ③ 간트차트   ④ WBS   ⑤ 워크 플로 시트

10. 다음 중 문제해결에 대한 설명으로 적절한 것의 개수는?

> ㉠ 고객이 불편함을 느끼는 부분을 찾아 개선하고, 고객감동을 통해 고객 만족을 높이는 측면에서도 문제해결이 요구된다.
> ㉡ 문제해결은 목표와 현상을 분석하고 분석 결과를 토대로 주요과제를 도출한 뒤, 바람직한 상태나 기대되는 결과가 나타나도록 최적의 해결안을 찾아 실행, 평가해 가는 활동을 뜻한다.
> ㉢ 문제해결을 위해서는 조직차원의 노력보다 체계적인 교육훈련을 이수한 일정 수준 이상의 문제해결능력을 가진 실무자의 노력이 필요하다.
> ㉣ 불필요한 업무를 제거하거나 단순화하여 업무를 효율적으로 처리함으로써 자신을 경쟁력 있는 사람으로 만들어 나가는 측면에서도 문제해결이 요구된다.
> ㉤ 문제해결을 위해서 개인은 본인이 담당하는 전문영역에 대한 지식을 바탕으로 문제를 조직 전체의 관점과 기능단위별 관점으로 구분할 수 있어야 한다.

① 1개   ② 2개   ③ 3개   ④ 4개   ⑤ 5개

11. 다음 (가)~(라)를 효과적인 시간계획의 순서에 따라 바르게 나열한 것은?

> (가) 일의 우선순위를 결정한다.
> (나) 달력, 다이어리, 개인 휴대 단말기 등을 활용해 시간계획서를 작성한다.
> (다) 한정된 시간 자원의 효율적 활용을 위해 명확한 목표를 설정한다.
> (라) 각각의 일을 진행하는 데 소요되는 시간을 결정한다.

① (나) – (다) – (가) – (라)   ② (나) – (다) – (라) – (가)   ③ (다) – (가) – (나) – (라)
④ (다) – (가) – (라) – (나)   ⑤ (다) – (나) – (가) – (라)

12. 다음 중 에티켓과 매너에 대한 설명으로 가장 적절하지 않은 것은?

① 직장에서 지켜야 할 예절은 에티켓과 매너의 차이점을 일반화한 에티켓과 매너를 총칭한다.

② 에티켓과 달리 매너는 방법적 성격이 강하다.

③ 에티켓은 '좋다', '나쁘다'로, 매너는 '있다', '없다'로 표현된다.

④ 다른 사람의 방에 들어갈 때 노크를 해야 하는 것은 매너보다 에티켓에 가깝다.

⑤ 네트워크상에서 지켜야 할 예절은 네티켓이라 한다.

13. 다음 중 실행 중인 프로그램 창을 순서대로 전환할 때 사용하는 Windows 단축키로 가장 적절한 것은?

① Alt + Tab

② Ctrl + Tab

③ Alt + Esc

④ Ctrl + Esc

⑤ Shift + F10

14. 다음 중 맞춤법에 맞지 않는 것은?

① 아버지는 자식들에게 재산을 몫몫이 나누지 않고 사회에 환원하겠다고 선언하였다.

② 잃어버린 물건을 찾기 위해 집 안을 샅샅이 뒤졌지만 끝까지 찾아내지 못하였다.

③ 경찰은 범죄자의 위법 행동을 낱낱이 밝히기 위해 밤낮없이 수사에 몰입하고 있다.

④ 이번에 새로 오신 선생님은 누구보다 수업 계획안을 꼼꼼히 작성하는 것으로 유명하다.

⑤ 취미로 틈틈히 사들인 텀블러가 어느새 주방 찬장을 가득 채울 만큼 많아졌다.

15. 취업 준비생인 L 씨가 자기소개서를 작성하기에 앞서 지원하고자 하는 기업의 정보를 다음과 같이 정리하였을 때, 미션과 비전이 잘못 분류된 것을 모두 고르면?

	기업	미션	비전
㉠	○○공사	물을 통한 국민의 삶의 질 향상	최고의 수자원 종합 플랫폼 마련
㉡	◎◎인터내셔널	세계로 뻗어 나가는 글로벌 그룹	한국을 대표하는 무역 허브 구축
㉢	◇◇투자증권	투자자를 위한 높은 수익률 창출	아시아 최고의 금융 회사
㉣	□□유업	고객의 건강과 행복을 책임지는 회사	건강하고 안전한 먹거리 생산
㉤	△△텔레콤	혁신적인 상품과 서비스 개발	고객이 신뢰하는 ICT 복합 기업

① ㉠, ㉡   ② ㉠, ㉢   ③ ㉡, ㉣   ④ ㉡, ㉤   ⑤ ㉢, ㉤

16. 다음 중 지속 가능한 발전 및 기술에 대한 설명으로 가장 적절하지 않은 것은?

① 지속 가능한 발전은 경제적 활력, 사회적 평등의 충족뿐 아니라 환경보호도 발전의 중심적인 요소가 되는 발전을 의미한다.

② 이용 가능한 자원과 에너지를 고려하는 지속 가능한 기술은 가능한 한 고갈되지 않는 자연 에너지를 활용한다.

③ 지속 가능한 기술은 사용되는 자원의 질적인 측면을 고려하여 생산적인 방식으로 사용하는 데 주의를 기울인다.

④ 대다수의 지속 가능한 기술은 지금의 주된 발전 기술과 그 형태 측면에서 상당한 차이를 보인다.

⑤ 지속 가능한 발전은 현재의 욕구를 충족시키면서 동시에 후세대의 욕구 충족을 침해하지 않는 발전을 추구한다.

17. 다음 중 근면에 대한 설명으로 적절한 것을 모두 고르면?

> ㉠ 사전상 '부지런히 일하며 힘씀'으로 풀이된다.
> ㉡ 근면은 지속적으로 달성이 유예되는 가치 지향적인 목표 속에서 재생산된다.
> ㉢ 근면성을 높이기 위해서는 일을 할 때 수동적으로 받아들이는 자세가 필요하다.
> ㉣ 근면은 고난을 극복하기 위해서 금전과 시간, 에너지를 사용할 수 있도록 준비하는 것이다.

① ㉠, ㉡   ② ㉠, ㉣   ③ ㉡, ㉢   ④ ㉠, ㉡, ㉣   ⑤ ㉡, ㉢, ㉣

18. 다음 중 바코드와 QR 코드의 특징에 대해 잘못 이야기하고 있는 사람은 몇 명인가?

> 지은: 바코드는 문자나 숫자가 굵기가 다른 검은 막대와 하얀 막대의 조합으로 구성되어 있는 데 반해 QR 코드
> 는 흑백의 격자무늬 패턴으로 구성되어 있어.
>
> 수정: 정보를 가로, 세로 방향으로 배열한 QR 코드는 정보를 한 방향으로 배열한 바코드보다 더욱 다양한 정보
> 를 입력할 수 있지만, 수록 가능한 정보의 양이 적다는 단점이 있군.
>
> 경희: 광학식 마크판독장치가 사용된 바코드는 컴퓨터가 판독하기 용이할 뿐만 아니라 데이터를 빠르게 입력할
> 때 유용하게 사용되지.
>
> 두민: 바코드는 마트 등에서 매출정보를 관리하는 데 주로 사용되며, QR 코드는 중요한 홍보 마케팅 수단 등에
> 폭넓게 사용되네.

① 0명   ② 1명   ③ 2명   ④ 3명   ⑤ 4명

19. 문제해결과정은 문제 인식, 문제 도출, 원인 분석, 해결안 개발, 실행 및 평가의 5단계로 이루어지며, 문제해
결 과정 중 원인 분석은 다시 3단계로 나누어진다. 다음 중 원인 분석의 각 단계에 대한 설명으로 가장 적절
하지 않은 것은?

① ㉠ 단계에서는 현재 수행하고 있는 업무에 가장 크게 영향을 미치는 문제를 핵심 이슈로 설정한다.

② ㉡ 단계에서는 데이터의 수집 범위를 결정하고, 수집한 데이터를 항목별로 정리한다.

③ ㉢ 단계에서는 이슈와 데이터 분석을 통해서 얻은 결과를 바탕으로 최종 원인을 확인한다.

④ ㉠ 단계에서는 가설 검증 계획에 의거하여 분석 결과를 미리 이미지화한다.

⑤ ㉢ 단계에서는 '무엇을', '어떻게', '왜'라는 것을 고려하여 데이터를 분석하고 의미를 해석한다.

20. 다음은 지역별 식중독 신고 건수 및 환자 수를 나타낸 자료이다. 자료에 대한 설명으로 적절하지 않은 것은?

[지역별 식중독 신고 건수 및 환자 수]

구분	2018년		2019년	
	신고 건수(건)	환자 수(명)	신고 건수(건)	환자 수(명)
합계	358	11,343	280	4,029
서울	54	2,142	36	719
부산	19	637	15	263
대구	10	245	11	157
인천	32	334	17	397
광주	5	43	8	53
대전	1	4	6	64
울산	6	102	3	20
세종	3	184	1	5
경기	77	4,551	56	705
강원	12	308	18	190
충북	17	190	19	264
충남	5	262	17	391
전북	20	208	14	97
전남	30	322	9	217
경북	28	1,092	18	197
경남	29	487	26	228
제주	10	232	6	62

※ 출처: KOSIS(식품의약품안전처, 식생활관리현황)

① 2019년 식중독 환자 수가 전년 대비 가장 많이 감소한 지역은 경기이다.

② 2018년 부산의 식중독 신고 건수 1건당 평균 환자 수는 약 33.5명이다.

③ 2019년 충남의 식중독 신고 건수는 작년 대비 240% 증가하였다.

④ 2019년 식중독 신고 건수가 전년 대비 증가한 지역은 총 6개 지역이다.

⑤ 2018년 전체 식중독 환자 수에서 서울의 식중독 환자 수가 차지하는 비중은 15% 미만이다.

21. 귀하는 코로나19의 장기 유행으로 생활 속 거리 두기 세부지침을 다시 숙지하기 위하여 보건복지부 홈페이지에서 관련 자료를 확인하였다. 다음 자료를 바탕으로 생활 속 거리 두기를 실천하고자 할 때, 귀하가 취할 행동으로 가장 적절하지 않은 것은?

[개인방역 5대 핵심 수칙]

제1수칙 "아프면 3~4일 집에서 쉽니다."
1. 열이 나거나 기침, 가래, 인후통, 코막힘 등 호흡기 증상이 있으면 집에 머물며 3~4일간 쉽니다.
2. 증상이 있으면 주변 사람과 만나는 것을 최대한 삼가고, 집 안에 사람이 있으면 마스크를 쓰고 생활합니다. 특히 고령자·기저질환자와의 대화·식사 등 접촉을 자제합니다.
3. 휴식 후 증상이 없어지면 일상에 복귀하고, 휴식 중에 38도 이상 고열이 지속되거나 증상이 심해지면 콜센터나 보건소에 문의합니다.
4. 병원 또는 약국에 가거나 생필품을 사기 위해 어쩔 수 없이 외출을 해야 할 때에는 꼭 마스크를 씁니다.
5. 기업, 사업주 등은 증상이 있는 사람이 출근하지 않게끔, 또는 집으로 돌아가 쉴 수 있도록 돕습니다.

제2수칙 "사람과 사람 사이에는 두 팔 간격으로 충분한 거리를 둡니다."
1. 환기가 안 되는 밀폐된 공간 또는 사람이 많이 모이는 곳은 되도록 가지 않습니다.
2. 일상생활에서 사람과 사람 사이에 2m의 거리, 아무리 좁아도 1m 이상의 거리를 둡니다.
3. 다른 사람과 충분한 거리를 유지할 수 있도록 자리를 배치합니다.
4. 많은 사람이 모여야 할 경우 2m 간격을 유지할 수 있는 공간을 확보하거나 모이는 시간을 서로 다르게 합니다.
5. 만나는 사람과 악수 혹은 포옹을 하지 않습니다.

제3수칙 "손을 자주 꼼꼼히 씻고, 기침할 때 옷소매로 가립니다."
1. 식사 전, 화장실 이용 후, 외출 후, 코를 풀거나 기침 또는 재채기를 한 후에는 흐르는 물과 비누로 30초 이상 손을 씻거나, 손 소독제를 이용해 손을 깨끗이 합니다.
2. 씻지 않은 손으로 눈, 코, 입을 만지지 않습니다.
3. 개인·공용장소에는 쉽게 손을 씻을 수 있는 세숫대야와 비누를 마련하거나 곳곳에 손 소독제를 비치합니다.
4. 기침이나 재채기를 할 때는 휴지 혹은 옷소매 안쪽으로 입과 코를 가립니다.
5. 발열, 기침, 가래, 인후통, 코막힘 등의 증상이 있거나 몸이 안 좋다고 생각되면 다른 이들을 위해 마스크를 착용합니다.

제4수칙 "매일 2번 이상 환기하고, 주기적으로 소독합니다."
1. 자연 환기가 가능한 경우 창문을 항상 열어두고, 계속 열지 못하는 경우는 주기적으로(매일 2회 이상) 환기합니다. 환기를 할 때는 가능하면 문과 창문을 동시에 열어 놓습니다. 미세먼지가 있어도 실내 환기는 필요합니다.
2. 가정, 사무실 등 일상적 공간은 항상 깨끗하게 청소하고, 손이 자주 닿는 곳(전화기, 리모컨, 손잡이, 문고리, 탁자, 팔걸이, 스위치, 키보드, 마우스, 복사기 등)은 주 1회 이상 소독합니다.
3. 공공장소 등 여럿이 오가는 공간은 손이 자주 닿는 곳(승강기 버튼, 출입문, 손잡이, 난간, 문고리, 팔걸이, 스위치 등)과 공용 물건(카트 등)을 매일 소독합니다.
4. 소독을 할 때는 소독제(소독제 티슈, 알코올(70% 에탄올)), 차아염소산나트륨(일명 가정용 락스 희석액 등)에 따라 제조사의 권고사항을 준수(용량과 용법 등)하여 안전하게 사용합니다.

제5수칙 "거리는 멀어져도 마음은 가까이합니다."

1. 모이지 않더라도 가족, 가까운 사람들과 자주 연락하는 등 마음으로 함께 할 기회를 만듭니다.
2. 공동체를 위한 나눔과 연대를 생각하고, 코로나19 환자, 격리자 등에 대한 차별과 낙인에 반대합니다.
3. 소외되기 쉬운 취약계층을 배려하는 마음을 나누고, 실천합니다.
4. 의심스러운 정보를 접했을 때 신뢰할 수 있는지 출처를 확인하고, 정확하지 않은 소문은 공유하지 않으며, 과도한 미디어 몰입을 삼갑니다.

※ 출처 : 보건복지부, 생활 속 거리 두기 세부지침(3판)

① 지하철에서 갑자기 기침이 나오는데 휴지가 없는 상황에서는 옷소매 안쪽으로 입과 코를 가리고 기침한다.

② 코로나19와 관련한 정확하지 않은 소문은 주변 사람들에게 공유하지 않고 미디어에 지나치게 몰입하지 않도록 주의한다.

③ 계속 창문을 열어 두지 못하는 장소에서는 하루에 한 번씩 시간을 정해서 문과 창문을 동시에 열어 놓고 환기한다.

④ 열이 나거나 호흡기 증상이 나타나면 병원, 약국에 가거나 생필품을 사러 가는 경우를 제외하고는 집에 머물며 3~4일간 쉰다.

⑤ 식사 전에 흐르는 물과 비누로 손을 씻는 것이 불가능하다면 손 소독제를 이용해서 손을 깨끗하게 하고 식사한다.

22. 다음은 연도별 유치원 수 및 유치원 학급 수에 대한 자료이다. 이를 바탕으로 만든 그래프로 적절하지 않은 것은?

[연도별 유치원 수 및 유치원 학급 수]

(단위: 백 개)

구분		2015	2016	2017	2018	2019	2020
유치원 수	국·공립	47	47	47	48	49	50
	사립	43	43	43	42	40	37
	합계	90	90	90	90	89	87
유치원 학급 수	국·공립	93	98	104	109	116	124
	사립	248	260	261	269	257	242
	합계	341	358	365	378	373	366

※ 출처: KOSIS(한국교육개발원, 교육기본통계)

① 연도별 전체 유치원 수

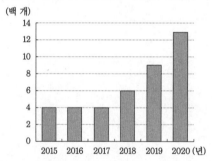

② 연도별 전체 유치원 학급 수

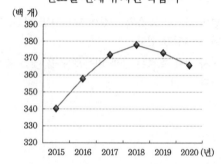

③ 연도별 국·공립 유치원 수와 사립 유치원 수의 차

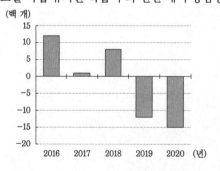

④ 연도별 사립 유치원 수 백 개당 사립 학급 수

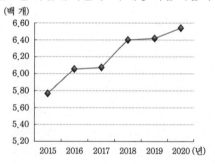

⑤ 연도별 사립 유치원 학급 수의 전년 대비 증감량

23. 다음 글의 빈칸에 들어갈 용어는?

( )란/이란 사용자들이 복잡한 정보를 보관하기 위해 별도의 데이터 센터를 구축하지 않고도 인터넷상에 마련한 개인용 서버에 각종 문서, 사진, 음악 따위의 파일 및 정보를 저장하여 두는 시스템을 의미한다.

① USB   ② 디스크   ③ SNS   ④ 클라우드   ⑤ E-mail

24. 다음은 고속도로 장학생 선발 안내문이다. 다음 안내문을 근거로 판단한 내용으로 적절한 것은?

[고속도로 장학생 선발 안내문]

1. 신청자격
- 고속도로 교통사고 또는 건설·유지관리 안전사고로 사망한 자의 자녀
- 고속도로 교통사고 또는 건설·유지관리 안전사고로 발생한 장애의 정도가 심한 장애인(기존 장애인복지법상 1~3급 장애인)으로 구분된 자 또는 그의 자녀

  ※ 1) 음주 및 불법으로 인한 교통사고의 원인제공자 및 그의 자녀는 신청 대상자에서 제외함
  2) 고속도로는 도로법에 의거하여 고속국도로 지정된 도로를 의미함

2. 장학금 지급액

구분	대학생		고등학생		초·중학생		미취학 아동
	기초생활 수급자, 차상위계층	일반	기초생활 수급자, 차상위계층	일반	기초생활 수급자, 차상위계층	일반	
금액	500만 원	300만 원	300만 원	200만 원	200만 원	100만 원	100만 원

※ 장학금은 1가구 1자녀 신청을 원칙으로 하나, 기초생활수급자와 차상위계층에 한해 1가구 2자녀 신청 가능함

3. 신청서 제출
- 접수: 고속도로장학재단 사무처
- 접수기간: 20XX. 9. 6.(월)~30.(목)

4. 제출 서류
- 장학금 수혜대상자 조사표(개인정보 수집·이용 동의서 제출) 1부
- 국민기초생활보장법에 의한 수급자 증명서 등 생활형편증명서류 1부
  ※ 기초생활수급자에 한함
- 교통사고사실확인원(경찰서 발행) 1부
- 사고자와의 관계 증명 서류(가족관계증명서 또는 제적등본) 1부
- 재학증명서 1부(미취학 아동 제외)
- 신청자 본인 통장 사본 1부
- 장애인복지카드(장애인등록증) 사본 1부
  ※ 장애인에 한함
- 재적증명서 및 1학기 등록금 납입 영수증 1부
  ※ 대학 휴학생에 한함
- 졸업예정증명서 1부
  ※ 졸업예정자에 한함

5. 선발 일정

9월	10월	11월	12월
• 서류 접수	• 적격 여부 심사 ※ 재단 사무국 진행 • 대상자 선발 ※ 심의위원회 진행	• 대상자 확정 ※ 장학재단 이사회 진행	• 장학금 지급

① 장학생으로 선발된 일반 고등학생은 장학금으로 300만 원을 지급받는다.

② 장학생으로 선발된 대학생은 모두 재적증명서와 1학기 등록금 납입 영수증을 제출해야 한다.

③ 장학생 대상자는 10월에 선발되며, 11월에 확정된다.

④ 불법으로 인한 교통사고의 피해자에게는 장학생 신청자격이 주어지지 않는다.

⑤ 장학생 신청자격을 갖춘 차상위계층 가구는 가구당 1명의 자녀만 장학생 신청이 가능하다.

25. 다음 중 의사표현에 영향을 미치는 비언어적 요소에 대해 잘못 이해한 사람은?

> 진영: 대화 도중에 제3자가 갑자기 끼어들었다면, 그를 쳐다보는 행동을 통해 제3자의 대화 합류가 반갑지 않음을 표시할 수 있죠.
>
> 이정: 발표자의 말이 빠르다면 청중은 내용에 대해 생각할 시간이 부족해 놓친 내용이 있다고 판단할 수 있습니다.
>
> 미수: 엄지를 들어 올리는 것과 같이 상징성을 띠는 동작은 지역이나 문화에 따라 다르게 받아들여질 수 있음을 유념해야 해요.
>
> 지혜: 말을 할 때 호흡을 충분히 하고 목에 힘을 주지 않으면서 입술, 혀, 턱을 빨리 움직이면 발음을 바르게 할 수 있습니다.
>
> 수진: 발표를 할 때 의도를 갖고 쉼을 활용하면 청중으로부터 논리성, 감정제고, 동질감 등을 확보할 수 있어요.

① 진영   ② 이정   ③ 미수   ④ 지혜   ⑤ 수진

26. 다음 사례에 해당하는 기업적 차원에서의 인적자원의 특성으로 적절한 것은?

> K 사원은 입사 초반에 업무 이해 속도가 느리고 실수가 잦아 사수로부터 많은 지적을 받았다. 하지만 K 사원은 꼼꼼한 성격을 바탕으로 자신이 업무를 수행하며 실수했던 부분을 별도의 파일로 정리하여 숙지하고, 유사한 업무를 반복적으로 수행할 때는 체크리스트를 활용하여 점차 실수를 줄여 나갔다. 그 결과 K 사원은 본인이 맡은 업무는 물론이거니와 업무 내용 중 지시하지 않은 부분도 스스로 찾아서 해내는 등 업무 능력의 눈부신 향상을 보여주고 있다.

① 개별성   ② 능동성   ③ 전략적 자원   ④ 개발 가능성   ⑤ 적합성

27. 선미는 집에서 출발하여 13km 떨어진 약속 장소에 가기 위해 20km/h로 달리는 버스로 15분 동안 이동하던 중, 버스가 고장이 나 하차하였다. 이후 5km/h로 걸어가다가 중간에 30km/h로 달리는 택시를 타고 이동하여 약속장소에 도착하였다. 집에서 약속 장소까지 가는 데 39분이 소요되었을 때, 선미가 택시를 타고 이동한 거리는? (단, 이동 수단 변경 시 소요되는 시간은 고려하지 않는다.)

① 6.4km   ② 6.7km   ③ 6.9km   ④ 7.2km   ⑤ 7.4km

28. 조직구조는 그 형태에 따라 기능별 조직구조와 사업별 조직구조로 구분된다. 다음 조직구조의 특징들 중에서 제시된 조직구조에 대한 설명으로 적절한 것을 모두 고르면?

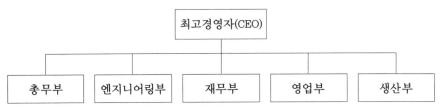

┌───┐
│ ㉠ 개별 제품이나 서비스, 제품그룹, 주요 프로젝트나 프로그램 등에 따라 결합한 형태로, 급변하는 환경에 효과 │
│   적으로 대응한다. │
│ ㉡ 내용이 유사하고 관련성이 있는 업무별로 결합된 형태로, 안정적인 환경이나 조직의 내부 효율성을 중시한다. │
│ ㉢ 규모가 작은 기업에 유용하게 작용한다. │
│ ㉣ 제품, 지역, 고객별 차이에 신속하게 적응하기 위한 분권화된 의사결정이 가능하다. │
└───┘

① ㉠, ㉢   ② ㉠, ㉣   ③ ㉡, ㉢   ④ ㉡, ㉣   ⑤ ㉢, ㉣

29. U 사의 기획팀에 근무 중인 귀하는 신제품 기획을 위한 회의에 참석하기에 앞서 3C 분석을 통해 회의 자료를 준비하고자 한다. 귀하가 3C 분석을 위해 사업환경의 구성요소별 질문을 다음과 같이 정리하였을 때, 잘못 분류된 것은?

구분	내용
고객 (Customer)	• ① 해당 서비스 또는 상품의 시장 규모가 적절한가? • 성장 가능성이 높은 시장인가? • ② 현재 시장의 경쟁 강도는 적절한가? • 주요 타깃이 될 고객층은 누구인가?
자사 (Company)	• 현재 기업 내에 인적, 물적, 기술적 자원을 충분히 보유하고 있는가? • ③ 기존의 제품이나 브랜드와 연계하여 시너지 창출이 가능한가? • 기업의 비전과 목표에 일치하는 서비스 또는 상품인가? • ④ 해당 분야에 투입할 수 있는 경영 자원의 양은 얼마인가?
경쟁사 (Competitor)	• 경쟁사들의 핵심경쟁력은 무엇인가? • 주요 경쟁사들의 시장 독점력, 매출 성장률은 얼마인가? • 신규 경쟁사의 진입 가능성이 높은가? • ⑤ 잠재적인 대체재가 존재하는가?

30. ○○기업 기술개발팀 사원들이 기술선택을 위한 의사결정 방법에 대하여 나눈 대화의 일부가 다음과 같을 때, 상향식 기술선택에 대해 이야기하고 있는 사람은?

> 영현: 기술경영진과 기술기획담당자들에 의한 체계적인 분석을 통해 우리가 획득해야 하는 대상 기술과 목표 기술 수준을 결정하는 것을 말하죠.
> 상훈: 맞아요. 기술개발의 실무를 담당하는 기술자들의 흥미를 유발할 수 있고 창의적인 아이디어 또한 활용할 수 있어서 좋은 것 같아요.
> 형범: 그러기 위해서는 가장 먼저 우리가 직면한 외부 환경과 우리가 보유한 자원에 대해 분석해 보고 중장기적인 사업 목표를 설정해야 돼요.
> 다은: 그리고 나면 사업 목표 달성을 위해 확보해야 하는 핵심 고객층을 포함하여 제품과 서비스를 결정해야겠네요.
> 서연: 마지막 절차는 사업 전략의 성공을 위해 필요한 기술들을 열거하고 각 기술에 대한 우선순위를 결정하는 거예요.

① 영현   ② 상훈   ③ 형범   ④ 다은   ⑤ 서연

31. 다음은 지현이의 면접 평가 점수를 항목별로 나타낸 자료이다. 지현이가 받은 항목별 면접 평가 점수의 평균과 분산을 바르게 연결한 것은?

구분	조직적합성	적극성	직무적합성	성실성	성장가능성
점수	85점	74점	92점	81점	73점

  평균   분산
① 80점   45
② 80점   50
③ 81점   50
④ 81점   55
⑤ 82점   45

32. 다음 ㉠~㉢의 설명에 해당하는 직업이 갖추어야 할 속성을 바르게 연결한 것은?

㉠ 매일·매주·매월 등 주기적으로 일을 하거나 계절 또는 명확한 주기가 없어도 계속 행해지며, 현재 하고 있는 일을 계속할 의지와 가능성이 있어야 함을 의미한다.
㉡ 비윤리적인 영리 행위나 반사회적인 활동을 통한 경제적 이윤추구는 직업 활동으로 인정되지 않음을 의미한다.
㉢ 모든 직업 활동이 사회 공동체적 맥락에서 의미 있는 활동이어야 함을 의미한다.

	㉠	㉡	㉢
①	계속성	윤리성	사회성
②	계속성	사회성	윤리성
③	자발성	윤리성	사회성
④	자발성	사회성	경제성
⑤	사회성	윤리성	경제성

33. 다음 글에서 설명하고 있는 용어로 적절한 것은?

어떤 특정의 목적을 달성하기 위해 과학적 또는 이론적으로 추상화되거나 정립되어 있는 일반화된 정보를 의미하는 것으로, 의미 있는 데이터들 간의 관계를 통해 얻은 가치 있는 것이라고 할 수 있으며, 어떤 대상에 대하여 원리적·통일적으로 조직되어 객관적 타당성을 요구할 수 있는 판단의 체계를 제시한다.

① 정보 ② 지혜 ③ 자료 ④ 지식 ⑤ 정보처리

34. 다음 명제가 모두 참일 때, 항상 참인 것은?

> • 활동적이지 않은 어떤 사람은 책을 읽는다.
> • 글쓰기를 좋아하는 모든 사람은 책을 읽는다.
> • 운동을 즐기는 모든 사람은 글쓰기를 좋아하지 않는다.
> • 활동적인 모든 사람은 운동을 즐긴다.

① 활동적이지 않은 모든 사람은 운동을 즐기지 않는다.
② 글쓰기를 좋아하는 모든 사람은 활동적이지 않다.
③ 운동을 즐기지 않는 모든 사람은 책을 읽지 않는다.
④ 활동적이지 않고 글쓰기를 좋아하는 어떤 사람은 책을 읽지 않는다.
⑤ 책을 읽는 모든 사람은 글쓰기를 좋아한다.

35. □□기업에서 근무하고 있는 B는 중요도, 긴급도에 따라 일의 우선순위를 정하고 시간관리 매트릭스를 이용하여 업무를 진행하고 있다. 시간관리 매트릭스의 각 사분면에 대한 설명으로 가장 적절하지 않은 것은?

1사분면	2사분면	중요함
3사분면	4사분면	중요하지 않음
긴급함	긴급하지 않음	

① 장기 전략 과제는 2사분면에 해당한다.
② 기한이 정해진 프로젝트는 1사분면에 해당한다.
③ 발전 가능성은 없으나 단기적인 성과를 위한 업무들은 3사분면에 해당한다.
④ 4사분면에 해당하는 업무는 시간을 최소로 투자해야 한다.
⑤ 3사분면에 해당하는 업무는 상위 책임자가 시간을 투자하여 해결하는 것이 좋다.

36. 다음 진술을 읽고 A~C가 비윤리적 행위를 저지른 원인을 바르게 연결한 것은?

> A: 저는 해저 케이블 설치 용역을 수주하기 위해 담당자에게 뇌물을 전달했습니다. 뇌물이 경쟁의 공정성을 해친다는 사실은 알고 있지만, 모든 기업이 관행처럼 하는 일 아닌가요? 우리 기업만 뇌물을 주지 않으면 용역 수주에 부정적인 영향을 받게 될 것이라고 생각했습니다.
>
> B: 저는 영화관에서 아르바이트를 하는데, 멤버십 포인트 적립을 하지 않겠다고 답한 고객들의 포인트를 제 번호로 적립했어요. 어차피 없어질 포인트라면 제가 사용해도 될 것이라고 판단했고, 이 행동이 문제가 될 것이라고 전혀 생각하지 못했습니다.
>
> C: 저는 명문대라고 불리는 U 대 출신이 맞지만 학벌과 업무 능력은 별개라고 생각할뿐더러, 승진 대상자로 선정된 이후에도 학벌 덕에 승진했다는 말을 듣고 싶지 않아서 실력으로 인정받기 위해 최선을 다했습니다. 제가 승진한 이유가 학연을 중시하는 같은 U 대 출신 상급자 덕분이라는 사실은 정말 몰랐습니다.

	A	B	C
①	무관심	무지	무절제
②	무지	무절제	무관심
③	무절제	무지	무관심
④	무지	무관심	무절제
⑤	무관심	무절제	무지

37. 다음 글을 읽고 적극적 경청을 위한 방법으로 적절하지 않은 것을 모두 고르면?

> 내담자가 본인의 문제를 스스로 파악하여 해결할 수 있도록 이끌어 주는 비지시적 카운슬링 이론을 창시한 심리학자 칼 로저스는 적극적 경청이 커뮤니케이션 능력을 향상시킬 수 있는 기본적인 태도라고 설명한다. 대화를 통해 상호 진실한 감정과 태도를 공유하는 것은 쉬운 일이 아니다. 하지만 대화의 주체들이 적극적 경청의 태도를 견지한다면 대화 과정에서 서로의 진실된 생각과 감정, 입장 등을 이해할 수 있다. 적극적 경청은 공감적 경청이라고도 불리는 만큼, 상대방이 무엇을 느끼고 있는지를 상대방의 입장에서 받아들이는 공감적 이해가 중요하다. 또한, 본인이 가지고 있는 고정 관념에서 벗어나 상대방의 태도를 수용하는 자세와 대화를 할 때 상대방을 속이지 않고 본인의 감정을 솔직하게 전달하는 성실함이 필요하다.

> ㉠ 상대방의 말에 대하여 비판하려는 태도를 버린다.
> ㉡ 상대방과 공감대를 형성하기 위해 주관을 개입한다.
> ㉢ 상대방이 말하고 있는 의미 전체를 이해한다.
> ㉣ 상대방의 생각과 의견이 달라도 공감을 표현한다.

① ㉠, ㉡   ② ㉠, ㉢   ③ ㉡, ㉢   ④ ㉡, ㉣   ⑤ ㉢, ㉣

38. 홍보팀 소속인 A와 B는 사내 행사 관련 포스터를 게시판에 부착하는 업무를 하고 있다. A 혼자 포스터 50개을 부착하는 데 2시간 30분이 소요되고, B 혼자 포스터 60장을 부착하는 데 4시간이 소요된다고 할 때 A와 B 둘이 함께 포스터 175장을 부착하는 데 소요되는 시간은?

① 3시간　　　　② 3시간 30분　　　　③ 4시간 30분　　　　④ 5시간　　　　⑤ 6시간

39. 다음 명제가 모두 참일 때, 항상 참인 것은?

- 신문을 읽지 않으면 정보력이 뛰어나지 않다.
- 속독이 가능하면 기억력이 뛰어나다.
- 정보력이 뛰어나지 않으면 속독이 가능하지 않다.
- 게임을 즐기지 않으면 정보력이 뛰어나다.

① 기억력이 뛰어나지 않으면 신문을 읽지 않는다.
② 게임을 즐기지 않으면 속독이 가능하다.
③ 정보력이 뛰어나면 기억력이 뛰어나다.
④ 신문을 읽으면 게임을 즐기지 않는다.
⑤ 속독이 가능하면 신문을 읽는다.

40. 다음은 귀하가 마케팅원론 수업의 과제로 제출한 생활용품 전문 회사 ○○기업의 SWOT 분석 결과이다. 이 분석 결과에 대응하는 전략으로 가장 적절하지 않은 것은?

[○○기업 SWOT 분석 결과]

강점(Strength)	• 뛰어난 품질과 내구성을 기반으로 하는 신뢰할 수 있는 브랜드 이미지 • 지속적인 R&D 사업 투자에 따른 빠르고 혁신적인 제품 개발 능력 • 최근 구축이 완료된 효율적인 제품 유통 네트워크
약점(Weakness)	• 제작에 특별한 기술이 필요하지 않아 모방이 쉬운 주력 제품 라인 • 20~30대 남성으로 한정된 주요 소비자층
기회(Opportunity)	• 생활용품의 특성상 처음 쓴 제품을 계속 선택하게 되는 높은 고객 충성도 • 비누, 소독제, 물티슈 등 청결 유지 제품에 대한 전 세계 신규 수요 확대
위협(Threat)	• 낮은 진입 장벽으로 인한 수많은 경쟁 업체와의 치열한 경쟁 • 압도적인 경쟁력을 가질 수 없는 생활용품 시장 구조 • 원자재 및 임금 인상으로 인한 제품 생산 비용 증가

내부 환경 외부 환경	강점(Strength)	약점(Weakness)
기회(Opportunity)	① 청결 유지 제품을 빠르게 개발 및 출시하여 전 세계적으로 신규 고객을 유치한다. ② 신뢰할 수 있는 브랜드 이미지를 활용한 마케팅으로 다수 타사와의 경쟁에서 우위를 차지한다.	③ 주력 제품 라인에 당사 고유의 독특한 디자인을 적용하여 차별성을 부여하고 당사 제품을 한 번도 사용해 보지 않은 소비자에게 무료 샘플을 배포한다.
위협(Threat)	④ 제품 유통 네트워크를 활용하여 물류비용을 절감함으로써 원자재 및 임금 상승으로 인한 제품 생산 비용 증가를 상쇄한다.	⑤ 고객 세분화 전략을 통해 다양한 소비자층을 대상으로 홍보를 강화하여 시장점유율을 높이고 생활용품 시장에서 점차 경쟁력을 갖춘다.

41. K 사의 품질관리팀에서 근무 중인 귀하는 제품의 불량률을 점검하는 업무를 담당하고 있다. 한 공장에 있는 두 기계 A, B는 각각 전체 제품의 70%, 30%를 생산하고, 두 기계 A, B가 생산한 제품의 불량률은 각각 4%, 6%이다. 이 공장에서 생산된 제품 중에서 임의로 한 개를 뽑았더니 불량품이었을 때, 기계 A에서 생산된 제품일 확률은?

① $\dfrac{3}{10}$　　　② $\dfrac{9}{23}$　　　③ $\dfrac{1}{2}$　　　④ $\dfrac{14}{23}$　　　⑤ $\dfrac{7}{10}$

42. 다음은 B 회사에서 하절기 에너지 절약을 위해 배포한 매뉴얼이다. 매뉴얼을 읽은 기획팀 직원들이 에너지 절약 실천 방법에 대하여 토론을 진행하였을 때, 가장 적절하지 않은 의견을 제시한 직원은?

구분	내용
필수사항	전기 온풍기, 스토브 등 전열기의 사용은 자제한다.
	사용하지 않는 전기 제품의 플러그는 뽑는다.
	엘리베이터의 경우 4층 미만은 운행하지 않고, 4층 이상은 격층으로 운행한다.
	실내 온도는 26℃ 이상으로 유지한다.
	점심시간 및 정기 퇴근 1시간 전에는 냉방기 가동을 중지한다.
	점심시간 및 정기 퇴근 시간 이후에는 전체 일괄 소등하고, 필요한 곳만 부분 점등한다.
	전력 사용이 급증하는 10시~12시, 14시~17시에는 전력 사용을 최대한 자제한다.
권장사항	대기전력 자동 차단 콘센트를 설치하여 대기전력 낭비를 막는다.
	에너지기기 및 설비는 고효율 에너지 기자재 인증 제품 또는 에너지소비효율 1등급 제품을 사용한다.
	전기냉방은 가급적 자제하고 지역냉방 또는 가스냉방 등을 활용하여 냉방을 실시한다.
	회의실 등의 다목적 이용 공간은 집중적으로 사용할 수 있도록 시간표를 조정한다.
	건물 적정 온도를 유지할 수 있도록 단열을 강화한다.
	백열등과 같은 저효율 조명은 LED 조명 등 고효율 조명으로 교체한다.
	주간에는 창 측 조명을 소등하고 자연 채광을 이용한다.

① 갑: 냉방효율을 높이기 위해서는 단열을 강화하는 것이 좋으므로 자산팀에 요청하여 문풍지를 지급받도록 해야겠어요.

② 을: 기획팀의 사무실은 층수가 낮아 자연 채광이 잘 들지 않으므로 창 측 조명을 소등하기 어렵겠어요. 대신 저효율 조명을 모두 고효율 조명으로 교체할 수 있도록 합시다.

③ 병: 퇴근 시 사용하지 않는 전기 제품의 플러그는 뽑았는지 확인할 수 있도록 사무실 문에 확인 문구를 부착하는 것이 좋겠네요.

④ 정: 적정 온도가 잘 유지되고 있는지 확인할 수 있도록 눈에 띄는 곳에 온도계를 설치하도록 합시다.

⑤ 무: 점심시간에는 냉방기 가동을 중지하고, 조명을 일괄 소등하여 점등된 곳이 없도록 하겠습니다.

43. 갑, 을, 병, 정, 무 5명의 신입사원은 다음 주 월요일부터 금요일까지 휴가를 가기 위해 휴가 신청서를 제출하였다. 다음 조건을 모두 고려하였을 때, 수요일에 휴가를 가는 사람은?

> - 을은 금요일에 휴가를 가지 않는다.
> - 5명의 신입사원은 모두 다른 요일에 1명씩 휴가를 간다.
> - 병은 갑보다 먼저 휴가를 간다.
> - 갑은 화요일 또는 목요일에 휴가를 간다.
> - 정과 무가 휴가를 가는 요일은 하루 차이가 난다.

① 갑   ② 을   ③ 병   ④ 정   ⑤ 무

44. 다음 문단을 논리적 순서대로 알맞게 배열한 것은?

(가) 폐에서 허파 꽈리는 산소를 흡수하고 이산화탄소를 배출하는 역할을 하기 때문에 허파 꽈리의 기능이 저하되어 제대로 된 역할을 수행하지 못하는 환자에게는 인공호흡기를 사용해도 도움이 되지 않는다. 그래서 폐렴이나 급성 호흡 곤란 증후군과 같이 인공호흡기를 사용할 수 없을 정도로 폐의 기능 자체에 문제가 발생한 환자들의 치료를 위해 개발된 장치가 '에크모(ECMO)'이다.

(나) 일례로 캐뉼라를 허벅지에 삽입하여 VA 방식으로 에크모를 활용한다면 첫 번째 캐뉼라를 넓적다리 동맥부터 장골 동맥까지 이어 주고, 넓적다리 정맥에 캐뉼라를 넣어서 심장까지 잇는다. 즉, 허벅지 정맥에서 이산화탄소가 많은 정맥의 피를 뽑아서 산소 공급기에 넣어 이산화탄소와 산소를 교환하고, 산소가 많아진 피를 다시 동맥에 넣어 주는 것이다.

(다) 에크모(Extra-Corporeal Membrane Oxygenation)는 문자 그대로 몸의 외부에서 이산화탄소를 제거하고 산소를 공급하여 다시 체내에 넣어주는 일을 한다. 이때 환자의 혈액을 직접 순환시키기 때문에 폐뿐만 아니라 심장의 기능에 문제가 발생한 중증 환자들을 치료할 때도 사용한다. 쉽게 말하면 에크모는 환자의 심장과 폐의 역할을 대신하는 인공 폐, 인공 심장인 것이다.

(라) 에크모를 활용하기 위해서는 우선 폐나 심장에 문제가 있는 환자의 혈관에 캐뉼라를 삽입해야 한다. 캐뉼라는 일반적으로 큰 혈관이 있는 부분에 삽입하며, 치료법에 따라 허벅지, 어깨 등 혈관 위치는 달라질 수 있다. 여기서 정맥에서 혈액을 뽑아 동맥으로 넣는 방식을 VA(Veno-Arterial), 정맥에서 뽑은 혈액을 산소화하고 다시 정맥으로 넣는 방식을 VV(Veno-Venous)라고 한다.

(마) 다만, 에크모를 사용할 때 전신의 피를 체외 기계에 연결한다는 점에서 혈액이 계속해서 외부에 노출되는데, 노출된 피는 쉽게 응고되는 특성으로 인해 혈전이 형성되어 혈관이 막힐 위험성이 크다. 그래서 에크모 이용 시 혈액 응고 억제제를 필히 사용해야 하지만, 혈액 응고 억제제 때문에 출혈이 쉽게 발생하고 지혈이 되지 않는 또 다른 문제가 생긴다. 그래서 에크모는 더 이상 다른 치료 방법이 없을 때, 환자의 생존율을 높이기 위한 최후의 수단으로 사용하는 치료법으로 여겨진다.

---

① (가) – (다) – (라) – (나) – (마)

② (가) – (다) – (마) – (라) – (나)

③ (가) – (라) – (나) – (다) – (마)

④ (다) – (나) – (라) – (가) – (마)

⑤ (다) – (라) – (마) – (가) – (나)

45. 사무실의 벽면 코너에 밑변의 길이가 30cm, 높이가 40cm인 직각삼각형 모양의 선반을 설치하였다. 선반의 빗변에 시작점부터 끝점까지 5cm 간격으로 장식을 달고자 할 때, 필요한 장식의 개수는? (단, 장식의 크기는 고려하지 않으며, 빗변의 시작점과 끝점에는 반드시 장식을 단다.)

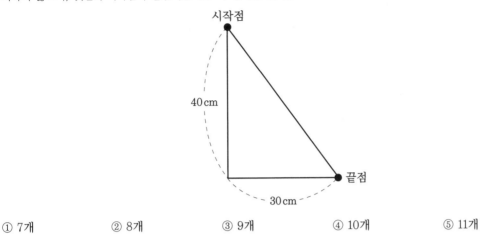

① 7개　　　　② 8개　　　　③ 9개　　　　④ 10개　　　　⑤ 11개

46. 다음 중 엑셀에서 날짜 데이터를 입력하는 방법에 대한 설명으로 가장 적절하지 않은 것은?

① 슬래시(/)와 숫자를 함께 삽입하였을 때 날짜 형식으로 자동 변환되지 않게 하려면 입력값 앞에 작은따옴표를 붙인다.

② [Shift] + [;]를 누르면 현재 날짜가 입력된다.

③ 날짜의 연도를 두 자리로 입력할 경우, 연도가 30 이상이면 1900년대로, 29 이하이면 2000년대로 인식한다.

④ 날짜 데이터는 하이픈(−)이나 슬래시(/)를 이용하여 년, 월, 일을 구분한다.

⑤ 날짜의 연도를 생략하고 월과 일만 입력하여도 수식 입력줄에는 자동으로 현재 연도가 추가되어 표시된다.

47. 다음 중 조직구조의 결정요인에 대한 설명으로 적절하지 않은 것을 모두 고르면?

> ㉠ 조직의 환경 변화에 적절하게 대응해야 하므로 안정적이고 확실한 환경에서는 기계적 조직구조를, 급변하는 환경에서는 유기적 조직구조를 따른다.
> ㉡ 조직이 투입요소를 산출물로 전환하는 지식, 기계, 절차 등을 기술이라 할 때 소량생산기술을 가진 조직은 기계적 조직구조가, 대량생산기술을 가진 조직은 유기적 조직구조가 적합하다.
> ㉢ 조직구조의 결정요인 중 조직전략은 조직의 목적을 달성하기 위하여 수립한 계획으로, 조직구조는 조직의 전략에 따라 바뀔 수 있다.
> ㉣ 조직 규모에 따라서도 조직구조가 달라질 수 있는데, 소규모조직은 대규모조직에 비해 업무가 전문화, 세분화되어 있어 많은 규칙과 규정이 존재한다.

① ㉠, ㉡   ② ㉠, ㉣   ③ ㉡, ㉢   ④ ㉡, ㉣   ⑤ ㉢, ㉣

48. 기업이 어떤 기술을 외부로부터 도입할 것인지, 자체 개발하여 활용할 것인지를 결정하는 것을 기술선택이라고 한다. 다음 중 기술선택을 위한 절차에 대한 설명으로 가장 적절하지 않은 것은?

① 기술전략 수립 단계에서는 수립된 기술전략에 적합한 핵심기술을 선택하고 기술 획득 방법을 결정한다.
② 외부환경 분석 단계에서는 현재 시장의 수요나 경쟁사의 핵심경쟁력 등 외부환경과 관련된 다양한 데이터를 분석한다.
③ 사업전략 수립 단계에서는 전 단계에서 분석한 내용을 토대로 자사의 사업영역을 결정한다.
④ 핵심기술 선택 단계에서 핵심기술을 선택할 때는 기술이 제품의 성능이나 원가에 미치는 영향력을 고려하여야 한다.
⑤ 내부 역량 분석 단계에서 자사의 기술능력, 생산능력, 재무능력 등을 분석하여 경쟁 우위 확보 방안을 수립한다.

49. 다음은 △△공사에서 사내 교육으로 진행된 '의사소통능력 개발 방법'에 대한 강의 내용의 일부이다. 밑줄 친 ㉠~㉤ 중 적절하지 않은 내용을 모두 고르면?

> 의사소통능력을 개발하기 위해서는 우선 의사소통을 저해하는 요인을 정확하게 파악하고 이를 극복하여 의사소통의 정확성, 수용성 등을 개선할 필요가 있습니다. 이를 위해서는 본인이 의사소통의 중요한 주체라는 사실을 인지하고, 타인을 이해하며 조직 분위기를 개선하려는 노력이 중요합니다. ㉠ 의사소통의 왜곡에서 오는 오해를 줄이기 위해 말하는 사람 또는 전달자가 사후검토와 피드백을 이용하여 전달하고자 하는 메시지의 내용이 실제로 어떻게 해석되고 있는지 조사할 수 있습니다. 이때 ㉡ 언어적인 의사소통을 하고 있다면 사후검토와 피드백을 직접 말로 물어볼 수 있지만, 상대방의 표정이나 몸짓으로 정확한 반응을 얻을 수 없다는 점을 유의해야 합니다. 피드백을 줄 때, 부정적이고 비판적인 피드백만 주면 역효과가 날 수 있으므로 긍정적인 면과 부정적인 면을 모두 균형 있게 전달해야 합니다. 그리고 ㉢ 의사소통 시 필요한 상황에 따라 용어를 다르게 선택하는 것이 도움이 된다는 점을 유념하세요. 메시지를 받아들이는 사람을 고려하여 명확하고 쉽게 이해할 수 있는 어휘를 선택해야 합니다. 예를 들어 특정 분야의 전문 용어는 해당 언어를 사용하는 조직 구성원끼리 의사소통할 때는 이해를 돕지만, 조직 외부의 사람들에게 사용하면 예상치 못한 문제를 일으킬 수 있습니다. 또한, ㉣ 상대방의 입장에서 생각하기 위해 노력하고, 감정을 이입하여 현재 일어나고 있는 의사소통에 집중하는 적극적인 경청의 자세를 갖도록 하세요. 마지막으로 사람은 감정적으로 좋지 못한 상황에 있을 때 의사소통을 하면 의사표현을 정확하게 하지 못하고, 메시지를 곡해하기 쉽습니다. 이러한 상황에서는 침착하게 마음을 비우도록 노력하고 어느 정도 평정을 찾을 때까지 의사소통을 연기하는 것이 좋습니다. ㉤ 특히 조직 내에서는 감정적으로 의사소통할 경우 조직 구성원과 사이가 틀어지는 등의 문제가 발생할 가능성이 높으므로 감정이 안정되기 전까지는 의사소통을 계속해서 연기할 필요가 있습니다.

① ㉠, ㉢   ② ㉠, ㉣   ③ ㉡, ㉣   ④ ㉡, ㉤   ⑤ ㉢, ㉤

50. 다음 (가)~(라)를 효과적인 자원관리의 과정에 따라 순서대로 바르게 나열한 것은?

> (가) 자원을 사용하여 업무를 추진한다. 업무를 추진하며 반드시 계획을 지킬 필요는 없으나 최대한 계획에 맞추어 업무를 진행하고, 불가피하게 수정이 필요한 경우 전체적인 계획에 영향이 없는지 고려한다.
>
> (나) 업무에 필요한 자원을 확보한다. 자원을 수집할 경우 필요하다고 예상되는 양보다 여유 있게 확보하여 실제 필요한 양이 계획한 양과 차이가 있더라도 차질 없이 진행되도록 한다.
>
> (다) 업무의 우선순위를 고려하여 자원 활용 계획을 세운다. 이때, 업무의 우선순위를 고려하여 핵심이 되는 업무를 가장 중점에 두는 것이 바람직하다.
>
> (라) 업무에 필요한 자원이 무엇이며, 얼마만큼 필요한지를 파악한다. 상황에 따라 자원을 시간, 예산, 물적자원, 인적자원으로 구분하여 구체적으로 어느 정도의 양이 필요한지를 확인한다.

① (나) – (다) – (가) – (라)   ② (다) – (가) – (라) – (나)   ③ (다) – (라) – (나) – (가)
④ (라) – (나) – (다) – (가)   ⑤ (라) – (다) – (나) – (가)

약점 보완 해설집 p.2

실전모의고사 1회 | 50문항형

성명

수험번호

| | 0 1 2 3 4 5 6 7 8 9 |
| 0 1 2 3 4 5 6 7 8 9 |
| 0 1 2 3 4 5 6 7 8 9 |
| 0 1 2 3 4 5 6 7 8 9 |
| 0 1 2 3 4 5 6 7 8 9 |
| 0 1 2 3 4 5 6 7 8 9 |

응시분야

감독관 확인

문번	답란	문번	답란	문번	답란
1	① ② ③ ④ ⑤	21	① ② ③ ④ ⑤	41	① ② ③ ④ ⑤
2	① ② ③ ④ ⑤	22	① ② ③ ④ ⑤	42	① ② ③ ④ ⑤
3	① ② ③ ④ ⑤	23	① ② ③ ④ ⑤	43	① ② ③ ④ ⑤
4	① ② ③ ④ ⑤	24	① ② ③ ④ ⑤	44	① ② ③ ④ ⑤
5	① ② ③ ④ ⑤	25	① ② ③ ④ ⑤	45	① ② ③ ④ ⑤
6	① ② ③ ④ ⑤	26	① ② ③ ④ ⑤	46	① ② ③ ④ ⑤
7	① ② ③ ④ ⑤	27	① ② ③ ④ ⑤	47	① ② ③ ④ ⑤
8	① ② ③ ④ ⑤	28	① ② ③ ④ ⑤	48	① ② ③ ④ ⑤
9	① ② ③ ④ ⑤	29	① ② ③ ④ ⑤	49	① ② ③ ④ ⑤
10	① ② ③ ④ ⑤	30	① ② ③ ④ ⑤	50	① ② ③ ④ ⑤
11	① ② ③ ④ ⑤	31	① ② ③ ④ ⑤		
12	① ② ③ ④ ⑤	32	① ② ③ ④ ⑤		
13	① ② ③ ④ ⑤	33	① ② ③ ④ ⑤		
14	① ② ③ ④ ⑤	34	① ② ③ ④ ⑤		
15	① ② ③ ④ ⑤	35	① ② ③ ④ ⑤		
16	① ② ③ ④ ⑤	36	① ② ③ ④ ⑤		
17	① ② ③ ④ ⑤	37	① ② ③ ④ ⑤		
18	① ② ③ ④ ⑤	38	① ② ③ ④ ⑤		
19	① ② ③ ④ ⑤	39	① ② ③ ④ ⑤		
20	① ② ③ ④ ⑤	40	① ② ③ ④ ⑤		

해커스공기업
NCS 모듈형
통합 봉투모의고사

실전모의고사
2회

50문항형

해커스잡

실전모의고사
2회
(50문항형)

시작과 종료 시각을 정한 후, 실전처럼 모의고사를 풀어보세요.

시   분 ~   시   분 (총 50문항/60분)

□ **시험 유의사항**

[1] 50문항형 시험은 한국농어촌공사, 한전KPS, 한국전기안전공사, 한국가스공사, 한국가스안전공사 등의 기업에서 출제 영역, 시간, 시험 순서 등 세부 구성을 다르게 출제하고 있습니다. (2021년 필기시험 기준)

[2] 본 실전모의고사는 50문항형 시험에서 자주 출제되는 의사소통능력, 수리능력, 문제해결능력, 자원관리능력, 정보능력 5개 영역으로 구성되어 있으며, 문제 번호는 이어져 있으나 문제가 영역 순서대로 출제되는 순차 통합형 모의고사이므로 영역별 제한 시간 없이 전체 문항을 60분 내에 푸는 연습을 하시기 바랍니다.

[3] 마지막 페이지에 있는 OMR 답안지와 해커스ONE 애플리케이션의 학습 타이머를 이용하여 실전처럼 모의고사를 풀어보시기 바랍니다.

01. 다음 글의 제목으로 가장 적절한 것은?

> 신문이나 뉴스를 보면 포퓰리즘(Populism)이라는 용어를 자주 확인할 수 있다. 포퓰리즘이란 대중의 인기를 좇아 대중을 동원해 권력을 유지하려는 정치적 태도 또는 경향을 말한다. 대중 혹은 인민을 뜻하는 라틴어 '포 풀루스(Populus)'에서 유래된 포퓰리즘은 민중주의나 인민주의라고도 불리며, 소수의 엘리트가 대중들을 다스 리는 엘리트주의의 상대적인 개념으로 사용된다. 명칭에서부터 알 수 있듯 포퓰리즘은 다수의 지지를 받으려는 경향이고, 이를 위해 대중을 위한 정책과 의견을 강조하게 된다는 점에서 민주주의와 연관성이 높은 것으로 본 다. 기득권의 입장이 아닌 대중들의 눈높이에서 그들의 목소리를 직접적으로 표출하는 행위로 여겨지기 때문이 다. 일례로 브라질의 룰라 대통령은 국민 빈곤율을 낮추고자 최저생계비보다 소득이 적은 가구에게 최저생계비 를 보장해주는 정책을 펼쳤고, 임기 내 국민 빈곤율을 10% 이상 낮추는 효과를 보기도 하였다. 하지만, 대중의 입장을 대변했다는 사실이 항상 긍정적인 효과를 불러일으키는 것은 아니다. 룰라 대통령의 포퓰리즘적 정책은 국민 빈곤율 감소에는 긍정적인 영향을 미쳤지만, 막대한 세금이 소요되는 정책임에도 불구하고 국가 재정을 고 려하지 않았다는 점에서 비판을 받았기 때문이다. 또한 일부 정치인들은 자신의 정치적 편의를 위해 겉보기에만 좋은 선심성 정책을 남발하고, 대중의 지지를 얻게 된 뒤에는 독재를 펼치는 등 정치적 이익을 얻기 위한 수단으 로써 포퓰리즘을 활용하기도 한다.

① 포퓰리즘이 국민 빈곤율 증대에 미친 영향

② 포퓰리즘의 의미와 실제 정치에 적용한 사례

③ 포퓰리즘을 현대 정치에 적용해야 하는 이유

④ 포퓰리즘의 어원과 시대별 의미 변천 과정

⑤ 포퓰리즘 정책 시행에 따른 엘리트주의의 붕괴

02. 다음 밑줄 친 ㉠~㉤을 한자로 표기하였을 때, 적절하지 않은 것은?

> 국토교통부 대도시권광역교통위원회는 스마트폰만으로도 이용할 수 있는 모바일 알뜰교통카드 서비스를 확대하여 ㉠ 시행한다고 28일 밝혔다. 국민 교통비 절감을 위해 추진되는 알뜰교통카드는 대중교통 이용 시 보행·자전거 등 이용거리에 따라 국가와 지자체가 마일리지를 ㉡ 지급하고 카드사가 교통비를 추가 지원하는 사업이다. 이용자는 대중교통비의 최대 30%를 절감할 수 있다. 앞서 국토부 대광위는 지난 6월 한국교통안전공단, 로카모빌리티, 디지비유페이 등 관계기관과 모바일 알뜰교통카드 전국 확대를 위한 업무협약을 체결한 바 있다. 이후 모바일 알뜰교통카드 운영을 위한 준비과정을 거쳐 29일부터 부산과 대구, 강원, 충북, 충남, 전남 등 전국 대부분의 지역에서 서비스를 시행한다. 실물 교통카드 없이 스마트폰에 설치된 교통카드 애플리케이션만으로도 이용이 가능한 모바일 알뜰교통카드는 지난해 ㉢ 도입되었으나 일부 지역에서만 사용 가능했다. 모바일 알뜰교통카드를 이용하기 위해서는 지역별 모바일 교통카드 애플리케이션을 스마트폰에 설치해 모바일 교통카드를 발급받고 알뜰교통카드 애플리케이션을 통해 가입하면 된다. 모바일 알뜰교통카드 가입방법, 카드사별 이용지역, 추가 혜택 등 자세한 ㉣ 내용은 알뜰교통카드 및 모바일 교통카드사 누리집에서 확인할 수 있다. 박○○ 국토부 대광위 광역교통요금과장은 "모바일 알뜰교통카드의 사용지역이 대폭 확대돼 보다 편리하게 알뜰교통카드를 이용할 수 있을 것"이라며 "앞으로도 알뜰교통카드 참여 지방자치단체를 지속적으로 확대하고 모바일 알뜰교통카드사별 호환성 제고 등 다양한 개선방안을 지속적으로 ㉤ 강구해 나가겠다"고 밝혔다.

※ 출처: 국토교통부(2021-09-28 보도자료)

① ㉠: 試鍊　　② ㉡: 支給　　③ ㉢: 導入　　④ ㉣: 內容　　⑤ ㉤: 講究

03. 다음 ㉠~㉤을 고쳐 쓴 내용으로 가장 적절하지 않은 것은?

> 산림청은 24일 몽골 울란바타르에서 몽골 환경관광부와 내년부터 추진할 '한-몽 사막화·황사 방지 협력 양해각서'를 ㉠ <u>입찰</u>했다고 밝혔다. ㉡ <u>양해각서는 지난 10일 양국 대통령의 정상회담 결과 발표된 '몽·한 전략적 동반자 관계 발전을 위한 공동선언'을 이행하고 지난 2007년부터 시작된 한-몽 간 산림협력 사업을 한 단계 발전시키기 위한 것이다.</u> 한-몽 국제산림협력 사업을 통해 몽골 정부가 추진하는 '사막화·황사방지를 위한 그린벨트 조성계획'을 지원하기 위한 한-몽 그린벨트 사업단을 설립했으며 지난 2007년 시작한 1단계 사업을 통해 3,000ha 이상의 면적을 성공적으로 조림했다. (㉢) 2단계 사업으로 2017년부터 5년간 추진된 도시 숲 조성사업을 통해 울란바타르에 도시민들이 즐길 수 있는 산림휴양공간으로 '한-몽 우호의 숲'을 조성했다. 이 숲에는 방문자 안내센터, 놀이터, 체육시설, 자생수목원, 바닥분수 등이 설치돼 있으며, 몽골에 숲의 중요성을 인식시키기 위해 추진됐다. 아울러 1·2단계로 추진된 한-몽 양자 산림협력 사업의 성과를 ㉣ <u>이어 받아</u> 내년부터는 3단계 산림협력 사업이 추진된다. 내년부터 시행될 3단계 한-몽 산림협력 사업에는 기존 사막화 방지 조림에서 나아가 산불 등 산림재해관리 협력과 혼농임업 및 생태관광, 민관협력을 통한 도시 숲 조성 등 새로운 분야가 ㉤ <u>포함했다.</u> 최○○ 산림청장은 "한-몽 국제산림협력 사업은 기후변화와 사막화에 대응하며 지구환경 문제를 해결해 나간다는 점에서 상당히 의미 있고 중요한 사업"이라며 "앞으로 동북아의 상징적인 사업으로 키워 동북아 지역협력을 가속하는 계기로 삼을 것"이라고 밝혔다.

※ 출처: 산림청(2021-09-24 보도자료)

① 잘못된 단어가 사용된 ㉠은 체결로 바꾸어 쓴다.
② 전체 글의 흐름과 관련이 없는 ㉡은 삭제한다.
③ 앞뒤 문맥을 고려하여 ㉢에는 '또한'을 넣는다.
④ ㉣은 한 단어이므로 '이어받아'로 붙여 쓴다.
⑤ 주어와의 호응을 고려하여 ㉤은 '포함됐다'로 고쳐 쓴다.

04. 다음 중 연단공포증에 대한 설명으로 가장 적절하지 않은 것은?

① 면접, 발표 등 청중 앞에서 이야기를 하는 상황에서 나타나는 증상이다.
② 연단공포증으로 인한 불안한 심리상태를 청자에게 구두로 표현하면 상황 극복에 도움을 받을 수 있다.
③ 소수의 사람들만 겪는 심리상태로 여겨진다.
④ 가슴이 두근거리거나 입술이 타는 생리현상도 연단공포증으로 인한 증상이다.
⑤ 의사표현에 영향을 미치는 비언어적 요소이다.

05. 임 사원은 사내 복지의 일환으로 진행된 '커뮤니케이션 능력 향상을 위한 특강'을 들으며 강의 내용을 필기 노트에 정리하였다. 임 사원이 정리한 필기 노트의 일부가 다음과 같을 때, ㉠~㉤ 중 수정이 필요한 부분을 모두 고르면?

---

1. 경청의 개념
   – 다른 사람의 말을 주의 깊게 들으며 공감하는 능력

2. 올바른 경청의 방해요인
   1) 짐작하기
      – 상대방의 말을 듣고 받아들이기보다 자신의 생각에 들어맞는 단서를 찾는 것
      – ㉠ 상대방의 표정보다 상대방이 하는 말을 더 중요하게 생각하여 자신의 생각이 옳다는 것만 확인하려 함
   2) ㉡ 대답할 말 준비하기
      – 상대방을 위로하기 위해 혹은 비위를 맞추기 위해 너무 빨리 동의하는 것
      – 지지하고 동의하는 데 치중하다 보면 본인의 생각이나 감정을 충분히 표현할 수 없음
   3) ㉢ 걸러내기
      – 상대방을 비판하기 위해 상대방의 말을 듣지 않는 것
      – 부정적으로 인식하는 상대방의 말을 경청하지 않음
   4) 언쟁하기
      – ㉣ 상대방이 무슨 말을 하든 자신의 입장을 확고히 한 채 방어하는 것
      – 지나치게 논쟁적인 사람은 상대방의 말을 경청할 수 없음
   5) 슬쩍 넘어가기
      – 대화가 너무 사적이거나 위협적이면 주제를 바꾸거나 농담으로 넘기려 하는 것
      – ㉤ 상황이 어긋날 경우 상대방의 진정한 고민을 놓칠 수 있음

---

① ㉠, ㉡　　　　② ㉠, ㉤　　　　③ ㉢, ㉣　　　　④ ㉠, ㉡, ㉢　　　　⑤ ㉡, ㉣, ㉤

06. 다음 글의 내용과 일치하는 것은?

> 식사 대용은 물론이거니와 반찬, 간식, 샐러드 등 다양한 요리에 폭넓게 활용되는 감자는 쌀, 밀, 옥수수와 더불어 세계 4대 식량 작물의 하나로 손꼽힌다. 이로 인해 감자를 단순히 탄수화물이 풍부한 구황 작물에 불과하다고 생각하는 사람도 있지만, 유럽에서는 감자를 '땅속의 사과'라고 일컬을 정도로 영양분이 매우 풍부하다. 감자는 약 82%의 수분과 약 14%의 탄수화물로 구성되어 있으며, 철분, 칼륨, 인 등의 무기성분과 비타민을 다량 함유하고 있다. 감자는 열량이 낮고 소화가 잘될 뿐만 아니라 적은 양을 섭취해도 쉽게 포만감을 느낄 수 있어서 다이어트 식품으로 애용된다. 감자에 함유된 식물성 섬유 펙틴은 대장의 유익균 생장에 필요한 영양원으로 작용하기 때문에 변비의 예방과 치료에 효험이 있다. 감자는 사과보다 약 3배 많은 비타민C를 함유하고 있는데, 여타 채소의 비타민C가 조리 과정에서 대부분 파괴되는 것과는 달리 감자의 비타민C는 전분의 보호를 받아 가열해도 쉽게 손실되지 않으므로 어떻게 조리하여도 충분히 영양을 섭취할 수 있다. 나트륨의 배출에 효과적인 칼륨 또한 수박, 사과보다 감자에 약 4배 이상 많아서 짜게 먹는 사람과 고혈압 환자의 혈압 조절에 도움이 된다.

① 감자는 열량이 높지만 적은 양으로 쉽게 포만감을 느낄 수 있어서 다이어트 식품으로 적합하다.
② 감자에 포함된 비타민C는 전분 덕분에 여타 채소와 다르게 가열해도 쉽게 파괴되지 않는다.
③ 다양한 요리에 사용되는 감자는 쌀, 밀, 고구마와 함께 세계 4대 식량 작물의 하나로 여겨진다.
④ 나트륨 배출에 효과적인 칼륨은 감자보다는 사과나 수박에 몇 배 이상 많이 포함되어 있다.
⑤ 감자에 함유된 펙틴은 대장에서 유익균과 동일한 역할을 하여 변비의 예방에 도움이 된다.

07. 다음 문단을 논리적 순서대로 알맞게 배열한 것은?

> (가) 이로 인해 LPG는 누설되어도 쉽게 감지하기 어려운데, LPG 누설로 인한 질식, 화재, 환각 등의 위험을 예방하기 위해 누설 여부를 후각으로 식별할 수 있도록 화학적 냄새를 첨가하여 사용한다. 또한, LPG는 산소를 다량 소모하기 때문에 밀폐 공간에서 사용하는 것은 지양해야 한다.
>
> (나) LPG는 액화하면 부피가 매우 작아져서 저장과 운송이 편하다는 것 역시 큰 장점으로 꼽힌다. 일례로 상온에서 액화할 경우 프로판의 부피는 $\frac{1}{260}$로 줄어들고, 부탄의 부피는 $\frac{1}{230}$로 줄어든다. 이러한 편리성 덕분에 LPG는 가정과 산업을 망라하여 취사 및 난방 연료, 자동차 연료, 냉매, 분사제 등으로 폭넓게 활용되고 있다.
>
> (다) 액화 석유 가스, 프로판 가스, LP 가스 등 다양한 명칭으로 불리는 LPG는 유전(油田)에서 석유와 함께 분출하는 가스를 상온에서 고압으로 압축하거나 영하에서 냉각하여 액체로 만든 연료를 말한다. LPG는 프로판, 부탄, 프로필렌, 부틸렌 등을 주성분으로 하는데, 무색, 무취, 무미의 성질을 띤다.
>
> (라) LPG는 다른 연료와 비교했을 때 상대적으로 연소 효율이 높으며, 불완전 연소에 따른 일산화탄소의 배출이 낮다는 장점이 있다. 그뿐만 아니라 질소와 황 성분의 비율이 낮아서 스모그의 원인인 질소 산화물의 배출이 경유, 휘발유 대비 낮은 편에 속하여 청정 연료로 분류된다.

① (나) - (가) - (다) - (라)　　② (나) - (다) - (라) - (가)　　③ (다) - (가) - (라) - (나)
④ (다) - (나) - (라) - (가)　　⑤ (다) - (라) - (가) - (나)

08. □□기업의 신입사원들이 연수 기간에 시행했던 키슬러의 대인관계 의사소통 유형 검사 결과지를 받고 대화를 나누고 있다. 다음 대화 내용을 참고하였을 때, A~D 사원의 대인관계 의사소통 유형을 바르게 연결한 것은?

> A 사원: 저는 이성적이고 의지력이 강하지만 피상적인 대인관계를 유지하는 유형이라고 나왔어요. 타인의 감정 상태에 관심을 갖고 긍정적인 감정을 표현하는 자세가 필요하다고 하네요.
>
> B 사원: 저는 수동적이고 의존적이며 자신감이 없기 때문에 적극적으로 제 자신을 표현하고 주장하는 자세가 필요하다고 나왔어요.
>
> C 사원: 저는 따뜻하고 인정이 많으며 자기희생적이지만, 타인의 요구를 거절하지 못하는 문제가 있다고 나왔어요. 그래서 타인과 정서적으로 거리를 유지하려는 자세가 필요하다고 해요.
>
> D 사원: 저는 대인관계의 중요성을 인지하고 다른 사람에 대한 비현실적인 두려움의 근원을 성찰하는 자세가 필요하다고 나왔어요. 혼자 있는 것을 좋아하고 지나치게 제 감정을 억제하는 유형이래요.

	A 사원	B 사원	C 사원	D 사원
①	고립형	복종형	사교형	냉담형
②	냉담형	복종형	친화형	고립형
③	실리형	고립형	순박형	복종형
④	지배형	고립형	사교형	순박형
⑤	복종형	순박형	친화형	실리형

09. ○○공사에서 근무하는 귀하는 상사의 지시로 신입사원에게 배포할 공문서 작성법 관련 교육 자료를 제작하고 있다. 귀하가 제작한 교육 자료의 일부가 다음과 같을 때, 수정이 필요한 부분은?

[공문서 작성 시 숫자의 표기]

1. 날짜
 – 아라비아 숫자로 표기하며, 연도와 월일을 반드시 함께 기재한다.
 – 연, 월, 일의 글자는 생략하고 해당 자리에 마침표를 찍어서 표시하되, 날짜 다음에 괄호를 사용할 경우 마침표를 찍지 않는다.
  예 20XX. 03. 14. (O), 20XX. 03. 14.(토) (O)
 – ① 기간은 물결표(~) 혹은 붙임표(–)로 나타낸다.
 – 연도가 겹칠 경우 뒤의 연도는 생략할 수 있다.
  예 20XX. 10. 07.~20XX. 10. 10. (O), 20XX. 10. 07.~10. 10. (O)

2. 시간
 – ② 24시각제에 따라 아라비아 숫자로 표기한다.
 – 시와 분의 글자는 생략하고 해당 자리에 쌍점(:)을 찍어서 구분하되, 쌍점 양쪽을 띄어 쓰지 않는다.
  예 오후 5시 30분 (X) → 17:30 (O)
 – ③ 십 미만의 시, 분, 초를 표기할 때는 0을 생략한다.

3. 금액
 – ④ 아라비아 숫자로 표기하되, 위조·변조의 우려가 있을 시에는 숫자 다음에 괄호를 하고 숫자에 해당하는 한글을 병기한다.

4. 단위
 – 국제단위계(SI) 표기 방식을 따르며, 단위 표기 시 정해진 모양을 바꾸는 것을 금한다.
  예 km (X) → km (O)
 – 약어를 단위로 사용하지 않는다.
  예 10sec (X) → 10s (O)
 – ⑤ 어떤 양을 수치와 단위 기호로 나타낼 때는 사이를 한 칸 띄어 쓴다.
  단, 도(°), 분('), 초(")는 기호와 수치 사이를 띄어 쓰지 않는다.

---

10. 다음 ㉠~㉣에 들어갈 단어가 바르게 연결된 것은?

> 사람들은 본인이 이해할 수 없는 복잡하고 중요한 문제보다는 이해할 수 있는 간단하고 사소한 문제에 관심을 쏟는 경향이 있기 때문에 사소한 일에 대하여 그 일의 중요성보다 훨씬 큰 시간과 노력을 ㉠ (요구/할애)한다. 이 심리적 현상에 대하여 영국의 정치학자 노스코트 파킨슨은 '사소함의 법칙'이라는 이론을 제시하였다. 사소함의 법칙에 따르면 사람들이 기본적으로 잘 알고 있는 사소한 일에 대해서는 하나씩 비교하느라 쉽게 결정을 내리지 못하지만, 잘 알지 못하는 일에 대해서는 중요도와 관계없이 ㉡ (고집/회피)하기 위해 급하게 결정해 버린다. E 기업에서 신축 기숙사와 관련한 회의를 진행하였다고 가정해 보자. 첫 번째 안건으로 신축 기숙사 설립 여부를 논의하였는데, 논의가 시작된 지 약 10분 만에 기숙사를 설립하는 것으로 ㉢ (결의/유보)되었다. 기숙사를 신축하는 데 막대한 자금이 소요됨에도 불구하고 특별한 의견 없이 어영부영 지나간 것이다. 그러나 다음으로 기숙사 앞에 직원들을 위해 작은 운동장을 만드는 것에 대한 안건으로 넘어가자, 모든 회의 참가자가 자신의 의견을 피력하기 시작하였다. 운동장 설치에 소요되는 예산은 기숙사 신축 예산의 0.1% 정도밖에 되지 않음에도 운동장의 크기는 물론이거니와 설치할 기구, 바닥의 재질에 대해서까지 1시간이 넘도록 논쟁을 벌였다. 이에 대해 파킨슨은 신축 기숙사를 설립하는 문제가 회의 참가자들이 이해하기에는 너무 복잡한 문제였으며, 본인들이 전문가가 아니므로 무턱대고 ㉣ (발언/변호)할 수 없다고 여겨 다른 사람에게 결정을 떠넘긴 것으로 분석하였다. 반면에 운동장을 만드는 것에 대해서는 합리적인 의견을 내놓을 수 있다고 생각하여 논쟁이 지속되고 회의 시간이 길어진 것이다.

	㉠	㉡	㉢	㉣
①	요구	고집	유보	변호
②	요구	회피	유보	발언
③	할애	고집	유보	발언
④	할애	회피	결의	변호
⑤	할애	회피	결의	발언

11. 다음은 연도별 월평균 상용근로자 근로 현황에 대한 자료이다. 자료에 대한 설명으로 적절한 것을 모두 고르면?

[연도별 월평균 상용근로자 근로 현황]

구분	2015	2016	2017	2018	2019	2020
근로일수(일)	20.7	20.4	20.1	20.0	20.0	19.7
근로시간(시간)	171.5	169.4	166.3	163.9	163.1	160.6
전년 대비 근로시간 증감률(%)	0.5	−1.2	−1.8	−1.4	−0.5	−1.5
임금총액(천 원)	2,991	3,106	3,207	3,376	3,490	3,527
임금총액 상승률(%)	3.0	3.8	3.3	5.3	3.4	1.1

※ 출처: KOSIS(고용노동부, 사업체노동력조사)

⊙ 2014년 근로시간은 170시간 이하이다.
ⓒ 2020년 임금총액은 5년 전 대비 536천 원 증가하였다.
ⓒ 2016년 이후 근로일수가 전년 대비 감소하지 않은 해는 2019년뿐이다.
㉣ 2018년 근로일수 1일 대비 임금총액은 178.8천 원이다.

① ㉠, ㉡   ② ㉡, ㉢   ③ ㉢, ㉣   ④ ㉠, ㉡, ㉢   ⑤ ㉡, ㉢, ㉣

12. 가로 길이가 1,320m, 세로 길이가 770m인 직사각형 모양 정원의 둘레에 같은 간격으로 나무를 심어 울타리를 치려고 한다. 정원의 네 꼭짓점에는 반드시 나무를 심고, 비용 절감을 위해 나무를 최대한 적게 심으려고 할 때, 필요한 나무의 개수는?

① 38개   ② 42개   ③ 76개   ④ 418개   ⑤ 422개

13. 다음 숫자가 규칙에 따라 나열되어 있을 때, 빈칸에 들어갈 알맞은 숫자를 고르면?

	3	5	8	13	20	(	)	44	61	

① 26   ② 29   ③ 31   ④ 33   ⑤ 37

14. 다음은 한 집단에서 이러닝 이용매체에 대해 조사한 결과를 성별, 연령별로 분류한 자료이다. 자료에 대한 설명으로 가장 적절하지 않은 것은?

[성별 이러닝 이용매체 이용 비율]

(단위: %)

구분	인터넷 사이트	교육방송	핸드폰 등 모바일기기	CD 및 DVD 등 저장매체
전체	67.2	20.6	8.2	4.0
남자	67.5	20.3	7.9	4.3
여자	66.9	20.9	8.5	3.7

[연령별 이러닝 이용매체 이용 비율]

(단위: %)

구분	인터넷 사이트	교육방송	핸드폰 등 모바일기기	CD 및 DVD 등 저장매체
3~9세	37.5	39.7	3.1	19.7
10대	57.6	34	6.3	2.1
20대	78.9	9.6	9.7	1.8
30대	72.2	14.1	9.9	3.8
40대	67.1	22	8.1	2.8
50대	66.4	19.3	7.8	6.5

※ 0~2세 및 60세 이상 응답자는 없음

※ 출처: KOSIS(산업통상자원부, 이러닝산업실태조사)

① 3~9세를 제외한 모든 응답 연령에서 이용 비율이 가장 높은 이러닝 이용매체는 인터넷 사이트이다.

② 이러닝 이용매체로 인터넷 사이트를 이용한다고 응답한 남자 응답자 수는 교육방송을 이용한다고 응답한 여자 응답자 수의 세 배 이상이다.

③ 이러닝 이용매체로 핸드폰 등 모바일기기를 이용한다고 응답한 전체 응답자 수는 CD 및 DVD 등 저장매체를 이용한다고 응답한 전체 응답자 수보다 많다.

④ 이러닝 이용매체로 교육방송을 이용한다고 응답한 남자 응답자 수는 핸드폰 등 모바일기기를 이용한다고 응답한 30대 응답자 수보다 많다.

⑤ 이러닝 이용매체로 CD 및 DVD 등 저장매체를 이용한다고 응답한 여자 응답자 수는 CD 및 DVD 등 저장매체를 이용한다고 응답한 40대 응답자 수보다 많다.

15. 원가가 12,000원인 물건에 x원의 이익을 붙여 정가를 책정하여 판매하던 중 판매량이 저조하여 정가의 20%를 할인하여 판매하였다. 할인가로 판매한 결과, 물건 한 개당 원가에 대해 8%의 수익이 발생하였을 때, 원가에 붙인 이익 x의 값은?

① 960원　　　　② 1,920원　　　　③ 2,400원　　　　④ 3,000원　　　　⑤ 4,200원

16. 다음 도표에 대한 설명으로 적절하지 않은 것은?

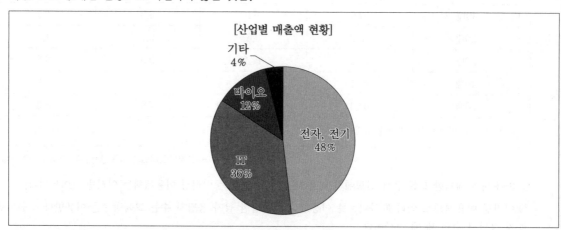

① 각각의 내역을 전체에 대한 구성비로 표현하기에 효과적이다.

② 정각 12시의 선을 시작선으로 하며, 이를 기점으로 하여 오른쪽으로 그린다.

③ 정교하게 작성하기 위해서는 수치를 각도로 환산해야 하는 단점이 있다.

④ 원의 중심각에서 반지름으로 나누어 만들어지는 부채꼴의 넓이로 크기를 나타내는 면적 그래프의 일종이다.

⑤ 광고비 변화에 따른 산업별 매출액의 추이와 같은 자료를 표현하기에 적합하다.

17. 눈이 내린 다음 날 눈이 내릴 확률은 $\frac{2}{3}$, 눈이 내리지 않은 다음 날 눈이 내릴 확률은 $\frac{1}{6}$이다. 오늘 눈이 내리지 않았을 때, 2일 뒤 눈이 내리지 않을 확률은?

① $\frac{1}{4}$　　　② $\frac{11}{36}$　　　③ $\frac{3}{4}$　　　④ $\frac{29}{36}$　　　⑤ $\frac{5}{6}$

18. 영업팀에서 근무 중인 귀하가 거래처와의 미팅을 위해 회사에서 출발하여 G 사까지 최단 거리로 이동하고자 할 때, 회사에서 출발하여 H 사를 들르지 않고 G 사까지 이동하는 경우의 수는?

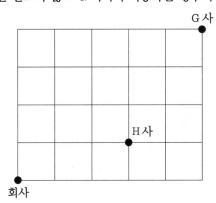

① 24가지　　　② 40가지　　　③ 86가지　　　④ 104가지　　　⑤ 126가지

19. 다음은 서울지역 초등학교 학생과 중학교 학생의 학년별 평균 키를 나타낸 자료이다. 자료에 대한 설명으로 가장 적절하지 않은 것은?

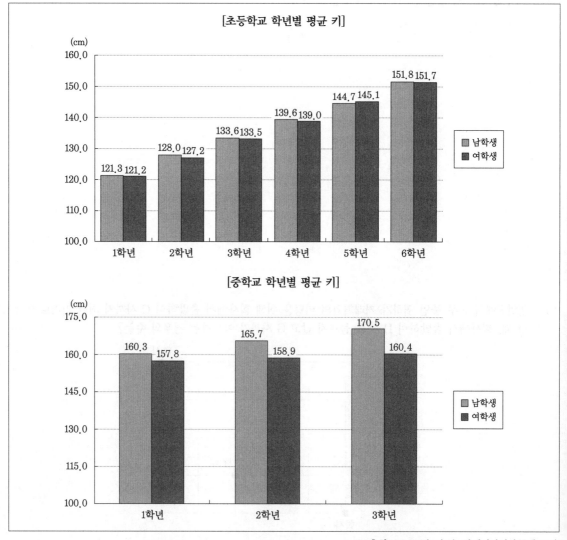

※ 출처: KOSIS(교육부, 학생건강검사통계보고)

① 제시된 그래프는 남학생과 여학생의 평균 키를 비교하여 각 수량 간의 대소관계를 파악할 수 있는 수직 막대 그래프이다.

② 남학생의 경우 초등학교 1학년 대비 초등학교 6학년 평균 키의 증가율은 20% 이상이다.

③ 중학교에서 학년이 올라갈수록 남녀 학생 간의 평균 키 차이가 벌어진다.

④ 여학생의 경우 초등학교 2학년과 초등학교 5학년의 평균 키 차이는 16.9cm이다.

⑤ 초등학교 학년별 평균 키 중 여학생의 평균 키가 남학생의 평균 키보다 큰 경우가 있다.

20. Q 공사의 인사팀에 근무하는 귀하는 신입사원 모집에 앞서 A 사원에게 현재 회사에 근무하고 있는 전체 사원 수와 전체 사원 수의 작년 대비 변화 추이를 조사하도록 지시하였다. A 사원의 다음 보고를 고려하였을 때, 현재 근무하고 있는 남자 사원의 수는?

[A 사원]

팀장님, 작년에 전체 사원 수를 조사한 보고서와 현재 근무 직원 수를 조사한 보고서를 정리하였습니다. 먼저, 작년 보고서에 따르면 작년에 근무한 전체 사원 수는 2,000명이었습니다. 두 자료를 비교하여 작년 대비 올해 근무하고 있는 사원 수의 변화 추이를 살펴보니 현재 근무하고 있는 남자 사원이 작년 대비 3% 감소하였고, 현재 근무하고 있는 여자 사원이 작년 대비 2% 증가하여 근무하고 있는 전체 사원 수는 작년보다 10명 감소한 것으로 파악되었습니다. 따라서 작년보다 신입사원의 모집 인원을 10명 정도 늘리는 것이 어떨까 합니다.

① 890명   ② 970명   ③ 1,000명   ④ 1,020명   ⑤ 1,110명

21. 창의적 사고 개발 방법 중 비교발상법에 대한 설명으로 적절한 것을 모두 고르면?

┌───┐
│ ㉠ 구체적인 시행 방법으로는 브레인스토밍이 대표적이다.   │
│ ㉡ 각종 힌트를 통해 사고 방향을 미리 정하는 방법이다.   │
│ ㉢ 주제와 본질적으로 닮은 것을 힌트로 새로운 아이디어를 얻는 방법이다.   │
│ ㉣ 어떤 주제에서 다른 생각을 계속해서 떠올려 확장시키는 사고 방법이다.   │
│ ㉤ 구체적인 시행 방법으로는 NM법과 집단 아이디어 발상법인 시네틱스가 손꼽힌다. │
└───┘

① ㉡   ② ㉢   ③ ㉠, ㉡   ④ ㉢, ㉤   ⑤ ㉠, ㉣, ㉤

22. 다음 명제가 모두 참일 때, 항상 참인 것은?

┌───┐
│ • 꿀벌은 꽃을 좋아한다.   │
│ • 동물을 무서워하면 마음씨가 곱지 않다.   │
│ • 꽃을 좋아하면 마음씨가 곱다.   │
└───┘

① 마음씨가 고우면 꿀벌이다.
② 동물을 무서워하지 않으면 꿀벌이다.
③ 꽃을 좋아하면 동물을 무서워한다.
④ 마음씨가 곱지 않으면 동물을 무서워한다.
⑤ 동물을 무서워하면 꿀벌이 아니다.

23. 문제에 대한 설명으로 가장 적절하지 않은 것은?

① 조직에서의 목표와 현상의 차이이자 해결이 필요한 사항이다.

② 부실공사로 인해 건물의 붕괴 사고가 일어났을 때, 문제는 부실공사이며, 문제점은 사고의 발생이다.

③ 문제는 그 해결방법에 따라 창의적 문제와 논리적 문제로 구분될 수 있다.

④ 해결하길 원하지만 실제로 해결하는 방법을 모르고 있는 상태이다.

⑤ 원활한 업무수행을 위해 해결해야 하는 질문이나 의논 대상을 의미한다.

24. ○○쇼핑몰의 홈페이지 개편 업무를 담당하게 된 귀하가 경쟁 쇼핑몰의 고객 만족도 점수를 비교하기 위해 사내 평가 기준에 따라 정리한 표가 다음과 같을 때, 가장 적절하지 않은 것은?

[쇼핑몰별 평가 점수]

구분	제품 다양성	이용 편리성	배송 신속성	특이 사항
A 쇼핑몰	2점	4점	2점	도서산간지역 배송 가능
B 쇼핑몰	3점	3점	4점	도서산간지역 배송 불가능
C 쇼핑몰	5점	2점	2점	도서산간지역 배송 가능
D 쇼핑몰	4점	3점	4점	도서산간지역 배송 불가능

※ 1) 고객 만족도 점수 = (제품 다양성 점수 × 0.5) + (이용 편리성 점수 × 0.3) + (배송 신속성 점수 × 0.2)
   2) 도서산간지역 배송이 가능한 경우 고객 만족도 점수에 0.5점을 가산함

① B 쇼핑몰의 고객 만족도 점수는 3.2점이다.

② 가산점을 제외하면 D 쇼핑몰이 C 쇼핑몰보다 고객 만족도 점수가 높다.

③ A 쇼핑몰의 고객 만족도 점수가 가장 낮다.

④ D 쇼핑몰이 도서산간지역 배송이 가능해지면 고객 만족도 점수는 4.7점이 된다.

⑤ C 쇼핑몰의 고객 만족도 점수가 가장 높다.

25. 다음 중 비판적 사고를 개발하기 위한 태도에 대한 설명으로 가장 적절하지 않은 것은?

① 지속성: 쟁점의 해답을 얻기 위해 인내심을 갖고 끝까지 탐색하는 태도

② 융통성: 특정한 신념에 지배를 받는 고정적이고 독단적인 태도를 배척하는 태도

③ 지적 정직성: 어떤 진술이 자신의 신념과 대치될지라도 충분한 증거가 있으면 진실로 받아들이는 태도

④ 객관성: 다양한 신념들을 인정하고, 편견이나 선입견을 갖고 결정을 내리지 않는 태도

⑤ 체계성: 논점에서 벗어나지 않고 결론에 도달하기까지 논리적 일관성을 유지하는 태도

26. 다음은 업무 수행 과정에서 발생하는 문제 유형에 대한 설명이다. ㉠~㉢에 들어갈 용어를 바르게 연결한 것은?

> 업무 수행 과정에서 발생하는 문제에는 세 가지 유형이 있다. 먼저 (㉠) 문제는 현재의 상황을 개선하거나 효율을 높이기 위한 문제를 말한다. 눈에 보이지 않는 문제이기 때문에 문제를 방치하면 후에 큰 손실이 따르거나 해결할 수 없는 문제로 나타나게 된다. (㉡) 문제는 현재 직면하여 걱정하고 해결하기 위해 고민하는 문제를 말하고, (㉢) 문제는 앞으로 어떻게 할 것인가 하는 문제로, 장래의 경영 전략을 생각하는 문제 유형이다.

	㉠	㉡	㉢
①	탐색형	발생형	설정형
②	탐색형	설정형	발생형
③	발생형	탐색형	설정형
④	발생형	설정형	탐색형
⑤	설정형	발생형	탐색형

27. A, B, C, D, E 5명이 함께 먹기 위해 주문한 피자를 이들 중 한 명이 몰래 먹었다. 다섯 명 중 한 명은 거짓을 말하고 네 명은 진실을 말하고 있을 때, 피자를 먹은 사람은?

> A: 나는 피자를 먹지 않았어.
> B: C와 D는 피자를 먹지 않았어.
> C: A 또는 E가 피자를 먹었어.
> D: C가 피자를 먹었어.
> E: 나와 D 중 적어도 한 명은 피자를 먹지 않았어.

① A   ② B   ③ C   ④ D   ⑤ E

28. 다음은 청년구직활동지원금 안내문의 일부와 건강보험료 소득 기준을 나타낸 자료이다. 다음 자료를 토대로 추론한 내용으로 적절한 것은?

[청년구직활동지원금 안내문]

1. 지원 자격

- 만 18~34세 중 고등학교, (전문)대학교, 대학원 졸업 또는 중퇴 후 2년 이내의 미취업자

  (단, 가구소득이 기준 중위소득 120% 이하여야 함)

  ※ 1) 고등학교, (전문)대학교, 대학원 재학생은 지원 불가하며, 졸업 예정/졸업 유예/수료 등은 졸업으로 인정하지 않음
  2) 병역 기간은 졸업·중퇴 후 기간 산정에서 제외됨(최대 5년까지 제외 기간 인정)
  3) 가구원 모두의 최근 3개월 월평균 건강보험료 본인부담금으로 가구소득을 산정함
  4) 고용보험 가입 여부와 상관없이 월 근로시간이 주 20시간 이하인 경우 미취업자로 간주함

2. 지원 내용

1) 구직활동지원금: 월 50만 원씩 최대 6개월간 지급
2) 취업성공금: 취업 후 3개월 근속할 경우 50만 원 지급

   (단, 지원금 수령 기간 내 취업 시 해당 시점 이후의 지원금 지급은 중단되며, 6개월 지원금을 모두 수령 후 취업한 경우 취업성공금은 추가로 지급되지 않음)
3) 고용서비스 지원(1:1 맞춤형 상담 등)

   ※ 1) 구직활동지원금과 취업성공금은 즉시 결제 가능한 체크카드에 포인트로 지급되며, 현금 인출 및 현금 사용은 불가함
   2) 구직활동지원금과 취업성공금은 유흥·도박 업종은 사용이 불가함

3. 신청 절차

1) 신청 및 접수
   - 온라인 홈페이지를 통해 신청(웹, 모바일 모두 가능)
2) 자격요건 심사 및 대상 선정
   - 신청서 제출일을 기준으로 참여 자격을 판단
3) 예비교육
   - 불출석 시 탈락 처리
4) 카드 신청 및 발급
   - 예비교육 이수 후 발급
5) 구직활동 보고서 제출 및 지원금 지급
   - 고용센터 내용 확인 및 지원금 지급 결정 후 카드사가 다음 월 1일 포인트 지급

   ※ 1) 신청 및 접수는 매월 1~25일까지 가능하며, 기간 이후 접수될 경우 다음 달로 이월됨
   2) 지원 자격을 만족하는 신청자 중 우선순위를 고려하여 예산 금액 내에서 선정함
   3) 참여자는 매월 20일 24:00까지 구직활동 보고서를 작성하여 제출하여야 함

[2020년 건강보험료 본인부담금에 따른 소득 기준]

(단위: 원/월)

기준 중위소득 100%		건강보험료 본인부담금		
가구원 수	소득 기준	직장가입자	지역가입자	혼합(직장 + 지역)
2인	2,992,000	100,050	85,837	100,076
3인	3,871,000	129,924	121,735	131,392
4인	4,749,000	160,046	160,865	162,883
기준 중위소득 120%		건강보험료 본인부담금		
가구원 수	소득 기준	직장가입자	지역가입자	혼합(직장 + 지역)
2인	3,590,000	120,068	107,954	121,451
3인	4,645,000	156,170	155,683	158,243
4인	5,699,000	192,080	199,256	195,200

① 카드 결제기를 구비해 놓지 않아 현금 결제만 가능한 학원은 지원금으로 결제할 수 없다.

② 대학교 졸업 후 장교로 군대에 입대하여 6년간 근무하고 제대한 신청자는 지원 조건이 충족되지 않는다.

③ 민수는 엄마, 아빠, 동생과 함께 살고 있으며, 직장가입자인 민수네 가구원의 건강보험료 본인부담금이 최근 3개월간 월평균 194,000원이었다면 소득 수준이 지원 조건을 충족한다.

④ 지원 자격을 만족하는 신청자는 모두 지원받을 수 있다.

⑤ 최대 350만 원의 지원금을 지원받을 수 있다.

29. 다음은 S 도시에 위치한 박물관의 관람 요금표이다. 초등학생인 보현이는 경로우대가 적용되지 않는 나이의 부모님과 함께 박물관을 관람하였다. 보현이의 가족이 모두 S 도시 거주민이라고 할 때, 보현이의 가족이 할인받는 요금의 총액은?

[관람 요금표]

구분	금액	비고
성인(만 19세 이상)	9,000원	− 단체(20인 이상)의 경우 관람료 총액의 15%가 할인됨 − S 도시 거주민의 경우 관람료의 20%가 할인됨 − 장애인의 경우 동반 보호자 1인은 관람료의 20%가 할인됨
청소년 및 어린이(초등학생 이상)	7,000원	
경로우대(만 65세 이상)/미취학 아동	5,000원	
장애인(1~3급)	5,000원	

① 3,400원   ② 3,750원   ③ 4,050원   ④ 4,540원   ⑤ 5,000원

30. 다음 글에 해당하는 논리적 오류의 유형으로 가장 적절한 것은?

자신의 주장이 빈약할 때 상대가 의도하지 않은 것을 강조하거나 허점을 비판하여 자신의 주장을 내세우는 오류로, 상대방의 입장과 유사하지만 사실은 똑같지 않은 주장을 상대방의 입장으로 대체하여 반박하거나 공격하는 오류이다.

① 인과의 오류

② 잘못된 유비추리의 오류

③ 성급한 일반화의 오류

④ 허수아비 공격의 오류

⑤ 논점 일탈의 오류

31. 택배 기사인 S 씨는 오늘 자신에게 할당된 택배들을 가~마 지역으로 배송하려고 한다. 가 지역에서 출발하여 모든 지역을 들르는 데 걸리는 이동 시간이 가장 최소가 되도록 배송하려고 할 때, S 씨가 마지막으로 들르는 지역은? (단, 지역별로 한 번씩만 들르고, 지역 내에서 배송하는 시간은 고려하지 않는다.)

[지역 간 이동 시간]

구분	가 지역	나 지역	다 지역	라 지역	마 지역
가 지역	–	30분	–	50분	–
나 지역	30분	–	40분	35분	–
다 지역	–	40분	–	–	60분
라 지역	50분	35분	–	–	20분
마 지역	–	–	60분	20분	–

※ 이동 시간이 표기되지 않은 지역 간 이동 시에는 다른 지역을 경유해야 함

① 가 지역   ② 나 지역   ③ 다 지역   ④ 라 지역   ⑤ 마 지역

32. 입사한 지 한 달 차인 영업팀 소속 G 사원은 같은 팀 A 대리에게 인맥 관리 방법에 대한 조언을 구하였다. 다음 중 A 대리가 G 사원에게 해준 인맥 관리 방법에 대한 조언으로 가장 적절하지 않은 것은?

A 대리: G 사원, 영업 업무를 수행할 때는 인맥 관리가 무엇보다도 중요해요. 지금부터 인맥 관리를 위한 다양한 방법에 대해 설명해 줄게요. 먼저, 개인 차원에서의 인맥 관리를 위한 효과적인 방법에는 명함 관리가 있어요. ① 받은 명함에는 상대방의 업무 내용뿐만 아니라 취미와 같이 독특한 점 등 업무 시 참고할 수 있는 정보들을 메모해 두는 것이 좋아요. ② 만약 스마트 명함을 작성하여 공유할 수 있는 명함 관련 애플리케이션을 사용한다면 종이 명함보다 더 효과적으로 명함 관리를 할 수 있을 거예요. 또한, 개인 차원에서의 인맥 관리를 위한 효과적인 방법으로 인맥 관리 카드를 작성하는 방법도 있어요. ③ 이때 인맥 관리 카드는 핵심 인맥과 파생 인맥을 구분하여 작성해야 하며, 파생 인맥에는 어떤 관계에 의해 파생된 인맥인지 기록할 필요가 있어요. ④ 인맥 관리 카드에 인맥에 관한 정보를 기재할 때는 자신이 중요하게 생각하는 점을 중심으로 작성하면 돼요. ⑤ 마지막으로 인맥 관리는 되도록 직접 대면하는 방법으로 해 주시고, SNS를 인맥 관리에 활용하지 않도록 유의해 주세요. 업무를 수행하면서 만난 사람을 단지 스쳐 지나가는 사람이라고 생각하기보다 평생 함께할 인맥으로 여기면 업무 실적뿐만 아니라 여러 방면으로 G 사원에게 도움이 될 거예요.

33. 김 대리는 ○○기업 워크숍에서 사용할 호텔을 다음에 제시된 호텔 선택 우선순위를 고려하여 예약하고자 한다. 워크숍에 참가한 인원은 모두 동일한 호텔을 이용한다고 할 때, 김 대리가 예약할 호텔은?

[호텔 리스트]

구분	유형	객실별 수용인원	객실 수	객실당 금액	직원 선호도 순위
A 호텔	침대형	2인실	25실	57,000원	2
B 호텔	침대형	4인실	7실	84,000원	3
C 호텔	온돌형	6인실	5실	126,000원	5
D 호텔	침대형	1인실	25실	150,000원	1
E 호텔	온돌 + 침대형	6인실	9실	126,000원	4

[호텔 선택 우선순위]

- 1순위. 워크숍 참가 인원인 30명 모두 수용 가능한 호텔이어야 한다.
- 2순위. 30명이 묵는 객실 금액의 총합이 80만 원 미만이어야 한다.
- 3순위. 직원 선호도 순위가 높은 호텔이어야 한다.

① A 호텔   ② B 호텔   ③ C 호텔   ④ D 호텔   ⑤ E 호텔

34. ○○전자의 신입사원인 귀하는 사수와 함께 다음 주 목요일에 진행되는 전자 제품 박람회에서 배부할 홍보 책자 제작 업무를 맡았다. 인쇄소를 선정하기로 한 당일에 급히 출장을 가게 된 귀하의 사수가 출장 가기 직전에 귀하에게 전달한 자료가 다음과 같을 때, 귀하가 책자 제작을 의뢰할 인쇄소에 지불할 총비용은?

[메모]
- 홍보 책자는 650권을 제작할 것
- 일정 내에 제작 가능한 인쇄소를 선별하고 비용이 가장 적게 드는 인쇄소를 선정할 것

[일정표]

9/8(월)	9/9(화)	9/10(수)	9/11(목)	9/12(금)	9/13(토)	9/14(일)
			제작 의뢰			

9/15(월)	9/16(화)	9/17(수)	9/18(목)	9/19(금)	9/20(토)	9/21(일)
	제작 완료		박람회			

[인쇄소별 정보]

구분	일일 제작 가능 수량	단가	비고
A 인쇄소	170권	115원/권	매주 토요일 휴무
B 인쇄소	180권	105원/권	매주 토요일, 일요일 휴무
C 인쇄소	135권	118원/권	휴무일 없음
D 인쇄소	160권	112원/권	매주 일요일 휴무
E 인쇄소	175권	110원/권	매주 토요일 휴무

※ 각 인쇄소는 제작을 의뢰한 다음 날부터 제작을 진행하며, 제작 완료일인 9/16(화)까지 제작이 완료되어야 함

① 68,250원　　② 71,500원　　③ 72,800원　　④ 74,750원　　⑤ 76,700원

35. 물류 회사 취업을 준비 중인 귀하가 물적자원관리능력에 관해 명확하게 이해하고자 관련 내용을 정리하고 있다. 귀하가 정리한 내용의 일부가 다음과 같을 때, 물적자원관리 과정에 대한 설명으로 적절하지 않은 것을 모두 고르면?

과정	내용
사용 물품과 보관 물품의 구분	• ㉠ 물품의 활용 계획을 확인하여 물품의 불필요한 입·출고를 방지한다. • ㉡ 개별 물품의 속성을 고려하여 보관 장소를 선정한다.
동일 및 유사 물품으로의 분류	• 같은 종류의 물품은 같은 장소에 보관한다. • ㉢ 유사한 종류의 물품은 인접한 장소에 보관한다.
물품 특성에 맞는 보관 장소 선정	• ㉣ 입·출하의 빈도가 높은 품목은 출입구 가까운 곳에 보관한다. • ㉤ 물품의 활용 빈도가 높은 품목은 낮은 위치에 보관한다.

① ㉡   ② ㉠, ㉣   ③ ㉡, ㉤   ④ ㉢, ㉤   ⑤ ㉡, ㉢, ㉣

36. 다음 사례에 해당하는 자원 낭비요인으로 가장 적절한 것은?

　　△△기업 자산관리팀에서 근무 중인 A는 사내 탕비실에 비치되는 물품의 구매 담당자이다. A는 탕비실 물품을 회사와 도보 15분 거리에 있는 할인 마트에서 정가의 15% 할인된 가격에 구매할 수 있음에도 불구하고, 회사의 옆 건물에 위치한 편의점에서 정가로 구매하는 날이 많다. 처음에는 매뉴얼에 따라 할인 마트에서 물품을 저렴한 가격에 구매하였지만, 급하게 필요한 물품이 있는데 할인 마트에 갈 시간이 없어서 편의점에서 물품을 구매해 본 이후로 시간의 여유가 충분한 상황에서도 가깝다는 이유만으로 거리가 먼 할인 마트 대신 회사 옆 건물에 위치한 편의점에서 정가로 물품을 구매한다.

① 비계획적 행동
② 편리성 추구
③ 자원에 대한 인식 부재
④ 노하우 부족
⑤ 관리의 미흡

37. T 사의 경영지원팀에 입사할 예정인 신입사원들이 연수 기간에 예산관리능력에 관한 사내 교육을 받고 있다. 교육 내용을 바탕으로 신입사원들이 토론을 진행하였을 때, 다음 중 예산관리능력에 대한 설명으로 가장 적절한 것은?

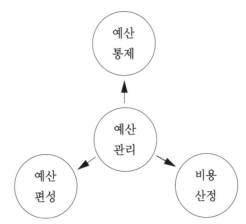

① A: 예산은 필요한 비용을 미리 계산하는 것이나 그 비용을 의미하며, 개인의 수입·지출에 관한 것은 포함되지 않습니다.

② B: 예산은 무한하지만 효율적으로 사용해야 할 필요가 있기 때문에 예산관리를 해야 합니다.

③ C: 가장 바람직한 예산관리 방법은 최대한 비용을 적게 사용하여 책정 비용보다 실제 비용이 적도록 하는 것입니다.

④ D: 처음부터 예산을 정확하게 수립하면 활동을 진행하는 과정에서는 예산을 따로 관리할 필요가 없기 때문에 효율적인 업무 처리가 가능합니다.

⑤ E: 과제 및 활동 계획 수립 시 과업세부도를 이용하면 어떤 항목에 얼마의 비용이 필요한지를 정확하게 확인할 수 있어서 전체 예산을 정확하게 분배할 수 있습니다.

38. 다음 사례에 해당하는 물적자원 활용의 방해요인은?

> 사무실에서 공용으로 사용하는 사무용품의 관리를 담당하고 있는 A 사원은 3달 전 구매 요청을 받은 가위를 문구점에서 구매하면서, 구비해 두면 쓸모가 있을 것 같아 가위의 옆에 진열되어 있던 핑킹가위를 함께 구매하였다. 하지만 핑킹가위를 업무에 사용하는 직원은 없었고, A 사원도 직원들이 사용하지 않자 관리를 소홀하게 하여 어느 순간 분실된 것을 확인하였다.

① 물적자원이 훼손된 경우

② 물적자원을 분실한 경우

③ 분명한 목적 없이 물건을 구입한 경우

④ 물적자원의 보관 장소를 파악하지 못하는 경우

⑤ 물적자원을 적절하지 않은 용도에 사용하는 경우

39. 다음 김 과장의 출장 내역과 사내 출장비 지급 기준을 고려하였을 때, 김 과장이 지급받을 출장비의 총액은?

[출장 내역]

출장 일자	출장 지역	출장 기간	기타
1월 17일	경기도	당일(14:00~18:00)	개인 차량 이용
2월 12일~2월 14일	경상남도	2박 3일	–
3월 5일~3월 6일	전라북도	1박 2일	개인 차량 이용
4월 9일~4월 10일	강원도	1박 2일	–

[사내 출장비 지급 기준]

출장 지역	직급별 출장 수당		편도 교통비
수도권 (서울, 경기도, 인천광역시)	사원	30,000원/일	30,000원
	주임~과장	50,000원/일	
	차장~부장	80,000원/일	50,000원
수도권 외	사원	50,000원/일	60,000원
	주임~과장	80,000원/일	
	차장~부장	100,000원/일	90,000원

※ 1) 당일 출장의 경우, 총 출장 시간이 4시간 이하이면 출장 수당의 50%만 지급됨
   2) 출장비의 총액은 직급별 출장 수당과 왕복 교통비의 합으로 계산되며, 개인 차량 이용 시 왕복 교통비는 지급 기준으로 산출된 금액의 70%가 지급됨

① 731,000원   ② 951,000원   ③ 1,030,000원   ④ 1,110,500원   ⑤ 1,296,000원

40. B 공사에서는 신입사원들을 적절한 부서에 배치하기 위해 효율적인 인적자원관리 방법에 대해 논의하였다.
다음 중 인력배치의 원칙 중 능력주의에 대해 이야기하고 있는 사람은?

> 갑: 팀 전체의 능력 향상을 위해서는 신입사원들을 포함한 모든 조직 구성원들에 대하여 평등한 적재적소를 고
> 려해야 합니다.
> 을: 신입사원들의 인성검사 결과를 기반으로 성격을 고려하여 개개인의 능력을 최대로 발휘할 수 있는 부서에 배
> 치합시다.
> 병: 신입사원들이 자신의 능력을 발휘할 수 있는 기회와 환경을 제공하고 성과를 바르게 평가할 수 있도록 신경
> 을 써야겠어요.
> 정: 이력서를 기반으로 신입사원들의 학력과 개인이 희망하는 목표를 고려하여 보직을 결정하는 게 좋겠네요.
> 무: 신입사원들이 자신의 능력과 흥미에 대해 정립하지 못한 경우가 많으므로 모든 분야를 경험하고 다양한 역량
> 을 쌓을 수 있도록 적성검사 결과를 기반으로 역량이 부족한 부분에 배치할 수 있도록 하겠습니다.

① 갑   ② 을   ③ 병   ④ 정   ⑤ 무

- 순서도의 의미
  - 어떤 문제를 해결하기 위한 절차를 나타낸 알고리즘의 내용을 이미 정의된 기호를 사용하여 논리적인 흐름을 그림으로 표현한 것

- 순서도 기호의 의미

기호	의미	기호	의미
	순서도의 시작과 종료를 나타냄		변수의 초깃값을 설정함
	데이터의 연산, 이동 등을 처리함		조건을 비교하여 True/False를 판단함
	사용자가 프로그램에서 값을 직접 입력함		문서로 결괏값을 출력함

예

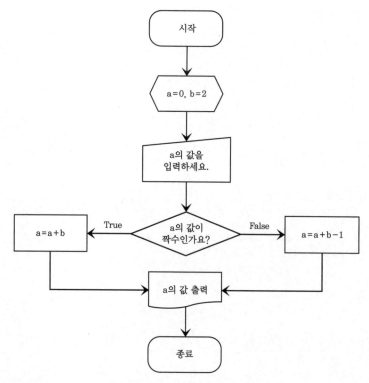

1. 순서도를 시작한다.
2. a의 값은 0, b의 값은 2로 초깃값을 설정한다.
3. a의 값을 3으로 사용자가 입력한 경우, a의 값은 짝수가 아니므로 False로 이동한다.
4. a + b − 1 = 3 + 2 − 1 = 4이므로 a의 값을 4로 설정한다.
5. a의 값인 4를 출력한다.
6. 순서도를 종료한다.

41. 다음 알고리즘 순서도에 따라 프로그램을 구현한 귀하는 프로그램이 정상적으로 실행되는지 두 번의 테스트를 진행하였다. 귀하가 첫 번째 테스트에 입력한 num1의 값은 17이고, 두 번째 테스트에 입력한 num1의 값이 15일 때, 두 번의 테스트에서 결괏값으로 출력된 SUM의 값의 차이는? (단, 소수는 1과 자기 자신만으로 나누어 떨어지는 1보다 큰 양의 정수를 의미한다.)

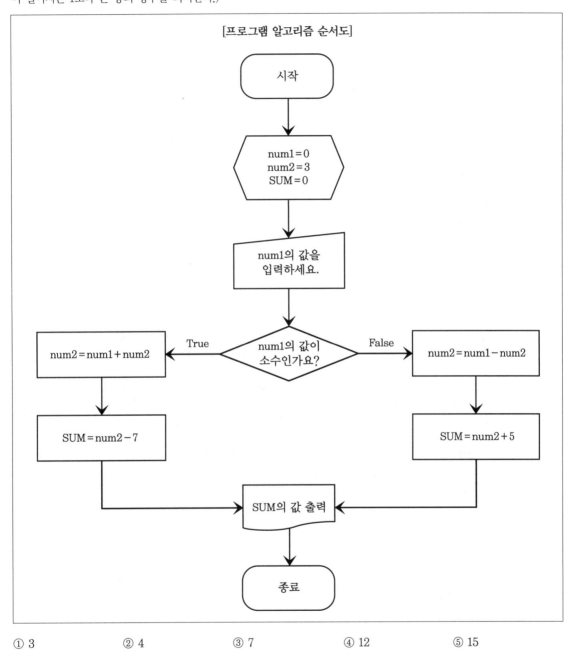

[프로그램 알고리즘 순서도]

① 3   ② 4   ③ 7   ④ 12   ⑤ 15

42. 다음은 순서도의 일부를 나타낸 자료이다. 위 자료를 참고하였을 때, ㉠에 들어갈 문장으로 가장 적절한 것은?

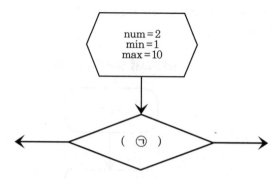

① min값과 max값의 평균값은 얼마인가요?

② num값을 문서로 출력하세요.

③ max의 값이 음수인가요?

④ num값에 2를 덧셈 연산하세요.

⑤ count의 초깃값이 min값보다 작은가요?

43. 위 자료를 확인하고 C언어로 프로그램을 구현한 귀하는 다양한 데이터를 출력할 방법에 대해 조사하였다. 귀하가 정리한 자료가 다음과 같을 때, ㉠~㉢에 들어갈 서식 지정자를 바르게 연결한 것은?

> C언어에서 printf( ) 함수는 표준 출력 함수로, 다양한 데이터를 각 서식에 맞추어 출력할 수 있다. 특히, 서식 지정자를 사용하여 출력할 데이터의 서식 지정이 가능하다. C언어에서 사용하는 대표적인 서식 지정자는 다음과 같다.
>
> | 서식 지정자 | 의미 | 서식 지정자 | 의미 |
> |---|---|---|---|
> | %c | 하나의 문자를 출력함 | %s | 문자열을 출력함 |
> | %d | 부호가 있는 10진수 정수를 출력함 | %f | 부동 소수점으로 표현한 실수를 출력함 |

> • printf("㉠", "합격입니다.");
> • printf("㉡", 79.135);
> • printf("㉢", 36);

	㉠	㉡	㉢
①	%c	%f	%d
②	%c	%d	%f
③	%s	%f	%d
④	%s	%d	%f
⑤	%s	%c	%d

44. S 공사에 근무하는 귀하는 탕비실 비품을 구매하고 결재를 받기 위해 자료를 정리하고 있다. 다음 엑셀 시트에서 비품 단가를 이용하여 탕비실 비품 구매 현황을 작성할 때, [C5] 셀에 입력한 함수식으로 가장 적절한 것은?

	A	B	C	D	E	F	G	H	I
1									
2									
3		[탕비실 비품 구매 현황]						[비품 단가]	
4	품목	수량	단가	총 금액			품목	단가	
5	커피	10개					과자	10,000원	
6	종이컵	3개					녹차	4,000원	
7	과자	5개					종이컵	16,000원	
8	휴지	7개					휴지	20,000원	
9	녹차	5개					커피	8,000원	

① = HLOOKUP(A5, G5:H9, 2, 0)

② = VLOOKUP(A5, G5:H9, 2, 0)

③ = HLOOKUP(G5:H9, A5, 2, 0)

④ = VLOOKUP(G5:H9, A5, 2, 0)

⑤ = LOOKUP(A5, G5:H9, C5)

45. 다음 중 데이터베이스의 작업 순서로 가장 적절한 것은?

① 시작 → 데이터베이스 만들기 → 자료 입력 → 저장 → 자료 검색 → 보고서 인쇄 → 종료

② 시작 → 데이터베이스 만들기 → 자료 검색 → 저장 → 자료 입력 → 보고서 인쇄 → 종료

③ 시작 → 데이터베이스 만들기 → 자료 입력 → 자료 검색 → 저장 → 보고서 인쇄 → 종료

④ 시작 → 자료 검색 → 데이터베이스 만들기 → 저장 → 자료 입력 → 보고서 인쇄 → 종료

⑤ 시작 → 자료 입력 → 데이터베이스 만들기 → 저장 → 자료 검색 → 보고서 인쇄 → 종료

46. 다음 중 정보의 특징에 대해 잘못 이야기하고 있는 사람은?

> 은지: 정보의 가치를 평가할 수 있는 절대적인 기준은 없어.
> 혜수: 정보의 가치는 우리의 요구, 사용 목적뿐 아니라 정보가 활용되는 시기와 장소에 따라서도 다르게 평가될 수 있어.
> 상연: 일반적으로 중요한 정보일수록 공개하지 않는 것보다 최대한 많은 사람들에게 공개하는 것이 정보로서 더 큰 가치를 가질 수 있지.
> 현태: 우리가 원하는 시간에 맞춰 제공되지 못하는 정보는 정보로서의 가치가 없어지겠구나.
> 규민: 비공개 정보는 정보의 활용이라는 면에서 경제성이 떨어지는 반면 공개 정보는 정보의 공개라는 면에서 경쟁력이 떨어지게 될 거야.

① 은지   ② 혜수   ③ 상연   ④ 현태   ⑤ 규민

47. 다음 중 데이터베이스의 특성에 대한 설명으로 적절하지 않은 것을 모두 고르면?

> ㉠ 한 곳에서만 데이터를 수정해도 해당 데이터를 이용하는 모든 애플리케이션에서 최신의 데이터를 바로 이용할 수 있다.
> ㉡ 여러 데이터를 한 곳에서 관리하고 있어 데이터의 양이 방대해지므로 데이터를 이용하는 프로그램 개발에 시간이 오래 걸린다.
> ㉢ 여러 곳에서 이용되는 데이터를 한 곳에서 관리할 수 있어 중복되는 데이터의 비율을 줄일 수 있다.
> ㉣ 한 번에 여러 파일에서 데이터를 찾아낼 수 있어 원하는 데이터를 쉽게 검색할 수 있다.
> ㉤ 데이터베이스 관리시스템을 통해 데이터의 보안을 유지할 수 있도록 보안등급을 정할 수 있다.
> ㉥ 데이터를 한 곳에서 관리하고 있어 결함 없는 데이터를 유지하기가 비교적 어렵다.

① ㉠, ㉤   ② ㉡, ㉣   ③ ㉡, ㉥   ④ ㉢, ㉤   ⑤ ㉣, ㉥

48. 다음 글의 빈칸에 들어갈 소프트웨어의 종류로 가장 적절한 것은?

> (   )은/는 표 계산 프로그램으로, 문서를 작성하고 편집할 수 있을 뿐만 아니라 수치나 공식을 입력하여 값을 계산해 내고, 계산 결과를 차트로 표시할 수 있는 특별한 기능을 가지고 있다. 파일 간 서로 연결시켜 내용 복사, 이동, 연산을 할 수 있으며, 메모리가 허용하는 한도 내의 파일을 동시에 불러들여 한꺼번에 볼 수도 있다.

① 워드프로세서   ② 스프레드시트   ③ 프레젠테이션
④ 데이터베이스   ⑤ 그래픽 소프트웨어

[49 – 50] 다음은 서울시에서 자전거 대여 사업을 진행하는 사설 업체의 자전거 코드 부여 방식에 대한 자료이다. 각 물음에 답하시오.

[자전거 코드 부여 방식]

– [분류 코드][생산 재질 코드][생산 일자 코드][대여 지역 코드] 순으로 총 11자리 자전거 코드를 부여함
– 전조등, 바구니 등 부가 용품이 장착된 자전거는 11자리 자전거 코드 뒤에 '1'을 추가함

예

분류	생산 재질	생산 일자	대여 지역	부가 용품	자전거 코드
미니벨로형	알루미늄	2016년	노원구	전조등	M54AN05SN131

[분류 코드]

로드형	픽시형	하이브리드형	미니벨로형	MTB형
R15	P42	H24	M54	T51

[생산 재질 코드]

하이텐	크롬몰리브덴 스틸	알루미늄	크롬강	티타늄
HT	CS	AN	CK	TN

[생산 일자 코드]

2016년	2017년	2018년	2019년	2020년
05S	14S	32E	40N	53T

[대여 지역 코드]

강남구	강동구	강북구	강서구	관악구	광진구	구로구	금천구	노원구
K27	K12	K43	K51	K31	K72	K35	K24	N13
도봉구	동대문구	동작구	마포구	서대문구	서초구	성동구	성북구	송파구
D06	D24	D64	M17	S82	S19	S63	S92	S83
양천구	영등포구	용산구	은평구	종로구	중구	중랑구		
Y45	Y61	Y48	Y85	J30	J28	J83		

49. 진영이가 대여한 자전거의 코드가 'H24CK40NK121'일 때, 자전거에 대한 정보로 적절한 것은?

　① 대여 지역: 강동구

　② 생산 재질: 크롬몰리브덴 스틸

　③ 부가 용품 장착 여부: 장착하지 않음

　④ 분류: MTB형

　⑤ 생산 일자: 2017년

50. 자전거 대여 사설 업체에 근무하는 귀하가 위 자료를 바탕으로 자전거 코드가 정확히 부여되었는지 확인하였을 때, 자전거 코드가 잘못 작성된 자전거는?

구분	분류	생산 재질	생산 일자	대여 지역	부가 용품	자전거 코드
A 자전거	픽시형	하이텐	2017년	강동구	전조등	P42HT14SK121
B 자전거	로드형	알루미늄	2019년	관악구	–	R15AN40NK31
C 자전거	픽시형	티타늄	2020년	서초구	바구니	P42TN53TS191
D 자전거	미니벨로형	하이텐	2018년	중랑구	–	M54CS32EJ83
E 자전거	로드형	크롬강	2019년	양천구	전조등, 바구니	R15CK40NY451

　① A 자전거　　② B 자전거　　③ C 자전거　　④ D 자전거　　⑤ E 자전거

약점 보완 해설집 p.12

해커스잡

실전모의고사 2회 [50문항형]

성명

수험번호

응시분야

감독관 확인

	①	②	③	④	⑤
1	①	②	③	④	⑤
2	①	②	③	④	⑤
3	①	②	③	④	⑤
4	①	②	③	④	⑤
5	①	②	③	④	⑤
6	①	②	③	④	⑤
7	①	②	③	④	⑤
8	①	②	③	④	⑤
9	①	②	③	④	⑤
10	①	②	③	④	⑤
11	①	②	③	④	⑤
12	①	②	③	④	⑤
13	①	②	③	④	⑤
14	①	②	③	④	⑤
15	①	②	③	④	⑤
16	①	②	③	④	⑤
17	①	②	③	④	⑤
18	①	②	③	④	⑤
19	①	②	③	④	⑤
20	①	②	③	④	⑤

	①	②	③	④	⑤
21	①	②	③	④	⑤
22	①	②	③	④	⑤
23	①	②	③	④	⑤
24	①	②	③	④	⑤
25	①	②	③	④	⑤
26	①	②	③	④	⑤
27	①	②	③	④	⑤
28	①	②	③	④	⑤
29	①	②	③	④	⑤
30	①	②	③	④	⑤
31	①	②	③	④	⑤
32	①	②	③	④	⑤
33	①	②	③	④	⑤
34	①	②	③	④	⑤
35	①	②	③	④	⑤
36	①	②	③	④	⑤
37	①	②	③	④	⑤
38	①	②	③	④	⑤
39	①	②	③	④	⑤
40	①	②	③	④	⑤

	①	②	③	④	⑤
41	①	②	③	④	⑤
42	①	②	③	④	⑤
43	①	②	③	④	⑤
44	①	②	③	④	⑤
45	①	②	③	④	⑤
46	①	②	③	④	⑤
47	①	②	③	④	⑤
48	①	②	③	④	⑤
49	①	②	③	④	⑤
50	①	②	③	④	⑤

수험번호

| ⓪ ① ② ③ ④ ⑤ ⑥ ⑦ ⑧ ⑨ |
| ⓪ ① ② ③ ④ ⑤ ⑥ ⑦ ⑧ ⑨ |
| ⓪ ① ② ③ ④ ⑤ ⑥ ⑦ ⑧ ⑨ |
| ⓪ ① ② ③ ④ ⑤ ⑥ ⑦ ⑧ ⑨ |
| ⓪ ① ② ③ ④ ⑤ ⑥ ⑦ ⑧ ⑨ |
| ⓪ ① ② ③ ④ ⑤ ⑥ ⑦ ⑧ ⑨ |

해커스공기업
NCS 모듈형
통합 봉투모의고사

실전모의고사
3회

60문항형

ᴴᴴᴵ 해커스잡

수험번호	
성명	

실전모의고사
3회
(60문항형)

시작과 종료 시각을 정한 후, 실전처럼 모의고사를 풀어보세요.

시 　 분 ~ 　 시 　 분 (총 60문항/60분)

□ **시험 유의사항**

[1] 60문항형 시험은 국민연금공단, 한국도로공사 등의 기업에서 출제 영역, 시간, 시험 순서 등 세부 구성을 다르게 출제하고 있습니다. (2021년 필기시험 기준)

[2] 본 실전모의고사는 60문항형 시험에서 자주 출제되는 의사소통능력, 수리능력, 문제해결능력, 자원관리능력, 정보능력, 기술능력, 조직이해능력 7개 영역으로 구성되어 있으며, 문제 번호는 이어져 있으나 문제가 영역 순서대로 출제되는 순차 통합형 모의고사이므로 영역별 제한 시간 없이 전체 문항을 60분 내에 푸는 연습을 하시기 바랍니다.

[3] 마지막 페이지에 있는 OMR 답안지와 해커스ONE 애플리케이션의 학습 타이머를 이용하여 실전처럼 모의고사를 풀어보시기 바랍니다.

01. 다음 중 경청의 올바른 자세로 적절하지 않은 것을 모두 고르면?

> ㉠ 우호적인 눈의 접촉을 통해 자신이 관심을 갖고 있다는 사실을 알릴 수 있다.
> ㉡ 상대와 의논할 준비가 완료되었다면 상대를 정면으로 마주하여야 한다.
> ㉢ 자신이 상대의 말을 열심히 듣고 있는 사실을 강조하려면 상대방의 반대편으로 상체를 기울여야 한다.
> ㉣ 손을 꼬는 행위는 상대에게 마음을 열어 놓고 있다는 표시이다.
> ㉤ 전문가다운 자신만만함과 편안한 마음을 표현하고자 한다면 비교적 편한 자세를 취하는 것이 좋다.

① ㉠, ㉡   ② ㉠, ㉢   ③ ㉡, ㉢   ④ ㉢, ㉣   ⑤ ㉣, ㉤

02. 다음 ㉠~㉢의 의미에 해당하는 한자성어를 바르게 연결한 것은?

> ㉠ 자나 깨나 잊지 못함
> ㉡ 같은 사람의 말이나 행동이 앞뒤가 서로 맞지 아니하고 모순됨
> ㉢ 관중과 포숙의 사귐이란 뜻으로, 우정이 아주 돈독한 친구 관계를 이르는 말

	㉠	㉡	㉢
①	寤寐不忘	管鮑之交	自家撞着
②	寤寐不忘	自家撞着	管鮑之交
③	自家撞着	寤寐不忘	管鮑之交
④	自家撞着	管鮑之交	寤寐不忘
⑤	管鮑之交	自家撞着	寤寐不忘

03. 다음 중 의사표현의 종류에 대한 설명으로 가장 적절하지 않은 것은?

① 토의는 여러 사람이 모여서 공통의 문제에 대해 가장 좋은 해답을 얻기 위해 협의하는 말하기이다.
② 주례, 회의와 같은 상황에서 사용하는 말하기는 친근한 사람과 말할 때와는 다른 표현을 사용하게 된다.
③ 의사표현은 상황에 따라 공식적 말하기, 의례적 말하기, 친교적 말하기로 구분된다.
④ 토론을 할 때는 말하는 이 혼자 여러 사람을 대상으로 자신의 사상 등에 대해 일방적으로 말하게 된다.
⑤ 공식적 말하기는 대중을 대상으로 사전에 준비된 내용을 전달할 때 활용하게 된다.

04. 다음 문서를 문서이해 절차 6단계에 따라 이해하였을 때, 4단계에 해당하는 반응으로 가장 적절한 것은?

시민의 행복을 추구하는 투명하고 청렴한 ◇◇광역시

◇◇광역시

수신자 ◇◇광역시 내 20개 소방서

(경유)

제목 20XX년 성과 우수자 특별 승급 대상자 추천 요청

---

1. ◇◇광역시 인사과-901516(20XX.12.12)호와 관련된 사항입니다.
2. 20XX년 성과 우수자 특별 승급 계획을 확인하시고, 각 기관에서 특별 승급 요건을 갖춘 우수 공무원을 20XX. 12. 23. (수)까지 추천하여 주시기 바랍니다.
   가. 선정 대상 : 호봉제를 적용받는 6급 이하 공무원
   　　- 격무·기피 부서 근무자, 주요 역점·시책 사업 추진 성과 우수자
   나. 선정 규모 : 20명 내외(6급 이하 공무원 정원의 0.5%)
   다. 유의사항
   　　- 추천 시 성과 우수자 특별 승급 요건 및 결격 여부를 철저히 확인하여야 함
   　　- 추천자의 업무 실적 사실 여부 및 효과 등을 자세히 분석하여 기관별 배정된 인원수 이내로 대상자 선발하여 추천하도록 함
   라. 제출 서류 : 의결서, 추천서, 결격 요건 등 자체 확인서, 업무 추진 실적

   붙임 1. 20XX년 성과 우수자 특별 승급 운영 계획 1부.
   　　 2. 기관별 특별 승급 추천 인원 배정 1부.
   　　 3. 성과 우수자 특별 승급 추천서 등 양식 1부. 끝.

---

① 상균 : 격무·기피 부서 근무자와 주요 역점·시책 사업 추진 성과 우수자를 포상하려는 의도로 작성되었어.

② 율하 : 기관별 특별 승급 추천 인원을 확인하고 배정된 인원수 내로 우리 소방서의 대상자를 추려봐야지.

③ 선영 : 특별 승급 요건과 결격 여부를 꼼꼼히 확인하고 대상자를 20XX년 12월 23일까지 추천해야겠네.

④ 순규 : ◇◇광역시에서 성과 우수자 특별 승급이라는 대내적 공무를 집행하기 위하여 발송한 문서구나.

⑤ 진영 : 20XX년 성과 우수자 특별 승급에서 6급 이하 공무원 정원의 0.5%에 해당하는 인원이 선정되겠군.

[05 – 07] 다음 글을 읽고 각 물음에 답하시오.

시오니즘(Zionism)은 서기 70년 이후로 나라를 잃은 유대인들이 고대 예루살렘에 위치한 약속된 땅, 시온에 민족 국가를 세우는 것을 목표로 하는 민족주의 운동을 말한다. 19세기 후반에 시작된 시오니즘에 정치적 성향을 부여한 헝가리 출신의 오스트리아 유대인 작가 테오도어 헤르츨은 시오니즘의 확립에 지대한 영향을 미쳤으며, 1897년 스위스의 바젤에서 제1차 시오니스트 회의를 개최하여 바젤 계획안을 작성하였다. 이후 1905년, 러시아 혁명의 실패로 유대인 학살과 억압이 자행되자 러시아의 젊은 유대인들이 예루살렘이 위치한 팔레스타인으로 이주하기 시작하며 팔레스타인에 ⓐ 정착하는 유대인 이주민들이 점차 늘어났다.

제1차 세계대전 중에 영국은 전쟁에서 승리하고자 1915년에 아랍인과 맥마흔 선언을, 1917년에 유대인과는 밸푸어 선언을 체결하여 양측 모두에게 팔레스타인을 넘겨주겠다고 약속하였다. 그러나 밸푸어 선언 당시에 이집트 외의 중동 지역과 팔레스타인은 영국의 식민지가 아니었기 때문에 7세기 이후 팔레스타인에 거주하고 있던 아랍인들에게 밸푸어 선언은 국제법상 소유하지 않은 재산의 소유권을 제삼자에게 이전하는 불법적 행위에 불과했다. 이로 인해 팔레스타인을 중심으로 한 유대인과 아랍인의 갈등이 고조되면서 영국은 해당 문제를 UN에 일임하였다.

1947년 UN은 팔레스타인을 아랍국과 유대국으로 나누고 예루살렘은 국제화하자는 의견을 가결하였는데, 이를 거부한 아랍인들과 달리 적극적으로 수락한 유대인들은 1948년 영국의 위임 통치 기간이 종료되자 유대인의 민족 국가 이스라엘의 건국을 공표하였다. 이에 대한 반발로 이집트, 이라크, 레바논, 시리아, 요르단이 공동으로 이스라엘을 공격하면서 제1차 중동 전쟁이 발생하였으나, 전쟁의 승리는 미국의 무기 지원을 받은 이스라엘에 돌아갔다. 전쟁에서 이겨 영토를 확장한 이스라엘은 팔레스타인 내 아랍인의 도시를 약탈하였고, 100만 명의 아랍인들이 고향에서 추방되어 난민으로 ⓑ 표류하게 되었다.

아랍 국가들은 제1차 중동 전쟁에서 패배한 사유를 봉건적 체제에서 찾았고, 구체제의 타파와 근대 국가의 수립을 추구하였다. 특히 이집트에서는 1952년 이집트 혁명이 발생하고, 1956년 대통령으로 취임한 가말 압델 나세르가 외세에 대치하며 수에즈 운하의 국유화를 선언하였다. 그러자 수에즈 운하의 경영권을 가지고 있던 영국과 프랑스, 이스라엘이 이집트를 공격하면서 제2차 중동 전쟁이 일어났다. 하지만 국제 여론이 이집트를 지지하자 곧장 휴전이 이루어져 수에즈 운하가 국유화되고 제2차 중동 전쟁이 마무리되었다.

이후 이스라엘은 미국과 유럽의 원조로 국가 건설을 진행하다가 1967년 아랍 연합과 요르단을 공격함으로써 제3차 중동 전쟁을 일으켜 시나이반도와 가자 지구를 점령하였다. 제3차 중동 전쟁 결과, 팔레스타인 난민이 약 150만 명에 이르자 UN은 이스라엘이 모든 점령지에서 철수하도록 결의하였지만 이스라엘은 이를 거부하였다. 그리고 1973년, 시리아와 연합한 아랍인들은 제4차 중동 전쟁을 일으켜 이스라엘이 1967년부터 점유하고 있던 수에즈 운하 지대를 탈환하였다. 이때 여러 아랍 국가들은 아랍 측에 지원군을 파병함과 더불어 석유의 무기화를 선언하여 이스라엘을 지지하는 미국, 영국, 서독 등의 나라에 석유 수출을 금지하고, 여타 국가에도 석유 수출을 줄이는 전략을 시행하여 전 세계가 심각한 석유 위기에 처하게 되었다.

결국 제4차 중동 전쟁은 미국과 소련의 중재로 중단되었고, 이를 계기로 UN은 개발도상국의 상황도 고려한 새로운 국제 경제 질서의 확립에 관한 선언을 발표하였다. 또한, 팔레스타인의 민족 자결권을 받아들이고 팔레스타인 해방 기구(PLO)를 팔레스타인의 유일하며 정당한 대표로 인정하였다. 1979년에는 미국의 중개로 이스라엘의 존재 인정, 시나이반도에서 이스라엘군의 철수 등을 포함한 평화 조약, 캠프데이비드 협정을 체결하였다. 그러나 팔레스타인을 둘러싼 분쟁과 유혈 사태는 지속됐고, 국제 사회의 개입으로 양측의 휴전 합의가 도출되었지만 상황에 따라 언제라도 무력 충돌이 재발할 수 있는 위태로운 실정이다.

05. 윗글의 내용과 일치하는 것은?

① 영국이 1917년에 유대인과 밸푸어 선언을 체결할 당시 중동 지역과 팔레스타인은 영국의 식민지였다.

② 시오니즘에 정치적 성향을 부여한 테오도어 헤르츨은 오스트리아에서 제1차 시오니스트 회의를 열었다.

③ 이집트 혁명 이후 가말 압델 나세르가 이집트의 대통령이 되면서 수에즈 운하의 국유화가 선언되었다.

④ 캠프데이비드 협정의 체결이 무산되고 난 이후에도 팔레스타인을 중심으로 하는 분쟁은 계속되었다.

⑤ 아랍인과 유대인 모두 팔레스타인을 분할하고 예루살렘은 국제화하자는 UN의 의견을 거부하였다.

06. 다음 중 중동 전쟁에 대한 설명으로 적절하지 않은 것을 모두 고르면?

> ㉠ 제2차 전쟁이 일어나기 직전에 수에즈 운하의 경영권은 영국과 프랑스, 이스라엘이 가지고 있었다.
> ㉡ 제4차 전쟁 중에 여러 아랍 국가가 석유의 무기화를 선언하면서 전 세계가 석유 위기에 처하였다.
> ㉢ 이스라엘의 건국 발표에 대한 반발로 시작된 제1차 전쟁에서는 아랍 국가들이 승리를 차지하였다.
> ㉣ 제3차 전쟁과 제4차 전쟁 모두 이스라엘이 아랍인들을 선제공격하면서 시작되었다.

① ㉠, ㉡   ② ㉠, ㉣   ③ ㉡, ㉢   ④ ㉡, ㉣   ⑤ ㉢, ㉣

07. 다음 중 두 단어의 관계가 ⓐ와 ⓑ의 단어 쌍과 같은 관계인 것은?

① 예산:결산   ② 효시:연원   ③ 혼잡:혼탁   ④ 감흥:신명   ⑤ 쇄신:혁신

[08 - 09] 다음 글을 읽고 각 물음에 답하시오.

1870년대 이전의 경제학자들은 인간이 삶을 영위하는 데 필요한 물은 값이 매우 저렴한 반면, 장신구 외의 특별한 역할을 하지 못하는 다이아몬드는 비싼 현상을 논리적으로 설명하기 위해 재화의 가치를 사용 가치와 교환 가치로 구분하였다. 이를 통해 물처럼 사용 가치가 높고 교환 가치가 낮은 것은 가격이 싸고, 다이아몬드처럼 사용 가치가 낮지만 교환 가치가 높은 것은 가격이 비싸다고 해석하였다. 하지만 사용 가치가 없는 재화가 수량이 적어서 교환 가치가 높다고 하여 모두 시장에서 높은 가격으로 거래되는 것은 아니었기 때문에 여전히 물과 다이아몬드의 가격을 설명하기에는 한계가 있었다. 이로 인해 경제학자들은 이 현상을 '가치의 역설(逆說)'이라고 지칭하고 명쾌한 해석을 내놓기 위해 골치를 앓았는데, 1870년대 오스트리아의 경제학자들에 의해 한계효용의 개념이 도입되면서 물과 다이아몬드의 시장 가격에 대한 의문이 해결되었다.

경제학에서는 인간의 욕망을 만족시키는 재화의 효능을 효용이라고 지칭하며, 효용은 일반적으로 소비하는 재화의 양이 늘어날수록 증가하는 것으로 여겨진다. 하지만 아무리 맛있는 음식이라도 계속 먹으면 물리는 것과 같이 어떠한 재화나 서비스라도 반복하여 소비하면 만족도의 크기가 감소하게 되는데, 이러한 현상을 '한계효용 체감의 법칙'이라고 한다. 한계효용은 일정한 종류의 재화가 잇따라 소비될 때 마지막으로 소비되는 한 단위의 재화로부터 얻어지는 심리적 만족도를 말하며, 욕망의 정도에 정비례하고 재화의 소비량에 반비례한다. 예를 들어 배고픈 사람이 라면을 먹는다면 처음의 라면 한 개는 허기를 채워주고 엄청난 만족감을 느끼게 만든다. 그러나 라면을 두 개째 먹는다면 어느 정도 맛있다고 생각하더라도 처음 라면을 먹을 때보다는 만족감을 상대적으로 덜 느낀다. 그리고 라면을 세 개, 네 개 계속해서 먹으면 점점 맛도 없어지고 배가 가득 차서 종국에는 만족감이 줄어들게 된다. 다시 말해 인간이 소비하는 재화의 단위가 늘어날수록 그 단위를 통해 얻을 수 있는 효용의 크기가 점차 줄어든다는 것이다.

이러한 한계효용의 특징을 바탕으로 경제학자들은 물과 다이아몬드의 가격 형성 과정을 다음과 같이 설명하였다. 재화를 소비할 때 각 단위에서 얻을 수 있는 효용의 누적된 크기를 총효용이라고 한다. 사람들이 생존과 직결된 물로부터 얻을 수 있는 총효용은 다이아몬드로부터 얻을 수 있는 총효용보다 크다. 하지만 모든 사람은 생존에 필요한 물을 이미 소비하고 있고, 필수재가 아닌 다이아몬드는 평상시에 소비하는 사람이 드물다. 따라서 이미 물을 소비하고 있던 사람이 물을 추가로 소비함으로써 얻을 수 있는 한계효용보다 다이아몬드를 처음 소비함으로써 얻을 수 있는 한계효용이 훨씬 크기 때문에 일반적인 소비 과정에서 물보다 다이아몬드의 가격이 높게 형성된다. 이렇게 오랜 기간 난제로 여겨졌던 가치의 역설이라는 문제를 해결한 한계효용은 경제학에 엄청난 변화를 가져왔다. 한계효용의 도입으로 경제 주체가 경제 활동을 통해 얻는 만족도를 객관적인 수치로 나타낼 수 있게 되었으며, 이를 통해 모든 재화의 수요와 공급을 가격, 소비자의 만족도, 소득 등에 따라 함수로 표현할 수 있게 되었다.

08. 윗글의 내용과 일치하는 것은?

① 일반적으로 사람들은 다이아몬드로부터 얻는 총효용을 물로부터 얻는 총효용보다 크게 느낀다.

② 물은 인류의 생존을 위해 필요하지만 교환 가치가 높고 사용 가치가 낮아서 가격이 저렴하다.

③ 한계효용은 특정 재화를 연속하여 소비할 때 각 단위에서 얻어지는 효용의 누적된 크기를 일컫는다.

④ 경제학에 한계효용이 도입되면서 경제 활동을 통해 얻는 만족도를 객관적으로 표현할 수 있게 되었다.

⑤ 사용 가치가 없어도 수량이 적어서 교환 가치가 높은 재화는 필연적으로 시장에서 비싸게 거래된다.

09. 윗글을 통해 추론할 때, 한계효용 체감의 법칙을 나타낸 그래프로 가장 적절한 것은?

①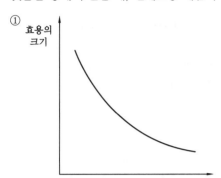
효용의 크기 / 재화 소비량

②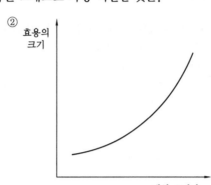
효용의 크기 / 재화 소비량

③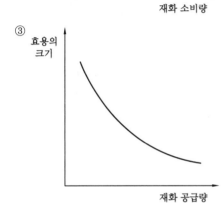
효용의 크기 / 재화 공급량

④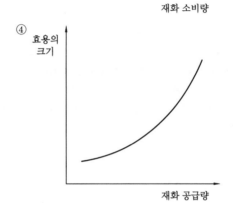
효용의 크기 / 재화 공급량

⑤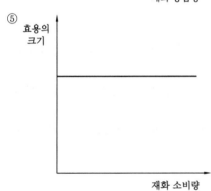
효용의 크기 / 재화 소비량

10. 다음 글의 주제문으로 가장 적절한 것은?

코로나19의 장기화로 여가 시간을 실내에서 보내는 경우가 급격히 늘어남에 따라 영상 콘텐츠에 관한 수요 또한 지속적으로 증가하였다. 특히 유튜브, 넷플릭스, 네이버TV와 같이 전파 또는 케이블이 아닌 인터넷망으로 영상 콘텐츠를 제공하는 서비스 OTT(Over The Top)가 우리 일상의 일부로 받아들여질 정도로 확산되었다. 그 결과 대중들은 이전에 방송사가 송신하던 프로그램을 수동적으로 시청하던 것에서 벗어나 언제 어디서나 적극적으로 개인의 취향에 맞는 콘텐츠를 골라서 향유할 수 있게 되었다. OTT 사용자는 특정 콘텐츠를 시청하기 위해 별도의 파일을 받거나 VOD에 비용을 내지 않아도 되며, TV 외의 윈도우 PC, 플레이스테이션, 매킨토시 등 다양한 하드웨어를 통해 편리하게 시청할 수 있다. 이로 인해 유선 방송 대신 OTT를 신청하는 코드 커팅(Cord cutting)과 유선 방송 중 유료 가입 상품을 저렴한 상품으로 바꾸는 코드 쉐이빙(Cord shaving) 현상이 심화되고 있다. 이미 OTT는 전 세계적으로 TV 및 방송사 중심의 전통적인 영상 콘텐츠 플랫폼을 대신하고 있으며, 미래에는 이러한 현상이 더욱 가속화될 것으로 전망된다. 실제로 정보통신정책연구원이 국민 6,375명을 대상으로 시행한 조사 결과에 따르면 우리나라의 2019년 연령대별 OTT 이용률은 10대 84.9%, 20대 83.2%, 30대 71.1%, 40대 55.4%, 50대 35.8%, 그리고 60대 이상이 13.7%로 나타났다. 2018년에 국민 7,234명을 대상으로 시행한 조사에서 연령대별 OTT 이용률이 10대 68.9%, 20대 71.4%, 30대 56.1%, 40대 38.2%, 50대 19.1%, 60대 이상 5.8%로 나타났던 것과 비교하면 1년 사이에 괄목하게 증가하였음을 알 수 있다. 이뿐만 아니라 OTT 이용률이 연령이 낮을수록 높게 나타나는 경향이 있다는 점으로 미루어 보았을 때 앞으로도 OTT 이용률은 계속해서 증가할 것이라는 사실을 예측할 수 있다.

① OTT 플랫폼 운영자는 더 많은 사용자를 확보하기 위해 사용자 개개인의 취향을 세부적으로 분석하여 차별화된 콘텐츠를 제공해야 한다.

② 각 방송사는 최근 유선 방송의 유료 가입 상품을 한 단계 업그레이드하여 시청하는 사람이 증가하고 있다는 사실에 주목하여 OTT에 대응할 방안을 모색해야 한다.

③ 전통적인 영상 콘텐츠 플랫폼을 대체하는 OTT의 대중화로 사람들이 시공간의 제약 없이 본인의 취향에 맞는 콘텐츠를 즐기는 현상은 더욱 보편화될 것이다.

④ 국내 OTT 플랫폼 기업들은 상대적으로 OTT 이용률이 낮은 40대 이상의 높은 연령층을 겨냥한 콘텐츠 제공을 확대하여 시장 점유율을 높일 필요가 있다.

⑤ OTT는 사용자가 능동적으로 콘텐츠를 선택할 수 있으며 시청에 추가 비용이 들지 않고 여러 하드웨어로 편하게 시청할 수 있다는 장점이 있다.

11. 주사위를 한 번 던져 6의 약수가 나오면 1점을 얻고, 6의 약수가 나오지 않으면 0점을 얻는 게임을 하고 있다. 게임을 5번 반복하였을 때, 2점을 얻을 확률은?

① $\dfrac{4}{243}$ ② $\dfrac{1}{9}$ ③ $\dfrac{40}{243}$ ④ $\dfrac{4}{9}$ ⑤ $\dfrac{40}{81}$

12. K 공사는 워크숍을 진행하기 위해 방 x개를 예약한 뒤, 직원들을 각 방에 배정하였다. 한 방에 직원을 5명씩 배정하면 직원 8명이 남고, 한 방에 직원을 6명씩 배정하면 방이 4개 남는다고 할 때, K 공사에서 예약한 방의 최대 개수는?

① 32개   ② 35개   ③ 37개   ④ 39개   ⑤ 42개

13. J 공사에서 사내 동호회를 창단하기 위해 설문 조사를 진행하였다. 설문 조사는 자전거 동호회와 등산 동호회 중 가입을 희망하는 동호회에 투표하는 형태로 진행되었으며, 중복으로 희망하거나 둘 다 희망하지 않는 직원들도 있었다. 전체 직원 120명 중 자전거 동호회 가입을 희망하는 직원은 39명이고, 자전거 동호회 가입을 희망하지만 등산 동호회 가입은 희망하지 않는 직원은 21명이며, 자전거 동호회와 등산 동호회 모두 가입을 희망하지 않는 직원은 42명이다. J 공사의 전체 직원 중 등산 동호회 가입을 희망하는 직원은 모두 몇 명인가?

① 22명   ② 39명   ③ 45명   ④ 57명   ⑤ 78명

14. 다음은 우리나라의 화장품 수입액 및 수출액 상위 10개국을 나타낸 자료이다. 자료에 대한 설명으로 적절한 것을 모두 고르면?

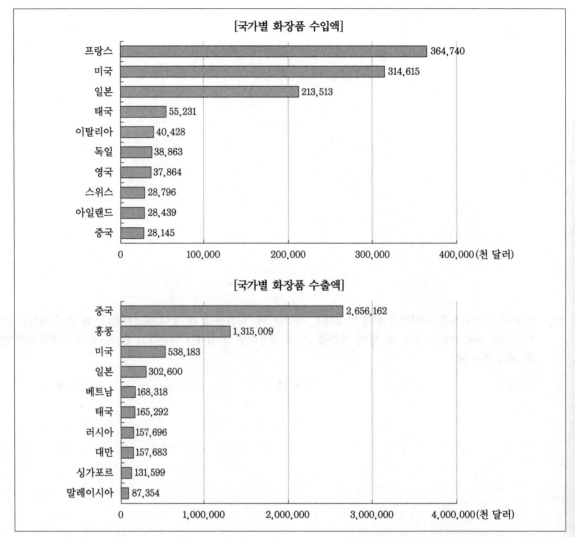

※ 출처: KOSIS(식품의약품안전처, 화장품산업현황)

ⓐ 미국과 일본의 화장품 수입액의 합은 프랑스의 화장품 수입액보다 164,288천 달러 많다.
ⓑ 제시된 그래프는 내역, 비교, 도수 등을 표현하기에 적합하다.
ⓒ 화장품 수입액과 수출액이 모두 상위 10개국에 속하는 국가는 총 4개이다.
ⓓ 독일, 영국, 스위스, 아일랜드의 화장품 수입액의 평균은 33,450천 달러 이상이다.

① ㉠, ㉡   ② ㉠, ㉣   ③ ㉡, ㉢   ④ ㉢, ㉣   ⑤ ㉡, ㉢, ㉣

15. 다음은 2021년 상반기 월별 국내 건축 허가 수와 국내 일부 도시의 건축 허가 수에 대한 자료이다. 자료에 대한 설명으로 적절한 것은?

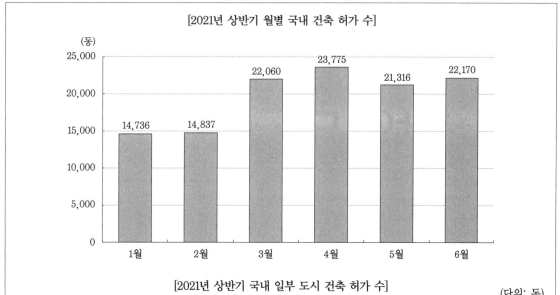

[2021년 상반기 국내 일부 도시 건축 허가 수]

(단위: 동)

구분	1월	2월	3월	4월	5월	6월
서울	830	956	1,435	1,443	1,543	1,241
부산	362	410	520	610	698	546
대구	349	372	771	617	599	558
인천	435	452	583	589	573	582
광주	212	205	289	315	333	294
대전	198	207	326	284	342	285
울산	286	189	278	294	267	255
세종	102	70	107	163	176	161

※ 출처: KOSIS(국토교통부, 건축허가및착공통계)

① 월별 건축 허가 수의 변화 추이를 한눈에 확인하는 데 가장 적합한 그래프는 원 그래프이다.

② 제시된 지역 중 2021년 5월에 건축 허가 수가 5번째로 많은 지역은 광주이다.

③ 2021년 3월 국내 건축 허가 수에서 부산의 건축 허가 수가 차지하는 비중은 2.5% 미만이다.

④ 제시된 기간 중 국내 건축 허가 수가 가장 많은 달과 가장 적은 달의 차이는 8,039동이다.

⑤ 2021년 6월 세종의 건축 허가 수는 3개월 전 대비 약 51.4% 증가했다.

16. 빵 3종류와 쿠키 2종류, 샌드위치 1종류를 판매하는 A 제과점이 있다. 혜리가 A 제과점에서 2종류의 제품을 구매할 때, 적어도 빵 1종류를 포함해 구매할 확률은?

① $\frac{8}{15}$　　　② $\frac{3}{5}$　　　③ $\frac{2}{3}$　　　④ $\frac{11}{15}$　　　⑤ $\frac{4}{5}$

17. 다음은 2019년 직업별 봉사 활동 현황에 대한 자료이다. 자료에 대한 설명으로 적절하지 않은 것은?

[2019년 직업별 봉사 활동 횟수]

(단위: 회)

구분	1분기	2분기	3분기	4분기
공무원	24,108	26,786	23,221	24,033
사무관리직	7,984	7,498	6,509	6,422
전문직	39,347	48,608	42,953	46,170
자영/서비스직	38,537	43,103	38,086	38,390
기술/단순노무직	11,023	11,798	10,558	10,496
농수산업	3,598	3,733	3,425	3,855
군인	316,404	349,746	315,806	315,148
주부	51,178	58,613	51,305	51,757
학생	602,195	772,374	765,893	606,235
무직	95,561	103,339	96,016	92,478
기타	534,149	697,084	709,809	661,473
계	1,724,084	2,122,682	2,063,581	1,856,457

※ 무직은 퇴직자를 포함한 수치임
※ 출처: KOSIS(보건복지부, 사회복지자원봉사현황)

① 2분기 이후 공무원과 농수산업의 전분기 대비 증감 추이는 동일하다.

② 제시된 기간 중 주부의 봉사 활동 횟수가 가장 많은 분기와 가장 적은 분기의 봉사 활동 횟수 차이는 7,435회이다.

③ 1분기 대비 4분기 사무관리직의 봉사 활동 횟수는 25% 이상 감소하였다.

④ 기타를 제외하고 제시된 기간 동안 매 분기 봉사 활동 횟수가 가장 많은 직업은 학생이다.

⑤ 2분기 군인의 봉사 활동 횟수는 전문직의 봉사 활동 횟수의 약 7.2배이다.

18. H 전자 주식을 보유하지 않았던 현석이는 1월 4일에 주가가 10만 원인 H 전자 주식 1주를 매수하였다가 1월 7일에 매도하였다. 동일 종목에 대한 다른 거래 내역이 없을 때, 현석이가 1월 7일에 매도한 H 전자 주식 1주의 가격은? (단, 주가와 주식 등락률은 종가를 기준으로 하며, 거래세, 수수료 등 기타 비용은 고려하지 않는다.)

[H 전자 전일 대비 주가 등락률]

1월 5일	1월 6일	1월 7일
+10%	−15%	+20%

① 109,700원　　② 112,200원　　③ 114,600원　　④ 115,100원　　⑤ 116,400원

19. L 사에서 생산되는 제품 A의 원가는 11,000원이고, 원가에 이익을 붙인 정가는 12,900원이다. A를 정가에 판매하였을 때 판매 개수는 10개였고, A의 정가를 300원씩 할인할수록 판매 개수는 30개씩 늘어났다. A를 판매하여 얻는 총이익이 최대가 되는 A의 판매 가격은?

① 11,400원　　② 11,700원　　③ 12,000원　　④ 12,300원　　⑤ 12,600원

20. 다음은 임금근로자의 사회보험 가입률에 대한 자료이다. 자료에 대한 설명으로 적절한 것을 모두 고르면?

[임금근로자 직업별 종사자 수 및 사회보험 가입률]

구분	임금근로자 수 (천 명)	사회보험 가입률(%)		
		국민연금	건강보험	고용보험
관리자	282	89.1	99.3	92.3
전문가 및 관련 종사자	4,480	84.8	86.7	83.7
사무 종사자	4,275	92.9	94.9	93.3
서비스 종사자	1,925	51.2	57.0	53.2
판매 종사자	1,690	53.1	54.9	54.9
농림어업 숙련 종사자	36	49.0	59.6	56.0
기능원 및 관련 종사자	1,741	61.0	64.9	66.0
장치 기계조작 조립원	2,278	84.5	91.0	89.6
단순 노무 종사자	3,197	29.6	44.4	40.1

[임금근로자 전체의 사회보험 가입률]

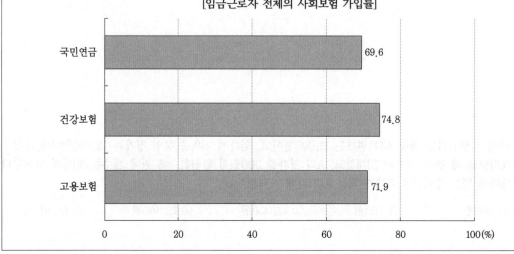

※ 출처: KOSIS(통계청, 지역별고용조사)

ⓐ 임금근로자 수가 두 번째로 많은 직업이 건강보험 가입률도 제시된 직업 중 두 번째로 높다.
ⓑ 가입률이 높은 순서에 따른 농림어업 숙련 종사자의 사회보험별 가입률 순위는 임금근로자 전체의 사회보험별 가입률 순위와 같다.
ⓒ 임금근로자 전체의 고용보험 가입률과 전문가 및 관련 종사자의 고용보험 가입률의 차이는 12.8%p이다.
ⓓ 국민연금에 가입한 단순 노무 종사자 수는 고용보험에 가입한 판매 종사자 수보다 적다.

① ㉠, ㉡   ② ㉠, ㉢   ③ ㉠, ㉡, ㉢   ④ ㉠, ㉡, ㉣   ⑤ ㉡, ㉢, ㉣

21. 김 사원은 논리적으로 사고하는 능력을 발전시키기 위해 논리적 사고의 구성요소를 정리하여 학습하고자 한다. 김 사원이 정리한 내용의 일부가 다음과 같을 때, 논리적 사고의 구성요소에 대한 설명으로 적절하지 않은 것을 모두 고르면?

구성요소	내용
생각하는 습관	㉠ 일상생활 속에서 접하기 힘든 문제를 선정한 뒤 하루 일과 중 생각하는 시간을 별도로 계획해 심도 있게 문제의 해결 방안을 고민하며 생각하는 습관을 들이는 것이 중요하다.
상대 논리의 구조화	㉡ 다른 사람을 설득하는 과정에서 자신의 주장이 거부당하는 경우 상대의 논리를 구조화하여 약점을 찾고, 자신의 생각을 재구축해야 한다.
구체적인 생각	㉢ 상대가 하는 말의 의미를 파악하기 어려울 때는 구체적인 이미지를 떠올리거나 숫자를 활용하는 등 다양한 방법을 활용해야 한다.
타인에 대한 이해	㉣ 상대의 주장에 반론을 제시할 경우 주장의 전부를 부정하지 않도록 주의하는 것이 좋으며, 동시에 상대의 인격을 존중해야 한다.
설득	㉤ 논리적 사고는 고정된 견해나 자신의 사상을 강요하는 것이 아니므로 논쟁이 아닌 논증을 통해 나의 주장을 다른 사람이 이해 및 공감할 수 있도록 해야 하고, 이를 바탕으로 내가 원하는 행동을 상대방이 하도록 만들어야 한다.

① ㉠　　　　② ㉡　　　　③ ㉠, ㉤　　　　④ ㉢, ㉣　　　　⑤ ㉡, ㉢, ㉤

22. 다음 중 문제해결의 장애요인에 해당하는 사례로 적절한 것을 모두 고르면?

㉠ A 대리는 고객이 제품 고장에 대해 컴플레인을 제기하자 빠르게 해결하기 위해 기술팀에 문의하기 전 A 대리가 알고 있는 단순한 제품 사양만을 바탕으로 고객에게 자신이 파악한 고장 원인에 대해 설명하였다.
㉡ B 팀장은 팀 내에서 팀원들끼리 갈등이 생기자 과거에 자신이 해결했었던 팀원 간의 갈등 상황을 대입하여 상황을 중재하였다.
㉢ C 과장은 회사의 거래처와 문제가 발생하자 거래처와의 신뢰를 무너뜨리지 않기 위해 본인의 직관으로 문제를 빠르게 판단하고 해결안을 수립하여 실행하였다.
㉣ D 사원은 경쟁 업체보다 자사의 제품이 좋은 평가를 받지 못하는 문제를 해결하기 위해 가장 먼저 최대한 많은 양의 자료를 수집하였다.

① ㉠　　　　② ㉢　　　　③ ㉡, ㉣　　　　④ ㉠, ㉢, ㉣　　　　⑤ ㉠, ㉡, ㉢, ㉣

[23 - 24] 다음 자료를 보고 각 물음에 답하시오.

[○○공사 청렴 마일리지 제도]

- **제도 목적**
  - 연 단위로 청렴 활동 참여에 대한 마일리지 점수를 기준에 따라 부여하고 우수 직원을 선정 및 포상함으로써 청렴 활동에 대한 동기를 부여하고 공사 내 부패를 근절하기 위함

- **평가 대상**
  - 인턴을 제외한 전 직원

- **개인 점수 기준표**

구분	세부 항목	세부 점수	연간 세부 항목별 점수 한도
대내외 활동 (30점)	청렴 콘텐츠 공모전 수상	5점/건	15점
	윤리경영 활동 주도 (본사 윤리 담당자에게 관련 실적 별도 제출)	1건 이상 제출한 자에 한하여 10점을 부여함	10점
	청렴 활동 관련 외부인의 칭찬	1점/건	5점
교육 활동 (25점)	외부 기관 온라인 청렴 강의 이수	3점/시간	15점
	내부 오프라인 청렴 강의 이수	2점/시간	10점
제도 개선 (25점)	부패유발 요인 제도 개선	5점/건	15점
	청렴 기고 (신문, 잡지 등에 수록된 경우에 한해 인정)	2건 이상 수록된 자에 한하여 10점을 부여함	10점
비리 신고 (15점)	내부 규정 위반행위 신고	2건 이상 신고한 자에 한하여 5점을 부여함	5점
	알선, 청탁, 금품·향응 수수행위 신고	1건 이상 신고한 자에 한하여 5점을 부여함	5점
	신고제도 관련 고객 상담	1점/건	5점
봉사 활동 (5점)	사회봉사 참여 활동	0.2점/시간 (단, 1시간 미만 단위는 절삭함)	5점

※ 1) 내부 규정 위반 등으로 경고/징계를 받은 자는 전체 마일리지 점수에서 건당 15점씩 차감함 (단, 최대 30점까지 차감함)
　 2) 알선, 청탁, 금품·향응 수수로 징계를 받은 자는 전체 마일리지 점수에서 건수에 상관없이 50점을 차감함

23. ○○공사 청렴감사팀 소속인 귀하는 올해 공사 직원들이 누적한 청렴 마일리지 점수를 확인하기 위해 관련 자료를 찾아보았다. 귀하가 위 자료를 바탕으로 직원들의 마일리지 점수를 계산하였을 때, 적절한 것은?

① 3건의 내부 규정 위반으로 경고를 받은 임 과장은 전체 마일리지 점수에서 45점이 차감된다.

② 내부 오프라인 청렴 강의를 2시간 이수하고 외부 기관 온라인 청렴 강의를 3시간 이수한 유 인턴의 교육 활동 점수는 13점이다.

③ 총 8시간 40분 동안 사회봉사에 참여한 백 대리의 봉사 활동 점수는 1.6점이다.

④ 채용 청탁으로 징계를 받은 김 사원은 전체 마일리지 점수에서 15점이 차감된다.

⑤ 부패유발 요인 제도를 4건 개선한 하 대리의 세부 항목 점수는 20점이다.

24. ○○공사에 재직 중인 이 대리의 청렴 마일리지 관련 세부 항목이 아래와 같을 때, 위 자료를 바탕으로 계산한 이 대리의 전체 마일리지 점수는? (단, 이 대리는 경고/징계를 받은 이력이 없다.)

구분	세부 항목	비고
대내외 활동	청렴 콘텐츠 공모전 수상	2건
	윤리경영 활동 주도 (본사 윤리 담당자에게 관련 실적 별도 제출)	해당 없음
	청렴 활동 관련 외부인의 칭찬	4건
교육 활동	외부 기관 온라인 청렴 강의 이수	3시간
	내부 오프라인 청렴 강의 이수	5시간
제도 개선	부패유발 요인 제도 개선	2건
	청렴 기고 (신문, 잡지 등에 수록된 경우에 한해 인정)	◇◇일보에 3건 수록
비리 신고	내부 규정 위반행위 신고	2건
	알선, 청탁, 금품·향응 수수행위 신고	해당 없음
	신고제도 관련 고객 상담	1건
봉사 활동	사회봉사 참여 활동	19시간 15분

① 62.8점   ② 64.2점   ③ 65.8점   ④ 68.8점   ⑤ 70.2점

25. 신입사원 A, B, C, D는 팀 발표를 위해 네 명 중 두 명은 자료를 준비하고 나머지 두 명은 발표를 하기로 하였으며, 네 명 중 두 명은 거짓만을 말하고 두 명은 진실만을 말한다. 다음 조건을 모두 고려하였을 때, 항상 참인 것은?

> • A: B는 자료를 준비해 오기로 한 사람 중 한 명이야.
> • B: 자료를 준비해 오기로 한 사람 중 한 명은 A였어.
> • C: 나는 자료를 준비해 오기로 한 사람이 아니야.
> • D: 나는 자료를 준비해 오기로 하지 않았고, B는 진실을 말하고 있어.

① A는 진실만을 말하고 있다.
② 자료를 준비해 오기로 한 사람은 A와 B이다.
③ C와 D는 진실만을 말한다.
④ B와 D는 같이 자료를 준비해 오기로 한 사람이다.
⑤ A와 C가 말하는 진술의 진위 여부는 항상 같다.

26. 부장 1명, 차장 1명, 과장 2명, 대리 2명, 사원 2명이 함께 1박 2일로 출장을 가게 되어, 8명이 모두 같은 호텔의 201호부터 208호까지 1인 1실로 숙박하였다. 다음 조건을 모두 고려하였을 때, 항상 참인 것은?

> • 가장 앞 호실인 201호를 기준으로 각 호실은 일렬로 배치되어 있다.
> • 과장들이 숙박한 호실 사이에는 5개 이상의 호실이 있다.
> • 사원 중 1명만 과장 바로 앞 또는 뒤 호실에서 숙박하였다.
> • 대리들이 숙박한 호실 사이에는 차장을 포함하여 총 2명이 숙박하였다.
> • 사원 중 1명은 과장들보다 앞 호실에서 숙박하였다.

① 과장들은 201호와 207호에 숙박하였다.
② 부장은 대리들보다 뒤 호실에서 숙박하였다.
③ 차장은 206호에 숙박하였다.
④ 사원들은 모두 부장보다 앞 호실에서 숙박하였다.
⑤ 대리들이 숙박한 호실 사이에는 사원 중 1명이 숙박하였다.

27. 임신 중인 정하는 국가유공자인 남편과 중학생인 아들, 초등학생인 딸을 데리고 놀이공원에 놀러 가서 정하는 입장권을 구매하고 남편과 자녀는 자유 이용권을 구매하려고 한다. 정하네 가족이 우대 혜택을 고려하여 가장 저렴한 비용으로 놀이공원을 다녀오고자 할 때, 지불할 총 요금은?

[요금표]

구분	성인	청소년(중·고등학생)	어린이(초등학생 이하)
자유 이용권	30,000원	24,000원	21,000원
입장권	18,000원	13,000원	10,000원

[우대 혜택]

구분	할인율		유의사항
	자유 이용권	입장권	
국가유공자	40%	30%	• 국가유공자증을 지참한 본인에 한하여 할인 적용
장애인	35%	35%	• 장애인증 소지자 본인과 동반 1인까지 할인 적용
임산부	30%	20%	• 임산부 본인과 동반 1인까지 할인 적용
다자녀	35%	25%	• 자녀의 수가 3명 이상인 경우 할인이 적용되며, 태아는 자녀의 수에 포함하지 않음 • 다자녀 가족 구성원 모두 할인 적용 (단, 가족관계증명서 등을 소지하여 확인 가능한 경우에 한함)

※ 1) 우대 혜택은 중복 적용되지 않으며, 할인 대상은 할인 전 요금표의 구분에 따른 요금을 기준으로 할인이 적용됨
  2) 할인이 적용되는 동반인은 할인 전 요금이 높은 동반인부터 우선 적용됨

① 66,800원   ② 68,700원   ③ 70,200원   ④ 72,500원   ⑤ 75,400원

[28 – 29] 다음 조건을 고려하여 각 물음에 답하시오.

- ○○사 마케팅팀 사무실에는 총 3대의 프린터가 있다.
- A 프린터는 흑백 프린트를 하는 데 40초/매, 컬러 프린트를 하는 데 55초/매가 소요된다.
- B 프린터는 흑백 프린트를 하는 데 34초/매, 컬러 프린트를 하는 데 70초/매가 소요된다.
- C 프린터는 흑백 프린트를 하는 데 38초/매, 컬러 프린트를 하는 데 63초/매가 소요된다.
- 모든 프린터는 요청한 작업물 순서대로 프린트를 진행하며, 한 가지 작업물의 프린트가 모두 끝난 뒤에 동일한 프린터로 다음 작업물을 프린트하기 위해서 A 프린터는 20초의 대기 시간이, B 프린터는 25초의 대기 시간이, C 프린터는 22초의 대기 시간이 발생한다.
- 모든 프린터는 흑백 프린트와 컬러 프린트를 합쳐 하루에 450장까지 프린트가 가능하며, 한 가지 작업물을 여러 프린터로 나눠서 프린트하지 않는다.

28. ○○사 마케팅팀의 이 사원은 위 조건을 고려하여 첫 번째, 두 번째, 세 번째 작업물을 하루에 프린트하고자 한다. 프린터 중 하나만을 골라 모든 작업물을 프린트하였을 때, 가장 빠르게 프린트되는 프린터는 무엇이며 가장 느리게 프린트되는 프린터보다 얼마나 더 빠른가?

구분	흑백 매수	컬러 매수	총 매수
첫 번째 작업물	50	10	60
두 번째 작업물	80	25	105
세 번째 작업물	100	150	250

① A 프린터, 17분 4초 ② A 프린터, 23분 25초 ③ B 프린터, 6분 21초
④ C 프린터, 17분 4초 ⑤ C 프린터, 6분 21초

29. ○○사 마케팅팀에서 근무하고 있는 귀하는 위 조건을 고려하여 가~마 작업물을 하루에 프린트하고자 한다. 프린터 종류별 프린트 속도와 프린트 가능 매수를 고려하여 총 프린트 시간을 최소화하고자 할 때, 각 작업물과 프린트할 프린터의 연결이 적절하지 않은 것은?

구분	흑백 매수	컬러 매수	총 매수
가 작업물	0	150	150
나 작업물	100	50	150
다 작업물	250	0	250
라 작업물	0	200	200
마 작업물	50	100	150

① 가 작업물 – A 프린터 ② 나 작업물 – A 프린터 ③ 다 작업물 – B 프린터
④ 라 작업물 – A 프린터 ⑤ 마 작업물 – C 프린터

30. 6층짜리 건물에 기획팀, 법무팀, 연구팀, 영업팀, 인사팀, 홍보팀의 사무실이 각 층에 한 팀씩 배정되어 있다. 다음 조건을 모두 고려하였을 때, 4층에 배정되어 있는 팀은?

> • 기획팀 사무실은 홍보팀 사무실의 바로 아래층에 있다.
> • 법무팀 사무실보다 낮은 층에 있는 팀이 두 팀 이상 있다.
> • 영업팀 사무실은 법무팀 사무실보다 높은 층에 있다.
> • 인사팀 사무실은 5층이나 6층에 있다.
> • 기획팀 사무실과 법무팀 사무실 사이에는 두 팀의 사무실이 있다.

① 기획팀   ② 법무팀   ③ 연구팀   ④ 영업팀   ⑤ 홍보팀

31. 다음 ㉠~㉢의 설명에 해당하는 인적자원의 특성을 바르게 연결한 것은?

> ㉠ 인적자원은 자연적인 성장과 성숙은 물론, 잠재능력과 자질을 보유하고 있다.
> ㉡ 인적자원으로부터의 성과는 인적자원 욕구와 동기, 태도와 행동, 만족감 여하에 따라 결정되고, 인적자원의 행동 동기와 만족감은 경영관리에 의해 조건화된다.
> ㉢ 조직의 성과는 인간이 인적자원과 물적자원을 얼마나 효과적이고 능률적으로 활용하는지에 달려있으므로 다른 어떤 자원보다도 전략적 중요성이 강조된다.

	㉠	㉡	㉢
①	개발 가능성	능동성	자원의 효율적 활용
②	개발 가능성	능동성	전략적 자원
③	개인 만족감	능동성	전략적 자원
④	능동성	개인 만족감	전략적 자원
⑤	능동성	개인 만족감	자원의 효율적 활용

32. 효과적인 물품 관리를 위해서는 적절한 과정을 거쳐 물품을 보관하여야 한다. 다음 중 물품을 효과적으로 관리하기 위한 방법으로 적절하지 않은 것을 모두 고르면?

> ㉠ 물품의 보관 장소를 선정할 때는 개별 물품의 특성을 고려하여 물품의 특성에 따라 보관 장소에 차이를 두어야 한다.
> ㉡ 활용 빈도가 비교적 낮은 물품은 보관의 중요도 또한 상대적으로 낮으므로 출입구로부터 가까운 곳에 보관해야 한다.
> ㉢ 같은 품종의 물품은 같은 장소에 보관한다는 동일성의 원칙과 유사 물품은 인접한 장소에 보관한다는 유사성의 원칙에 따라 물품을 보관해야 한다.
> ㉣ 물품을 정리하고 보관하고자 할 때는 앞으로도 사용할 물품과 그렇지 않을 물품을 구분한 뒤 보관해야 한다.

① ㉠ ② ㉡ ③ ㉡, ㉢ ④ ㉡, ㉣ ⑤ ㉠, ㉢, ㉣

33. 총무팀에서 근무하는 임 대리는 비품 관리 업무를 담당하고 있다. 임 대리가 비품 관리대장을 확인하여 구입일자로부터 내구연한이 지난 비품을 기존의 수량과 동일하게 구매하여 교체하려고 할 때, 구매할 비품의 총 수량은? (단, 임 대리가 비품 관리대장을 확인한 시점은 2020년 6월이다.)

[비품 관리대장]

구분	비품코드	품명	수량	단가	구입일자	내구연한
1	A-100	냉장고	2대	1,800,000원	2011. 12. 21.	10년
2	A-101	정수기	2대	320,000원	2012. 05. 17.	7년
3	B-100	PC	15대	1,050,000원	2015. 08. 07.	5년
4	B-101	모니터(18인치)	5대	180,000원	2015. 01. 23.	5년
5	B-102	모니터(24인치)	10대	230,000원	2015. 08. 05.	5년
6	B-103	잉크젯프린터	2대	270,000원	2016. 06. 12.	5년
7	B-104	레이저프린터	1대	450,000원	2016. 02. 14.	6년
8	B-105	노트북	2대	800,000원	2015. 10. 25.	6년
9	C-100	의자(이동형)	10개	180,000원	2013. 09. 30.	8년
10	C-101	의자(고정형)	5개	110,000원	2011. 04. 03.	8년
11	C-102	책상	15개	350,000원	2014. 07. 28.	8년
12	C-103	책장	4개	320,000원	2012. 10. 14.	8년
13	D-100	디지털카메라	1대	450,000원	2013. 11. 11.	8년
14	D-101	문서세단기	2대	210,000원	2010. 04. 30.	11년
15	D-102	팩스기	1대	300,000원	2014. 05. 24.	6년
16	D-103	전화기	15대	27,000원	2013. 06. 24.	8년

① 6 ② 13 ③ 25 ④ 31 ⑤ 43

34. A 판매사에서 근무하는 귀하는 이어폰을 납품받아 판매하고 있다. 귀하는 다음 달 납품 수량과 판매 가격을 조정하고자 지난 달 판매 정보를 확인하였다. 이어폰의 종류별 가격 정보와 지난 달 판매 수량을 고려하였을 때, A 판매사의 입장에서 이윤이 최대인 제품은?

[이어폰의 종류별 가격 정보]

구분	가 이어폰	나 이어폰	다 이어폰	라 이어폰	마 이어폰
생산 단가(만 원)	2	3	2.5	1.5	3.5
납품 가격(만 원)	5	7	5	4	8
판매 가격(만 원)	9	12	8.5	7	13.5
지난 달 판매 수량(개)	28	23	34	35	20

※ 이어폰의 생산 단가와 납품 가격, 판매 가격은 모두 제품 한 개 기준

① 가 이어폰 ② 나 이어폰 ③ 다 이어폰 ④ 라 이어폰 ⑤ 마 이어폰

35. △△공공기관에서는 폭우 피해 복구 작업을 위해 자원봉사자를 모집하여 각 구역별로 필요한 인원수만큼 투입하였다. 다음 자료를 고려하였을 때, 전 구역의 복구 작업을 모두 완료하는 데 걸리는 기간은?

[폭우 피해 복구 작업 관련 전달사항]

• 복구 작업을 진행할 전체 면적은 총 4개 구역으로 나뉘며, 자원봉사자의 개인 일정을 고려하여 구역별로 투입 인원을 조정함
• 복구 작업에 사용되는 장비가 한정되어 1구역부터 순차적으로 작업을 진행함
• 복구 작업은 09시부터 18시까지 진행하며, 점심시간(12시부터 13시까지)에는 작업을 진행하지 않음
• 작업 중이던 구역의 작업이 모두 완료되면, 그다음 날부터 다음 구역의 작업을 진행함 (단, 해당 구역의 작업이 모두 완료되면 일찍 완료된 날은 8시간 모두 작업한 것으로 기간을 산정함)

구분	투입 인원	작업 면적
1구역	40명	42,000m²
2구역	23명	18,000m²
3구역	18명	12,000m²
4구역	29명	26,000m²

※ 각 자원봉사자의 작업 면적에 따른 시간당 작업 속도는 12m²으로 모두 동일함

① 26일 ② 31일 ③ 37일 ④ 42일 ⑤ 45일

[안전 용품 판매 업체 용품별 정보]

구분	품명	개당 가격	특이사항
안전화	일반형	25,000원	–
	고급형1	35,000원	미끄럼 방지
	고급형2	52,000원	절연
안전모	일반형	3,000원	통기
	고급형	6,000원	절연
보안경	일반형	4,000원	–
마스크	일반형	800원	일회용
	고급형	1,200원	방진용
작업 장갑	일반형	12,000원	절단 방지
	고급형	18,000원	절단 방지, 절연

※ 안전모에 보안경을 일체형으로 장착하는 경우 안전모 개당 가격에 3,000원씩 추가되며, 이 경우 보안경의 별도 구매가 필요하지 않음

[R 건설 업체 지사별 이동 시간]

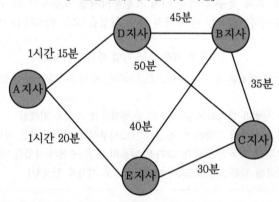

※ 각 시간은 지사 간 이동 시간을 의미하며, 제시된 경로 외에 지사 간 이동은 불가함

36. R 건설 업체에 근무하는 조 과장은 신입사원 5명의 안전 용품을 구매하기 위해 안전 용품 구매 목록을 다음과 같이 정리하였다. 신입사원 5명의 안전 용품을 모두 동일한 종으로 구매하려고 할 때, 조 과장이 구매할 안전 용품의 총 가격은?

[신입사원 지급용 안전 용품 구매 목록]

1. 안전화
   – 미끄럼 방지 기능이 있는 안전화

2. 안전모
   – 통기성 기능이 있는 안전모
   – 보안경이 장착된 일체형

3. 마스크
   – 교체가 가능한 일회용 마스크
   – 신입사원 1명당 20개씩 지급

4. 작업 장갑
   – 절연 기능이 있는 장갑

① 340,000원   ② 355,000원   ③ 375,000원   ④ 410,000원   ⑤ 425,000원

37. R 건설 업체의 최 사장은 지사별로 안전 용품 관리를 제대로 하고 있는지 확인하기 위해 A~E 지사를 불시 순찰하려고 한다. 최 사장이 A 지사에서 출발하여 모든 지사를 들르려고 할 때, 모든 지사를 들르는 데 걸리는 최대 소요 시간과 최소 소요 시간의 차이는? (단, 지사별로 한 번씩만 들르고, 지사별 순찰 시간은 고려하지 않는다.)

① 10분   ② 15분   ③ 25분   ④ 30분   ⑤ 35분

38. A 사의 인사팀 직원들이 인적자원관리에 관하여 나눈 대화의 일부가 다음과 같을 때, 효율적인 인적자원관리의 원칙에 대해 잘못 이야기하고 있는 사람은?

> 연지: 근로자가 새로운 제안이나 건의를 할 수 있는 기회를 마련하고 적절히 보상하는 것은 창의력 계발 원칙의 기본이지요.
>
> 승윤: 공정 보상의 원칙에 따라 직원들에게 직무를 배당해야 합니다. 그리고 승진, 상벌, 근무 성적의 평가, 임금 등을 공정하게 처리해야 합니다.
>
> 대식: 직원들이 직장에서 계속 근무할 수 있다는 믿음을 가지고 안정적인 회사 생활을 하지 못한다면 종업원 안정의 원칙에 위배된다고 생각합니다.
>
> 주은: 직원들이 서로 유대감을 가지고 협동할 수 있도록 단결의 원칙을 강조하여 소외감을 갖지 않도록 하는 것이 좋겠어요.
>
> 동호: 적재적소 배치의 원칙을 준수하여 해당 직무 수행에 가장 적합한 인재를 배치하는 것은 매우 중요한 일입니다.

① 연지   ② 승윤   ③ 대식   ④ 주은   ⑤ 동호

39. 예산의 구성요소는 생산에 직접적으로 관련되어 있는 직접비용과 생산에 직접적으로 관련되어 있지 않은 간접비용으로 구분된다. 다음 나열된 비용 항목 중에서 간접비용에 해당하는 것의 개수는?

| ㉠ 보험료 | ㉡ 시설비 | ㉢ 건물관리비 | ㉣ 광고비 |
| ㉤ 재료비 | ㉥ 사무비품비 | ㉦ 출장비 | ㉧ 공과금 |

① 2개   ② 3개   ③ 4개   ④ 5개   ⑤ 6개

40. 벤처기업의 사장인 귀하는 인턴을 마치고 정직원으로 채용된 신입사원들을 각 부서에 배치하기 위해 내부 평가 항목에 따라 평가하였다. 신입사원의 평가 점수를 정리한 표가 다음과 같을 때, 가장 적절하지 않은 것은?

[신입사원 평가 점수]

구분	지원 부서	평가 점수(100점)			
		업무 이해도(25점)	대인관계(25점)	적극성(25점)	규율 준수(25점)
A 사원	홍보팀	18점	23점	19점	22점
B 사원	전산팀	21점	19점	17점	24점
C 사원	홍보팀	17점	21점	20점	22점
D 사원	기획팀	18점	19점	24점	23점
E 사원	인사팀	23점	21점	20점	19점

※ 1) 평가 점수가 높은 순서에 따라 지원한 부서에 우선 배치함
  2) 각 신입사원이 지원한 부서에 필요 인력이 모두 충원되면 해당 신입사원은 필요 인력이 충원되지 않은 나머지 부서에 배치함

[부서별 필요 인력]

홍보팀	전산팀	기획팀	인사팀
1명	2명	1명	2명

① E 사원의 평가 점수는 83점이다.
② C 사원은 홍보팀에 배치된다.
③ A 사원은 B 사원보다 평가 점수가 높다.
④ B 사원은 전산팀에 배치된다.
⑤ D 사원의 평가 점수가 가장 높다.

41. A 기업의 신입사원들이 사이버 공간에서 지켜야 할 예절에 대한 사내 교육을 수강한 후 나눈 대화의 일부가 다음과 같을 때, 사이버 공간에서 지켜야 하는 예절에 대해 잘못 이야기하고 있는 사원은?

> 김 사원: 온라인으로 대화방에 들어가면 가장 먼저 지금까지 진행된 대화의 내용과 분위기를 파악해야 함을 알게 됐어요.
>
> 이 사원: 게시판에 올리는 글의 제목에 함축된 단어를 사용하게 되면 글의 목적을 파악하기 어려우니 함축된 단어의 사용은 지양해야겠어요.
>
> 박 사원: 공개 자료실에 자료를 올릴 때는 가급적 압축한 후 올려야 한다는 점을 알게 되어 공개 자료실에는 가급적 압축한 자료를 올리려고 해요.
>
> 한 사원: 공개 자료실에 상업용 소프트웨어를 올린 적이 있는데, 공개 자료실에는 상업용 소프트웨어를 올리면 안 된다는 것을 이제라도 알게 되어 다행이에요.
>
> 최 사원: 공개 자료실에 프로그램을 올릴 때는 미리 바이러스 감염 여부를 점검해야 한다는 사실도 항상 유념해야겠네요.

① 김 사원　　　② 이 사원　　　③ 박 사원　　　④ 한 사원　　　⑤ 최 사원

42. 다음 중 Windows 단축키에 대한 설명으로 가장 적절하지 않은 것은?

① Ctrl + Esc 키를 누르면 시작 메뉴를 열 수 있다.
② 작업 관리자 실행을 위해서는 Alt + Shift + Esc 키를 눌러야 한다.
③ 인터넷 실행 중 Ctrl + D 키를 누르면 해당 웹사이트를 즐겨찾기 페이지로 추가할 수 있다.
④ 사용 중인 프로그램의 창을 닫기 위해서는 Alt + F4 키를 눌러야 한다.
⑤ Ctrl + Alt + Del 키를 누르면 잠금, 사용자 전환, 로그아웃, 암호 변경을 실행할 수 있다.

43. 정보활동의 첫 단계인 정보의 전략적 기획은 보통 5W2H 원칙에 맞게 기획한다. 다음 중 5W2H 원칙에 해당하는 설명으로 가장 적절하지 않은 것은?

[5W2H 원칙]

WHAT	① 정보의 입수 대상을 명확히 함
WHERE	② 정보가 발생하는 근원지인 정보원을 파악함
WHEN	③ 수집할 정보가 생성된 시점을 고려함
WHY	정보의 필요 목적을 염두에 둠
WHO	④ 정보활동의 주체를 확정함
HOW	정보수집 방법을 검토함
HOW MUCH	⑤ 정보수집의 효용성을 중시함

44. K 공사의 인사팀에 근무하는 귀하는 임직원들의 정보를 엑셀에 입력하여 관리하는 업무를 담당하고 있다. 귀하는 회계팀의 업무 요청에 따라 부서별 인원과 임직원의 정보를 확인하려고 하였으나, 임직원의 수가 너무 많아 한눈에 확인하기 어려워 파일을 다시 정리하고자 한다. 귀하가 특정 부서의 임직원만을 조회하여 다른 시트에 붙여넣고자 할 때, 이용할 수 있는 엑셀의 기능은?

① 조건부 서식　　　　　② 텍스트 정렬　　　　　③ 고급 필터
④ 데이터 유효성 검사　　⑤ 찾기 및 바꾸기

45. 의사결정을 하거나 문제의 답을 알아내고자 할 때 가지고 있는 정보가 부족하여 새로운 정보가 필요하다는 상황을 인식하면 정보가 필요해지고, 필요한 정보를 효과적으로 수집하기 위해서는 문제해결이나 의사결정과 관련한 정보가 어떤 것인지 구체적으로 인식하고 탐색해야 한다. 다음 중 효과적인 정보수집 방법으로 가장 적절하지 않은 것은?

① 단순한 인포메이션보다 직접적으로 도움을 줄 수 있는 인텔리전스를 수집하는 것이 좋다.
② 머릿속에 정보들을 구분하여 정리할 수 있는 서랍을 만들어 수집한 정보를 구분하여 정리한다.
③ 사람의 기억력에는 한계가 있으므로 정보수집용 하드웨어를 활용하여 정보를 저장한다.
④ 현대 사회에서는 정보를 빠르게 수집하는 것보다 수집한 정보의 질이나 내용이 더 중요하다.
⑤ 신뢰 관계를 전제로 한 주위의 인간관계를 활용하여 중요한 정보를 대면 접촉으로 입수한다.

46. ○○대학교 학사팀 직원인 귀하는 학부생 중에서 성적 우수 장학금을 지급할 대상자를 확인하고 있다. 다음 엑셀 시트에서 이수 학점이 20학점 이상이면서 성적이 4.0 이상인 학부생의 수를 구하려고 할 때, [E11] 셀에 입력할 함수식으로 가장 적절한 것은?

	A	B	C	D	E	F
1	입학 년도	성명	전공	이수 학점	성적	
2	2020	박성수	기계공학과	21	3.25	
3	2019	배현진	경영학과	18	3.83	
4	2017	이영은	컴퓨터공학과	24	4.12	
5	2018	서민준	경제학과	23	2.78	
6	2018	김태훈	생명공학과	18	4.25	
7	2020	최명환	로봇공학과	19	3.76	
8	2019	김기영	사회복지학과	20	4.16	
9	2018	송유빈	행정학과	18	3.45	
10						
11	이수 학점이 20학점 이상이면서 성적이 4.0 이상인 학부생의 수					
12						

① = SUMIFS(D2:D9, ">=20", E2:E9, ">=4.0")

② = SUMIFS(B2:B9, D2:D9, ">=20", E2:E9, ">=4.0")

③ = COUNTIFS(D2:D9, ">=20", E2:E9, ">=4.0")

④ = COUNTIFS(B2:B9, D2:D9, ">=20", E2:E9, ">=4.0")

⑤ = COUNTIFS(D2:E9, ">=20"&">=4.0")

47. 다음 중 실패학을 처음으로 제창했던 하타무라 요타로가 분류한 실패의 원인으로 가장 적절하지 않은 것은?

① 조건의 변화

② 조사와 검토 부족

③ 기술혁신 과정의 장기화

④ 불량한 가치관과 조직운영

⑤ 무지와 부주의

48. 벤치마킹은 수행 방식에 따라 직접적 벤치마킹과 간접적 벤치마킹으로 구분된다. 다음 중 직접적 벤치마킹과 간접적 벤치마킹에 대한 설명으로 적절하지 않은 것의 개수는?

직접적 벤치마킹	의미	㉠ 벤치마킹 대상을 한정적으로 선택하여 심도 있게 자료 조사를 수행하는 벤치마킹
	장점	㉡ 정확한 자료의 입수 및 조사가 벤치마킹 이후에도 가능함
	단점	㉢ 벤치마킹 수행을 위한 비용 및 시간이 과다하게 소요되며 적절한 대상 선정에 한계가 있음
간접적 벤치마킹	의미	㉣ 인터넷 및 문서 형태의 자료를 통해 수행하는 벤치마킹
	장점	㉤ 벤치마킹 대상의 수에 제한이 없고 다양하며, 비용 및 시간을 절감할 수 있음
	단점	㉥ 정확한 자료 확보와 핵심자료의 수집이 어려움

① 1개   ② 2개   ③ 3개   ④ 4개   ⑤ 5개

49. 다음 중 기술에 대해 잘못 이야기하고 있는 사람은?

> **형호:** 현대와 같은 글로벌 시대에서는 조직이 우수한 기술을 확보하고 활용함에 따라 기업의 경쟁력이 결정되기도 하니 기술의 변화 및 동향에 뒤처지지 않도록 기술을 습득해야 해.
> **효상:** 기술은 물리적인 것만을 나타내는 개념으로, 하드웨어나 인간에 의해 만들어진 비자연적인 대상뿐 아니라, 하드웨어를 생산하는 과정까지 포함한다고 할 수 있지.
> **환성:** 4차 산업혁명을 이끄는 사물인터넷, 클라우드, 빅데이터, 인공지능 기술 등은 생산과 비즈니스 모델의 혁신을 견인함과 동시에 기업경쟁력 강화에 중요한 역할을 해.
> **원규:** 기술은 노하우와 노와이로 구분할 수 있는데, 과거에는 노하우의 개념이 강했지만 현대에 들어서면서 노하우와 노와이가 결합한 과학을 기반으로 하는 기술을 지칭하는 개념으로 사용되고 있지.
> **규태:** 기술이 어떻게 성립하고 작용하는가에 대한 원리적 측면에 중심을 둔 개념이 노와이이고, 특허권을 수반하지 않는 엔지니어 등이 체화한 기술이 노하우야.

① 형호   ② 효상   ③ 환성   ④ 원규   ⑤ 규태

[50 – 51] 다음은 전해수기 사용 매뉴얼의 일부이다. 각 물음에 답하시오.

[전해수기 사용 매뉴얼]

- **제품의 효과**
  - 음식물 쓰레기, 생선 및 고기 굽는 냄새, 반려동물 냄새 등의 탈취 효과
  - 제초제, 살충제 등 농약 성분을 제거하는 세정 효과
  - 곰팡이, 박테리아 등을 제거하는 살균 효과

- **제품의 특징**
  - 스마트 제어 기술을 통한 안전한 농도의 전해수 생성
  - 넓은 공간에 빠르게 분사가 가능한 반자동 스프레이
  - 1.5L 용량의 물통으로 대용량 전해수 제조
  - 분리가 가능하여 세척이 용이한 위생적인 구조

- **사용 시 주의사항**

등급	내용
위험	물통과 전극 모듈은 표시한 부분에 맞추어 결합하시오.
	스프레이를 뒤집어서 사용하지 마시오.
	어린이가 사용하는 물건의 살균 용도로 사용하지 마시오.
	전해수를 가습기에 넣어 사용하지 마시오.
	사람 또는 동물에 직접 분사하지 마시오.
경고	물통의 최대 용량을 넘어서 물을 넣지 마시오.
	전해수 제조 시 정수기물, 생수를 넣지 말고 수돗물만 넣으시오.
	섬유, 금속, 가죽 등에 사용하지 마시오.

※ 1) 위험 등급에 해당하는 주의사항을 지키지 않을 경우 사망 또는 중대한 상해가 발생할 수 있음
   2) 경고 등급에 해당하는 주의사항을 지키지 않을 경우 경미한 상해 또는 물적 손해가 발생할 수 있음

- **제품 이상 시 점검 및 조치사항**

제품 이상	점검 및 조치사항
LED가 켜지지 않는 경우	전원이 올바르게 연결되었는지 확인 후 작동하시오.
기포가 약하게 발생하는 경우	정수기물이나 생수를 넣은 경우 수돗물로 교체하고, 수돗물을 넣은 경우에도 지속 시 약간의 소금을 넣으시오.
제품에서 소리가 나며 LED가 지속적으로 깜빡이는 경우	적은 양의 물에 과량의 소금이 첨가되었는지 확인하고, 소금을 충분히 녹이거나 물을 추가로 넣으시오.
스프레이가 분무되지 않는 경우	스프레이 헤드 호스에 물이 유입되었는지 확인 후 재분사하시오.
스프레이와 물통에서 누수가 발생하는 경우	물통과 전극 모듈이 표시한 부분에 정확히 맞추어 결합되었는지 확인 후 재결합하시오.
제품 재가동 시 전원버튼을 눌러도 동작하지 않는 경우	전원버튼을 3초 이상 눌러 절전모드 해제 후 작동하시오.

50. 윗글의 매뉴얼을 읽고 추론한 내용으로 가장 적절하지 않은 것은?

① 멈춰 있는 제품의 전원버튼을 4초 동안 누르면 절전모드가 해제되어 전해수기를 재가동할 수 있다.

② 강아지를 키우는 집에서 강아지 냄새를 제거하기 위해 강아지에게 직접 분사하는 것은 위험하다.

③ 사용하고 남은 전해수를 가습기에 재사용하면 사망 또는 중대한 상해가 발생할 수 있다.

④ 물통에 1.3L의 물을 담아 사용하면 최대 용량을 초과하여 고장의 원인이 될 수 있다.

⑤ 가죽 소파에 전해수기를 사용하는 것은 경고 등급의 주의사항을 지키지 않은 행위이다.

51. 위와 같은 매뉴얼을 제작할 때 유의해야 할 사항으로 적절한 것을 모두 고르면?

> ㉠ 문장을 작성할 때 능동태보다는 수동태의 동사를 사용하여 명확하게 의미를 전달한다.
> ㉡ 사용자의 이해도를 높일 수 있도록 제품 관련 전문 용어를 활용하여 최대한 자세하게 작성한다.
> ㉢ 사용자의 입장에서 할 수 있는 질문을 예상하여 그에 대한 답을 제공하도록 한다.
> ㉣ 안전한 사용을 위해 제품의 설계상 결함이나 위험 요소를 변호하는 내용을 포함한다.
> ㉤ 간결하고 의미 있는 제목을 활용하여 사용자가 필요한 정보를 빠르게 찾을 수 있도록 한다.

① ㉠, ㉢   ② ㉡, ㉣   ③ ㉢, ㉤   ④ ㉠, ㉡, ㉣   ⑤ ㉢, ㉣, ㉤

52. 다음 글의 빈칸에 들어갈 4차 산업혁명 관련 기술로 적절한 것은?

> (　　　)은/는 사용자가 시간과 장소에 구애받지 않고 자유롭게 정보통신망에 접속하여 다양한 데이터와 서비스를 활용할 수 있는 환경을 의미한다. 예를 들어 어떤 사람이 집에 가스레인지 불을 켠 채로 외출한 경우, 직접 집으로 돌아가 가스레인지 불을 끌 필요 없이 모바일 기기로 외부에서 불을 끌 수 있다. 즉, (　　　)은/는 통신 장비와 사람 간의 통신을 주목적으로 한다.

① 유비쿼터스　　　② AR　　　③ 인공지능　　　④ IoT　　　⑤ 가상현실

53. 최근에는 급변하는 기술변화에 적응하고 기술능력을 향상시키기 위해 많은 사람이 새로운 기술을 익히고 있다. 다음 중 E-Learning을 활용한 기술교육에 대한 설명으로 가장 적절하지 않은 것은?

① 원하는 시간과 장소에서 학습이 가능하며, 인간적인 접촉이 적고 현장 중심의 실무 교육이 힘들다.

② 책에 비해 새로운 내용을 업데이트하기 쉬워 새로운 내용을 신속하게 반영할 수 있다.

③ 이메일, 자료실 등을 통해 의사교환과 상호작용이 자유롭게 이루어진다.

④ 사진, 텍스트, 소리, 동영상 등 멀티미디어를 이용한 학습이 가능하다.

⑤ 학습자 스스로 학습을 조절 및 통제할 수 없어 중도 탈락률이 높다는 단점이 있다.

54. ○○공사에서 근무하는 이 사원은 신입사원이 조직에 대한 이해를 높일 수 있도록 교육자료를 정리하였다. 이 사원이 정리한 내용 중 조직체제의 구성요소가 다음과 같을 때, ㉠~㉢에 들어갈 내용을 바르게 연결한 것은?

㉠	조직 내의 부문 사이에 형성된 관계를 의미한다. 구성원들의 임무나 과업, 업무 장소 등을 쉽게 파악할 수 있으며, 의사결정권의 집중 정도, 명령 계통, 최고 경영자의 통제, 규칙과 규제의 정도에 따라 달라진다는 특징이 있다.
㉡	조직 구성원들의 사고와 행동에 영향을 미치는 요소로, 구성원들에게 일체감과 정체성을 부여함과 동시에 조직이 안정적으로 유지될 수 있도록 돕는다.
업무 프로세스	조직에 유입된 인풋 요소들이 최종 산출물로 만들어지기까지 구성원 간의 업무 흐름과 연결을 보여준다.
㉢	조직이 달성하려는 장래의 상태로, 조직이 존재하는 정당성과 합법성을 제공하는 요소이다.
규칙과 규정	조직의 목표나 전략에 따라 수립되며, 조직 구성원들의 활동 범위를 제약하고 행동에 일관성을 부여하는 기능을 한다.

	㉠	㉡	㉢
①	조직문화	조직목표	조직구조
②	조직문화	조직구조	조직목표
③	조직목표	조직문화	조직구조
④	조직구조	조직문화	조직목표
⑤	조직구조	조직목표	조직문화

55. 다음은 ○○공사에서 진행한 집단의 특징과 관련된 강의 내용의 일부이다. 밑줄 친 ㉠~㉢ 중 잘못된 내용을 고르면?

㉠ 대규모 조직의 하위체제로 구분되는 집단은 조직 구성원들의 일부가 모여 일정한 상호작용 체제를 이루어야만 비로소 형성됩니다. 이렇게 형성된 조직 내 집단들은 다시 유형에 따라 공식적 집단과 비공식적 집단으로 구분됩니다. 먼저, 공식적 집단은 조직의 공식적인 목표를 추구하기 위해 조직이 의도적으로 만든 집단입니다. 공식적 집단의 목표나 임무는 비교적 명확하게 규정되어 있는데, 이와 더불어 ㉡ 공식적 집단에 참여하는 구성원들도 조직에 의해 인위적으로 결정되는 경우가 많으며, 상설 혹은 임시위원회, 임무수행을 위한 작업팀 등이 여기에 속합니다. 반면 비공식적 집단은 조직 구성원들이 자신들의 요구에 따라 자발적으로 형성한 집단입니다. 따라서 비공식적 집단의 경우 공식적인 업무 수행 외에도 다양한 요구들에 의해 형성되는 경우가 많습니다. ㉢ 조직 구성원들이 자발적으로 형성한 스터디 모임, 봉사활동 동아리, 각종 친목회 등이 비공식적 집단에 속한다고 볼 수 있습니다. 이와 같이 조직 내에는 다양한 집단이 존재할 수 있기 때문에 집단 간 경쟁이 일어나기도 합니다. ㉣ 집단 간 경쟁이 발생하는 원인은 조직 내의 한정된 자원을 더 많이 가지려고 하거나 서로 상반되는 목표를 추구하는 데에 있습니다. 만약 집단 간에 발생한 경쟁이 과열되면 공통된 목적을 추구하는 조직 내에서 자원의 낭비, 업무 방해, 비능률 등의 문제가 초래될 수 있고, ㉤ 집단 내부의 응집성은 더욱 약해져 집단 활동의 조직화가 어려워집니다. 따라서 일 경험 과정에서 집단에 참여하여 소속감을 느끼고 다양한 욕구들을 충족하는 것은 바람직하지만, 집단 간 경쟁이 심화되어 조직 전체의 효율성을 저해하는 일이 없도록 이해타산이 맞지 않는 집단끼리도 원활하게 상호작용이 이루어질 수 있도록 노력해야 합니다.

① ㉠ ② ㉡ ③ ㉢ ④ ㉣ ⑤ ㉤

56. 다음은 ◇◇기업이 모바일 게임 론칭 프로젝트 일정에 따라 작성한 업무 수행 시트의 일부이다. 제시된 업무 수행 시트에 대한 설명으로 적절하지 않은 것은?

[◇◇기업 모바일 게임 론칭 프로젝트 일정]

업무 내용	세부 업무 내용	20XX년 5월				20XX년 6월				20XX년 7월	
		1주	2주	3주	4주	1주	2주	3주	4주	1주	2주
알파 버전 개발	플랫폼 조사 및 선정	■									
	퍼블리셔 조사 및 선정		■								
	개발 스펙 수정		■	■	■	■					
상용화 버전 개발	플랫폼 API 연동					■	■				
	상용 아이템 설치						■	■			
	밸런스 수정							■	■		
	QA 테스트					■	■	■	■	■	
마무리 작업	지표 관리 도구 개발								■	■	
	마케팅 전략 수립									■	■
	사전 등록 이벤트 진행										■

① 플랫폼 API 연동 업무는 QA 테스트 업무와 함께 20XX년 6월 1주에 업무를 시작한다.

② 단계별 업무 소요 시간을 바 형태로 표시하여 전체 일정을 한눈에 확인할 수 있는 간트 차트이다.

③ 알파 버전 개발은 20XX년 6월 1주에 종료되고, 상용화 버전 개발은 20XX년 7월 1주에 종료된다.

④ 상용 아이템 설치 업무와 밸런스 수정 업무, 지표 관리 도구 개발 업무에 소요되는 기간은 동일하다.

⑤ 업무의 각 단계를 효과적으로 수행했는지 자가 점검할 수 있어서 업무별 수행 수준을 확인하기 용이하다.

57. 다음 (가)~(다)에 해당하는 조직의 의사결정 과정 단계가 바르게 연결된 것은?

> (가) 외부 환경의 변화나 내부에서 발생한 문제를 인식하고 진단하는 단계로, 문제의 심각성, 긴급성 등에 따라 의사결정 과정의 시간이 달라진다. 다시 말해 문제의 심각성에 따라 체계적으로 이루어지기도, 비공식적으로 이루어지기도 하며, 신속하게 해결해야 하는 문제는 진단 시간을 단축하고 즉각적으로 대응해야 한다.
>
> (나) 실행 가능한 해결안을 정하는 단계로, 의사결정권자의 판단, 분석에 의한 선택, 이해 집단의 토의와 교섭 등의 방식을 기반으로 정해진다. 결정된 해결안은 조직 내에서 공식적인 승인 절차를 거친 후에 실행된다.
>
> (다) 문제에 대한 해결방안을 모색하는 단계로, 기존 해결방법 중에서 문제해결방법을 찾는 '탐색'과 이전에 없었던 새로운 문제에 대하여 해결안을 구상하는 '설계'의 방식으로 이루어진다. 탐색은 공식적인 문서, 담당자와의 대화 등을 통하여 실현되며, 설계는 다양한 의사결정 기법을 활용하여 시행착오를 거치며 문제에 적절한 해결방법을 찾는다.

	(가)	(나)	(다)
①	확인 단계	개발 단계	선택 단계
②	확인 단계	선택 단계	개발 단계
③	개발 단계	확인 단계	선택 단계
④	개발 단계	선택 단계	확인 단계
⑤	선택 단계	개발 단계	확인 단계

58. 다음 중 경영전략의 추진 과정에 대한 설명으로 적절하지 않은 것은?

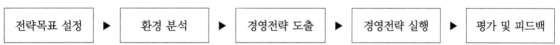

① 경영전략 도출 단계에서 조직전략, 사업전략, 부문전략은 위계적 수준을 가지고 있다.

② SWOT 분석은 전략목표를 토대로 최적의 대안을 수립하기 위한 환경 분석 단계에서 활용할 수 있다.

③ 도출되는 경영전략은 경영자의 경영이념이나 조직의 특성에 따라서 다양한 유형으로 나타난다.

④ 경영전략 실행 단계에서는 조직이 경영전략을 통해 미래에 도달하고자 하는 모습을 규명한다.

⑤ 경영전략 결과를 평가한 이후 경영목적 달성 여부에 따라 경영목표와 경영전략을 재조정한다.

59. C 기업의 부서는 총무부, 인사부, 기획부, 회계부, 영업부로 분류된다. C 기업에 재직 중인 직원들이 본인의 업무에 관하여 나눈 대화의 일부가 다음과 같을 때, 같은 부서에 소속된 직원끼리 바르게 짝지은 것은?

> 설아: 다음 달 초에 하반기 신입사원이 입사한다는 공지 받으셨지요? 저는 요즘 신입사원 교육 일정을 수립하는 김에 교육 체계를 전반적으로 점검하고 있어요.
>
> 소희: 신입사원이 들어오는 시기에 정말 바쁘시겠어요. 저는 다음 주에 개최될 주주총회 관련 업무를 최종 검토하고 있는데, 너무 바빠서 오늘은 꼼짝없이 야근해야 해요.
>
> 민정: 저도 오늘 야근할 것 같은데, 같이 저녁 먹으러 가실래요? 결산 관련 업무 중 재무제표 분석에 예상보다 시간이 오래 걸려서 보고서 작성까지 마치고 가려면 퇴근 시간이 지날 것 같아요.
>
> 서하: 저는 법인세와 부가가치세를 처리해야 하는데 돈과 관련된 업무이다 보니 다른 업무보다 몇 배는 더 꼼꼼히 확인하고 있어요. 이렇게 확인했는데도 실수가 있을까 걱정되네요.
>
> 정호: 서하님은 워낙 꼼꼼하셔서 실수 없이 잘하셨을 거예요. 저는 부장님의 지시로 노사 관리와 평가 관리를 하고 있어요. 처음 하는 업무라서 조금 어렵기는 하지만 나름 재미있어요.
>
> 지윤: 업무가 정호님 적성에 맞아서 다행이에요. 아, 구매할 비품이나 소모품이 있는 분은 오늘 퇴근 전까지 저한테 알려주세요. 내일 사무실 임차 관련하여 외부 손님과 미팅하러 가면서 구매하려고 해요.

①	설아, 소희	민정, 서하	정호, 지윤
②	설아, 정호	소희, 서하	민정, 지윤
③	설아, 정호	소희, 지윤	민정, 서하
④	설아, 지윤	소희, 민정	서하, 정호
⑤	설아, 지윤	소희, 정호	민정, 서하

60. ○○공사 해외영업부에 재직 중인 배 대리는 신입사원들을 대상으로 나라별 비즈니스 매너에 관한 교육을 진행하기 위해 관련 자료를 정리하고 있다. 배 대리가 정리한 자료 중 나라별 식사 예절에 관한 내용이 다음과 같을 때, 수정이 필요한 나라를 모두 고르면?

미국	• 식당에 들어가면 임의로 빈자리에 앉는 것이 아니라 종업원에게 안내를 받고 자리에 앉는다. • 음식을 주문하거나 필요한 것을 요청하기 위해 종업원을 불러야 하는 상황에서는 오른손을 높이 들고 있거나 큰소리를 내서 종업원의 주의를 끈다.
인도	• 왼손은 화장실에서 사용하는 불결한 손으로 여겨서 식사할 때는 오른손만 사용하며, 함께 식사하며 신뢰를 쌓는 것을 중시하므로 식사 중에 적극적으로 대화에 참여하는 것이 좋다. • 식사 자리에 초대를 받았다면 연장자나 집주인이 식사를 마치기 전에 자리를 떠나서는 안 되며, 종교적 이유로 술을 거의 마시지 않으므로 식사 중에 술은 멀리한다.
이탈리아	• 타인이 음식을 권하면 처음에는 거절하고 두 번째에 먹어야 한다. • 함께 식사하는 다른 사람과 식사 속도를 맞추어야 하며, 식사를 마친 이후에 식탁 앞에서 몸을 정돈하는 것은 예의 없는 행동으로 여겨진다.
일본	• 음식을 젓가락에서 젓가락으로 전달하는 행동은 불길하게 여겨지므로 주의한다. • 왼손에 밥그릇이나 국그릇을, 오른손에 젓가락을 들고 식사한다.
중국	• 식사를 할 때는 고개를 숙이지 않고 밥공기를 들고 먹으며, 식사를 마친 후에는 숟가락을 엎어 둔다. • 원형 테이블은 시계 방향으로 돌리며, 생선을 먹을 때 생선을 뒤집는 것은 고깃배를 뒤집는 것과 같은 행동이라고 여기므로 생선은 뒤집지 않고 나온 그대로 먹어야 한다.

① 미국, 인도　　　　　② 미국, 중국　　　　　③ 인도, 이탈리아
④ 이탈리아, 일본　　　⑤ 일본, 중국

약점 보완 해설집 p.22

해커스공무원

실전모의고사 3회 | 60문항형

성명

수험번호

	0	1	2	3	4	5	6	7	8	9
	0	1	2	3	4	5	6	7	8	9
	0	1	2	3	4	5	6	7	8	9
	0	1	2	3	4	5	6	7	8	9
	0	1	2	3	4	5	6	7	8	9
	0	1	2	3	4	5	6	7	8	9

응시직렬

감독관 확인

번호	①	②	③	④	⑤	번호	①	②	③	④	⑤	번호	①	②	③	④	⑤
1	①	②	③	④	⑤	21	①	②	③	④	⑤	41	①	②	③	④	⑤
2	①	②	③	④	⑤	22	①	②	③	④	⑤	42	①	②	③	④	⑤
3	①	②	③	④	⑤	23	①	②	③	④	⑤	43	①	②	③	④	⑤
4	①	②	③	④	⑤	24	①	②	③	④	⑤	44	①	②	③	④	⑤
5	①	②	③	④	⑤	25	①	②	③	④	⑤	45	①	②	③	④	⑤
6	①	②	③	④	⑤	26	①	②	③	④	⑤	46	①	②	③	④	⑤
7	①	②	③	④	⑤	27	①	②	③	④	⑤	47	①	②	③	④	⑤
8	①	②	③	④	⑤	28	①	②	③	④	⑤	48	①	②	③	④	⑤
9	①	②	③	④	⑤	29	①	②	③	④	⑤	49	①	②	③	④	⑤
10	①	②	③	④	⑤	30	①	②	③	④	⑤	50	①	②	③	④	⑤
11	①	②	③	④	⑤	31	①	②	③	④	⑤	51	①	②	③	④	⑤
12	①	②	③	④	⑤	32	①	②	③	④	⑤	52	①	②	③	④	⑤
13	①	②	③	④	⑤	33	①	②	③	④	⑤	53	①	②	③	④	⑤
14	①	②	③	④	⑤	34	①	②	③	④	⑤	54	①	②	③	④	⑤
15	①	②	③	④	⑤	35	①	②	③	④	⑤	55	①	②	③	④	⑤
16	①	②	③	④	⑤	36	①	②	③	④	⑤	56	①	②	③	④	⑤
17	①	②	③	④	⑤	37	①	②	③	④	⑤	57	①	②	③	④	⑤
18	①	②	③	④	⑤	38	①	②	③	④	⑤	58	①	②	③	④	⑤
19	①	②	③	④	⑤	39	①	②	③	④	⑤	59	①	②	③	④	⑤
20	①	②	③	④	⑤	40	①	②	③	④	⑤	60	①	②	③	④	⑤

해커스공기업
NCS 모듈형
통합 봉투모의고사

실전모의고사
4회

80문항형

해커스잡

실전모의고사
4회
(80문항형)

시작과 종료 시각을 정한 후, 실전처럼 모의고사를 풀어보세요.

시   분 ~   시   분 (총 80문항/90분)

□ **시험 유의사항**

[1] 80문항형 시험은 도로교통공단, 서울교통공사, 한국중부발전, 한국서부발전 등의 기업에서 출제 영역, 시간, 시험 순서 등 세부 구성을 다르게 출제하고 있습니다. (2021년 필기시험 기준)

[2] 본 실전모의고사는 직업기초능력평가 10개 영역의 80문항으로 구성된 순차 통합형 모의고사로, 문제 번호는 이어져 있으나 문제가 영역 순서대로 출제되므로 영역별 제한 시간 없이 전체 문항을 90분 내에 푸는 연습을 하시기 바랍니다.

[3] 마지막 페이지에 있는 OMR 답안지와 해커스ONE 애플리케이션의 학습 타이머를 이용하여 실전처럼 모의고사를 풀어보시기 바랍니다.

01. 다음 보도자료의 내용과 일치하지 않는 것은?

청년·신혼부부 매입임대주택 5,811가구 입주자 모집

국토교통부는 30일부터 2021년도 제3차 청년·신혼부부 매입임대주택 입주자 총 5,811가구에 대한 모집을 시작한다고 28일 밝혔다. 모집물량은 청년 1,248가구, 신혼부부 4,563가구로 총 5,811가구 규모이며 지역별로는 서울 등 수도권이 4,294가구, 그 외 지역이 1,517가구다. 이번에 입주를 신청한 청년, 신혼부부는 소득·자산 등 자격 검증을 거쳐 이르면 12월 초부터 입주할 예정이다. 청년 매입임대주택은 학업·취업 등의 사유로 이주가 잦은 청년층의 상황을 반영해 냉장고·세탁기·에어컨 등 가전제품을 갖춘 풀옵션으로 공급하며 시세의 40~50%로 최대 6년간 거주할 수 있다. 무주택자이면서 19~39세의 미혼 청년을 대상으로 소득수준에 따라 입주순위가 결정된다. 신혼부부 매입임대주택은 다가구 주택 등에서 시세 30~40%로 거주할 수 있는 I유형 3,512가구와 아파트·오피스텔 등에서 시세 60~80%로 거주할 수 있는 II유형 1,051가구가 공급된다. 신혼부부 매입임대주택은 결혼 7년 이내의 신혼부부와 예비신혼부부 외에도 만 6세 이하 자녀를 키우는 가구 및 일반 혼인가구도 신청할 수 있다. 한국토지주택공사가 모집하는 청년·신혼부부 매입임대주택 3,571가구는 오는 30일 이후 LH 청약센터에 게시된 공고문을 통해 확인할 수 있다. LH 콜센터를 통한 전화상담도 가능하다. 서울주택도시공사, 경기주택도시공사, 대구도시공사가 모집하는 청년·신혼부부 매입임대주택인 2,240가구에 대한 구체적인 입주자격 등은 해당 기관 누리집에 게시된 공고문에서 확인할 수 있다. 정○○ 국토교통부 주거복지지원과장은 "올해 2만 가구가 넘는 물량을 청년·신혼부부 대상으로 공급할 예정이며 3만 가구를 신규로 확보해 대학생, 신혼부부 등 젊은 세대의 주거 지원을 강화할 예정"이라고 밝혔다.

※ 출처: 국토교통부(2021-09-28 보도자료)

① 청년 매입임대주택에는 세탁기나 에어컨과 같은 가전제품이 모두 구비되어 있다.

② 청년·신혼부부 매입임대주택은 서울과 수도권이 아닌 지역에 대해서도 신청할 수 있다.

③ 청년·신혼부부 매입임대주택 관련 정보는 LH 청약센터 또는 LH 콜센터를 통해서만 확인 가능하다.

④ 예비신혼부부도 신혼부부 매입임대주택의 신청 대상자에 해당한다.

⑤ 국토교통부에 따르면 올해 기준 청년·신혼부부 매입임대주택으로 제공될 물량은 2만 가구가 넘는다.

02. 다음 글의 제목으로 가장 적절한 것은?

거푸집은 주물을 부어서 다양한 청동기나 철기를 주조하기 위하여 만든 틀로, 돌로 만들어진 석제품(石製品)과 흙으로 만들어진 토제품(土製品)으로 분류되지만 현재까지 남아 있는 거푸집은 석제품이 대부분이다. 거푸집은 한 사회가 자체적으로 금속기를 주조할 능력이 있었다는 사실을 입증하기 때문에 생산력과 사회 발전 수준을 짐작할 수 있는 귀중한 고고학적 증거로 여겨진다. 다시 말해 거푸집을 사용했던 사회는 청동기와 철기를 대량 생산할 수 있는 능력이 있었고, 청동기와 철기의 대량 생산이 생산력의 급증을 불러와 사회·경제적으로 엄청난 발전이 있었을 것이라는 점을 추론할 수 있다. 이뿐만 아니라 거푸집은 하나로 동일한 금속기를 여러 개 만들 수 있다는 특징 덕분에, 특정 거푸집으로 제작된 금속기의 중심지와 분포 양상을 분석하면 해당 금속기가 사용된 사회의 구조를 파악할 수 있다. 예를 들어 독자적으로 청동기를 만들 수 있는 수준의 기술을 보유했을 때부터 진정한 의미의 청동기 시대로 접어들었다고 여겨지는데, 우리나라에서도 청동 도구의 제작에 이용된 거푸집이 발견되면서 기원전 1,000년에 청동기 시대에 진입하였다는 사실이 증명되었다. 우리나라에서 발견된 청동기 시대의 거푸집은 함경도 금야읍과 송국리에서 출토된 선형동부 거푸집이 대표적이며, 삼국 시대에 이르러 철기 제작이 활발해지면서 다양한 철기 시대 거푸집 또한 한반도 도처에서 출토되었다.

① 사회 발전 단계에 따른 거푸집의 변화 양상
② 거푸집의 존재에 대한 고고학적 의의
③ 석제품 거푸집과 토제품 거푸집의 분류 기준
④ 한반도의 청동기 시대를 증명하는 거푸집의 발견
⑤ 거푸집이 출토된 지역의 지리적 공통점

03. 다음 밑줄 친 단어의 쓰임이 적절하지 않은 것은?

㉠ 모든 부모가 자신의 자식에게 애정을 <u>표현</u>하는 데 능숙한 것은 아니다.
㉡ 과거에 유행했던 모방 기법이 현대의 미술품에서 <u>재현</u>되고 있다.
㉢ 꿈속에서는 자신도 인지하지 못했던 본인의 소망이 <u>구현</u>되어 나타날 수 있다.
㉣ 딸 아이가 다니는 유치원의 선생님은 동화를 <u>구연</u>하는 능력이 매우 뛰어나다.
㉤ 10년 전에 상영된 영화가 <u>재연</u>될 것이라는 소식에 모두가 기쁨을 감추지 못하였다.

① ㉠   ② ㉡   ③ ㉢   ④ ㉣   ⑤ ㉤

04. 최근 과장으로 승진한 태연이는 관리자 교육을 듣던 중, 상황에 따른 의사표현법에 관하여 궁금했던 점을 정리하여 쉬는 시간에 강사에게 질문하였다. 태연이와 강사의 대화 내용이 다음과 같을 때, 강사의 답변으로 가장 적절하지 않은 것은?

> 태연 : 중간 관리자로서 상부와 하부의 의견을 적절하게 조율하고 올바르게 의사소통하는 것은 정말 중요하면서도 어려운 문제인 것 같습니다. 상대방의 잘못을 지적할 때는 무엇을 주의해야 하나요?
> 강사 : ① 상대방의 잘못을 지적할 때 모호한 표현을 사용하면 설득력을 잃기 때문에 상대방과 어떤 관계에 있는지를 고려하면서도 상대방이 무엇을 잘못했는지 확실하게 알 수 있도록 지적해야 합니다.
> 태연 : 네, 그렇다면 부탁할 때는 어떻게 말하는 것이 좋은지 궁금합니다.
> 강사 : ② 우선 상대방의 사정을 우선시하는 태도를 보여준 다음, 부탁에 응하기 쉽도록 구체적이고 명확한 내용을 전달하고 상대방이 거절할 때도 싫은 내색을 보이지 않는 것이 좋아요.
> 태연 : 제가 팀에서의 위치상 누군가를 설득해야 하는 일이 자주 있는데, 설득해야 할 때는 어떻게 표현하는 것이 좋은가요?
> 강사 : ③ 일방적으로 강요하거나 상대방에게 손해를 보라는 식의 밀어붙이는 대화는 부정적인 결과만 초래하므로 상대방에게 먼저 양보해서 이익을 공유하겠다는 의지를 보여주는 것이 중요합니다.
> 태연 : 네, 감사합니다. 혹시 상대방을 질책해야 하는 상황에서는 어떻게 말해야 상대방이 반발하지 않고 받아들일 수 있을까요?
> 강사 : ④ '칭찬의 말, 질책의 말, 격려의 말'을 순서대로 하는 샌드위치 화법을 활용하는 것을 추천합니다.
> 태연 : 회사 생활을 오래 했어도 아직도 누군가에게 명령하는 게 익숙하지 않은데, 상대방에게 명령해야 할 때는 어떻게 말하는 것이 좋은가요?
> 강사 : 누군가에게 명령하는 게 쉬운 일은 아니죠. ⑤ 상대방에게 명령해야 하는 상황에서는 부드럽게 표현하는 것보다는 강압적으로 원하는 바를 정확하게 전달하는 것이 효과적입니다.

05. 다음 중 맞춤법에 맞지 않는 것은?

① 누군가가 누른 초인종 소리에 대문 밖에 나갔더니 아무도 없었다.
② 부모와 자식 간에도 예의를 지켜야 한다.
③ 네가 아는 만큼 시험 문제를 풀 수 있을 것이다.
④ 새해를 맞이하여 인사차 은사님 댁에 방문하였다.
⑤ 사랑하는 사람과 이별한지 어느새 3년이 지났다.

06. 다음 문장을 논리적 순서대로 알맞게 배열한 것은?

(가) 제작된 검지관의 양쪽 끝을 줄로 자르고 주사기 모양의 기체 채취용 펌프 또는 진공 펌프 등으로 일정 분량의 공기를 관 내부로 통과시켜서 특정 물질이나 가스와의 반응으로 나타난 시약의 착색층 길이 등을 육안으로 확인한다.

(나) 이처럼 간단한 조작법으로 공기나 가스를 정량할 수 있는 검지관은 휴대가 가능하며 아주 적은 분량도 측정할 수 있지만, 측정 오차가 크다는 점과 검지제가 자외선이나 고온의 영향으로 변질되므로 유효 기간에 맞추어 사용해야 정확한 결과를 얻을 수 있다는 점에 유의하여 사용해야 한다.

(다) 검지관은 안지름이 약 2~4mm이고 길이가 약 130mm인 유리관에 실리카겔, 알루미나겔 입자 등 흡착제에 발색 시약을 흡수시켜 만든 검지제를 채워 넣어 제작하는데, 구조가 간단하여 직접 만들기도 쉬워서 표준 색지, 보정표 따위와 함께 판매되고 있다.

(라) 이러한 목적하에 개발된 검지관은 공기 및 가스 속에 들어 있는 미량의 성분을 검사하거나 그 양을 재는 데 사용하는 기구로, 공기 속의 유독 물질이나 유해 가스를 알아내고 분석하는 데 활용한다.

(마) 공기 중의 물질을 측정할 때는 작업 환경의 도처에서 자주 측정하여 공간적·시간적 유동 분포를 정확하게 파악하는 것이 바람직하기 때문에 간편하고 신속하게 정량할 수 있는 기구로써 검지관이 개발되어 널리 이용되고 있다.

(바) 이때, 검지제의 변색은 입구에서부터 안쪽으로 퍼져 나가므로 변색된 길이를 농도 도표와 비교하여 관 내부로 통과시킨 성분 기체의 농도를 구할 수 있다.

① (다) – (가) – (나) – (바) – (마) – (라)

② (다) – (가) – (바) – (마) – (라) – (나)

③ (마) – (다) – (가) – (바) – (라) – (나)

④ (마) – (라) – (나) – (가) – (바) – (다)

⑤ (마) – (라) – (다) – (가) – (바) – (나)

[07~08] 다음 글을 읽고 각 물음에 답하시오.

(가) 부분이 모여서 만들어진 전체가 아니라 완전한 구조와 전체성을 지닌 통합된 전체로서의 형상과 상태를 의미하는 독일어 '게슈탈트(Gestalt)'에서 그 이름을 따온 게슈탈트 심리학은, 전체를 부분의 합 이상으로 여기며 정신 현상 자체가 감각적 요소의 집합이 아닌 전체로서의 구조나 특질을 갖고 있다고 보는 심리학파이다. 1990년대 초반에 독일에서 시작되어 심리 현상을 구성 요소로 분석하는 구성주의 심리학자들과 인간을 환경적 반응에 대한 수동적 반응자로 간주하는 행동주의 심리학자들을 반박하며 발전하였다.

(나) 게슈탈트 심리학자들은 과거나 미래보다 현재(Here and now)를, 생각만이 아닌 표현과 행동을 기반으로 한 현상적 경험을 중요하게 여긴다. 또한, 인간은 기본적으로 본인이 보는 것을 조직하고자 하는 경향이 있다는 점을 강조하며, 인간이 지각한 내용을 전체로 통합하거나 구분된 자극을 의미 있는 유형으로 통합하는 과정을 연구하였다. 게슈탈트 심리학은 개인이 환경과 상호 작용하는 과정을 집단화에 초점을 맞추어 설명하며, 집단화를 결정짓는 주요인으로는 근접성, 유사성, 폐쇄성, 단순성을 제시한다.

(다) 다만, 게슈탈트 심리학에서 인간이 지각한 내용은 수동적으로 주어지는 것이 아니라 적극적이고 능동적으로 주어진다. 즉, 어떠한 자극 자체가 지각되는 것이 아닌 인간의 의지가 관여하여 지각하고자 하는 것을 지각하게 된다는 것이다. 이와 같이 게슈탈트 심리학은 형태 지각에 관한 이론뿐만 아니라 심리의 능동성에 관한 관점을 제시하였고, 학습, 기억, 문제해결 등 지적 활동에서의 지각 중심적 해석을 내세워 인지 심리학, 문화 심리학 등의 발달에 막대한 영향을 미쳤다.

(라) 게슈탈트 심리학의 영향을 받은 게슈탈트 코칭은 게슈탈트 이론을 코칭에 접목한 것으로, 코치는 특정 행동을 지시하거나 판단하는 태도를 보이지 않고도 피코치자가 본인의 욕구를 깨닫고 해소하여 성장할 수 있도록 돕는다. 이때 해소되지 못한 욕구는 피코치자의 성장에 방해되기 때문에 코치는 피코치자의 현재에 집중하여 미해결 욕구를 제거하고, 피코치자의 욕구가 지속적으로 형성과 소멸을 반복할 수 있도록 이끈다. 게슈탈트 코칭에서 변화는 자연스럽게 발생하는 현상이자 연속적인 학습 과정이다.

(마) 게슈탈트 코칭은 과거에 초점을 맞췄던 이전까지의 상담과는 다르게 현재에 중심을 맞추며 피코치자의 개인적인 잠재력을 깨운다. 여기서 코치와 피코치자의 상호 작용에서는 말보다 행동이, 생각보다 표현이 중요시되며, 코치는 본인의 경험을 행동으로 생생하게 피코치자에게 전달할 수 있다. 또한, 피코치자가 본인 내면의 욕구에 완전히 집중하지 못하여 욕구가 해결되지 못하는 상황을 인지하고, 이를 경험적이고 실존적인 수준에서 타개할 수 있도록 만든다는 점에서 의의가 있다.

07. 다음 중 각 문단의 내용을 요약한 것으로 적절하지 않은 것은?

① (가): 게슈탈트 심리학의 어원에 따른 정의와 발전 배경

② (나): 현재와 현상적 경험을 중시하는 게슈탈트 심리학의 연구 대상

③ (다): 심리의 능동성과 지각 중심적 해석을 강조한 게슈탈트 심리학

④ (라): 게슈탈트 코칭에서 피코치자의 성장을 이끄는 코치의 역할

⑤ (마): 미래 지향적으로 상호 작용하는 게슈탈트 코칭의 의의

08. 윗글의 내용과 일치하지 않는 것은?

① 게슈탈트 코칭에서 코치는 피코치자의 욕구가 계속해서 형성 및 소멸할 수 있게 유도한다.

② 게슈탈트 심리학에서는 정신 현상 자체가 전체로서의 구조나 특질을 가지고 있다고 여긴다.

③ 게슈탈트 코칭은 코치와 피코치자의 상호 작용 속에서 코치의 경험을 피코치자에게 전달한다.

④ 게슈탈트 심리학은 인지 심리학의 영향을 받아 지적 활동에서 지각 중심적 해석을 부각하였다.

⑤ 게슈탈트 심리학은 개인이 환경과 상호 작용하는 과정을 집단화에 초점을 두고 해석하였다.

09. 다음은 연령별 내국인 출국자 현황에 대한 자료이다. 자료에 대한 설명으로 적절하지 않은 것은?

[연령별 내국인 출국자 현황]

(단위: 천 명)

구분	2016년	2017년	2018년	2019년	2020년
0~20세	2,706	3,391	3,630	3,545	558
21세~30세	3,825	4,622	4,929	4,842	701
31세~40세	4,409	5,174	5,419	5,415	647
41세~50세	4,157	4,895	5,306	5,214	743
51세~60세	3,633	4,214	4,658	4,734	625
61세 이상	2,115	2,540	2,985	3,171	414
합계	20,845	24,836	26,927	26,921	3,688

※ 출처: KOSIS(한국관광공사, 한국관광통계)

① 전체 출국자 수에서 61세 이상 출국자 수가 차지하는 비중은 2018년보다 2017년에 더 크다.

② 2016년부터 2020년까지 전체 출국자 수의 평균은 20,500천 명 이상이다.

③ 2019년에 40세 이하 출국자 수는 41세 이상 출국자 수보다 많다.

④ 2017년 51세~60세 출국자 수의 전년 대비 증가율은 15% 이상이다.

⑤ 2017년 이후 0~20세 출국자 수와 41세~50세 출국자 수의 전년 대비 증감 추이는 동일하다.

10. A와 B가 함께 작업하면 4시간이 걸리고, B와 C가 함께 작업하면 5시간이 걸리는 일이 있다. A가 혼자 작업하면 B가 혼자 작업하는 것보다 6시간이 더 걸릴 때, C가 혼자 작업하여 일을 마치는 데 걸리는 시간은?

① 6시간   ② 12시간   ③ 18시간   ④ 24시간   ⑤ 30시간

11. 다음은 육군 모집병 인원 현황을 나타낸 자료이다. 자료에 대한 설명으로 적절한 것은?

[연도별 육군 지원자 수 및 입영자 수]

(단위: 명)

구분	2018년		2019년	
	지원자 수	입영자 수	지원자 수	입영자 수
서울	30,027	12,620	27,950	12,190
부산	16,246	8,019	14,080	7,185
대구·경북	18,868	9,646	17,059	8,907
경인	24,933	11,427	23,112	10,989
광주·전남	12,835	6,607	11,500	6,091
대전·충남	13,308	6,532	12,164	6,233
강원	5,561	2,984	4,972	2,838
충북	6,008	3,085	4,865	2,635
전북	6,604	3,420	5,973	3,202
경남	11,593	5,631	9,584	4,771
제주	2,040	1,030	1,708	847
인천	20,413	9,831	18,486	9,220
경기북부	14,600	6,282	14,003	6,267
전체	183,036	87,114	165,456	81,375

※ 출처: KOSIS(병무청, 병무통계)

① 2019년에 지원자 수는 모든 지역에서 전년 대비 감소하였지만, 입영자 수는 1곳에서 전년 대비 증가하였다.

② 2018년 서울 지역의 육군 지원자 중 입영한 사람은 45% 이상이다.

③ 2019년 지원자 수가 6,000명 미만인 지역의 평균 지원자 수는 약 4,630명이다.

④ 제시된 지역 중 2018년 지원자 수가 다섯 번째로 많은 지역과 입영자 수가 다섯 번째로 많은 지역은 동일하다.

⑤ 2019년에 전체 지원자 수는 전년 대비 17,580명 감소하였고, 전체 입영자 수는 전년 대비 5,379명 감소하였다.

12. 회원 수가 20명인 사내 바리스타 동아리에서 동아리의 원활한 운영을 위해 운영진을 선출하기로 하였다. 임원 2명을 뽑는 경우의 수를 a, 동아리장 1명과 총무 1명을 뽑는 경우의 수를 b라고 할 때, a + b는?

① 380가지   ② 400가지   ③ 570가지   ④ 760가지   ⑤ 800가지

13. 농도가 14%인 설탕물 450g이 들어 있는 컵에 농도가 7%인 설탕물을 넣어 농도가 10%인 설탕물을 만들려고 하였으나 설탕물의 양을 잘못 조절하여 설탕물의 농도가 12%가 되었을 때, 컵에 넣은 농도가 7%인 설탕물의 양은?

① 180g   ② 225g   ③ 460g   ④ 515g   ⑤ 600g

14. 어떤 상자에 1부터 9까지 적힌 카드가 한 장씩 들어있다. 진원이는 상자에서 카드를 한 장 뽑아 숫자를 확인하고, 확인한 카드를 다시 상자 안에 넣은 뒤 카드를 뽑는 것을 반복하여 총 세 번 카드를 뽑았다. 첫 번째로 뽑은 카드의 숫자를 백의 자리, 두 번째로 뽑은 카드의 숫자를 십의 자리, 세 번째로 뽑은 카드의 숫자를 일의 자리로 조합하여 세 자릿수를 만들었을 때, 진원이가 만든 수가 680 미만일 확률은?

① $\frac{46}{81}$ ② $\frac{135}{243}$ ③ $\frac{52}{81}$ ④ $\frac{481}{729}$ ⑤ $\frac{172}{243}$

15. 다음 ㉠~㉣을 값이 큰 순서대로 바르게 나열한 것은?

> ㉠ $\log_6 4 + \log_6 9$
> ㉡ $\log_{81} 27 + 1.4$
> ㉢ $\log_5 \dfrac{125}{2} - 1$
> ㉣ $4^{\log_9 3} + \log_{16} 4$

① ㉡ - ㉠ - ㉣ - ㉢   ② ㉡ - ㉣ - ㉠ - ㉢   ③ ㉢ - ㉣ - ㉠ - ㉡
④ ㉣ - ㉡ - ㉠ - ㉢   ⑤ ㉣ - ㉢ - ㉡ - ㉠

16. A 팀은 7일마다 한 번씩 회의를 진행하고, B 팀은 9일마다 한 번씩 회의를 진행한다. 5월 25일에 A, B 두 팀 모두 회의를 진행하였을 때, 9월에 두 팀이 동시에 회의를 진행하는 날은 언제인가?

① 9월 21일   ② 9월 24일   ③ 9월 25일   ④ 9월 28일   ⑤ 9월 30일

17. 다음 글에서 설명하고 있는 문제해결방법으로 가장 적절한 것은?

> 어떤 그룹이나 집단이 의사결정을 잘하도록 도와주는 일로, 깊이 있는 커뮤니케이션을 통해 구성원이 서로의 문제점을 이해하고 공감하여 창조적인 문제해결 방법을 도모하게 된다. 이 방법을 활용하면 초기에 생각하지 못했던 해결 방법이 도출될 수 있을뿐더러 구성원의 동기와 팀워크가 한층 강화될 수 있다는 장점이 있다. 다만, 구성원이 자율적으로 실행하므로 제3자가 준비해 놓은 합의점이나 줄거리대로 결론이 도출되지 않도록 주의해야 한다.

① 소프트 어프로치   ② 브레인스토밍   ③ 6색 사고 모자 기법
④ 하드 어프로치   ⑤ 퍼실리테이션

18. 다음은 A~C 통신사별 집 전화 요금제에 대한 자료이다. Y 씨가 한 달 동안 집 전화를 5시간 사용한다고 할 때, Y 씨가 이용하기 가장 저렴한 통신사의 한 달 총 요금은?

[통신사별 집 전화 요금제]

구분	기본 요금	추가 요금
A 통신사	8,000원/2시간	50원/1분
B 통신사	12,500원/3시간	160원/3분
C 통신사	4,300원/1시간	23원/30초

※ 기본 요금에 포함된 시간을 초과하는 사용분은 추가 요금으로 계산되어 요금이 청구됨

① 11,040원 ② 15,340원 ③ 17,000원 ④ 18,900원 ⑤ 22,500원

19. 한별이는 VR 게임을 하기 위해 2명의 친구와 멀티방에 가려고 한다. 집 근처에서 VR 게임이 가능한 멀티방의 가격을 비교하여 가장 저렴한 곳을 4시간 동안 이용하려고 할 때, 한별이가 친구들과 이용할 멀티방은?

구분	1인 요금	비고
◇◇멀티방	• 최초 3시간: 11,800원 • 추가 20분당 1,100원	• 3인 이상 방문 시 인당 30% 할인
♧♧멀티방	• 최초 2시간: 9,000원 • 추가 1시간당 2,500원	• 오픈 이벤트로 인원수 관계없이 인당 25% 할인
☆☆멀티방	• 1시간당 3,200원	• 4시간 이상 이용 시 인당 2,500원씩 할인
♡♡멀티방	• 최초 1시간: 6,000원 • 추가 1시간당 1,500원	–
♤♤멀티방	• 30분당 1,600원	• 3인 이상 방문 시 3인당 1인 60% 할인

① ◇◇멀티방 ② ♧♧멀티방 ③ ☆☆멀티방 ④ ♡♡멀티방 ⑤ ♤♤멀티방

20. 다음 명제가 모두 참일 때, 항상 참인 것은?

> - 노란색을 좋아하는 사람은 초록색을 좋아한다.
> - 초록색을 좋아하는 사람은 연두색 옷을 즐겨 입는다.
> - 초록색을 좋아하지 않는 사람은 빨간색을 좋아하지 않는다.
> - 파란색 옷을 즐겨 입는 사람은 초록색을 좋아하지 않는다.
> - 빨간색을 좋아하지 않거나 보라색 옷을 즐겨 입지 않는 사람은 분홍색을 좋아하지 않는다.

① 초록색을 좋아하는 사람은 분홍색을 좋아한다.

② 연두색 옷을 즐겨 입지 않는 사람은 노란색을 좋아한다.

③ 노란색을 좋아하지 않는 사람은 파란색 옷을 즐겨 입는다.

④ 빨간색을 좋아하지 않는 사람은 파란색 옷을 즐겨 입지 않는다.

⑤ 분홍색을 좋아하는 사람은 파란색 옷을 즐겨 입지 않는다.

21. 다음 중 문제해결을 위한 기본적인 사고에 대해 잘못 이야기하고 있는 사람을 모두 고르면?

> 미진: 기존에 가지고 있던 사물과 세상을 바라보는 인식의 틀을 전환하여 새로운 관점에서 사고해야 해.
> 형철: 전체를 각각의 요소로 나누어 그 요소의 의미를 도출한 다음 우선순위를 부여하고 구체적인 문제해결방법을 실행하는 것이 요구돼.
> 민구: 고정관념, 선입견, 기계적 반응, 관행 등은 문제해결을 위해 갖추어야 할 사고를 가로막는 장애요인이므로 최대한 배제하는 것이 좋아.
> 시진: 문제의 성격에 따라 다르게 요구되는 사고 중 성과지향의 문제는 지식과 경험을 기반으로 일의 과정이나 결론을 가정한 다음, 검증 결과가 사실이면 다음 단계의 일을 수행해서 해결해야 해.
> 진솔: 문제해결 시 기술, 재료, 방법, 사람 등 필요한 자원에 대해 확보 계획을 수립하고 외부 자원보다는 내부 자원을 위주로 효과적으로 활용하는 것이 경제적이야.

① 미진, 시진   ② 형철, 민구   ③ 민구, 진솔   ④ 시진, 진솔   ⑤ 형철, 시진, 진솔

22. 다음 명제가 모두 참일 때, 항상 참인 것은?

> - 떡볶이를 좋아하는 사람은 순대를 좋아한다.
> - 튀김을 선호하는 사람은 어묵을 선호하지 않는다.
> - 김밥을 즐겨 먹는 사람은 순대를 좋아하지 않는다.
> - 만두를 즐겨 먹지 않는 사람은 튀김을 선호한다.
> - 튀김을 선호하고 만두를 즐겨 먹는 사람은 떡볶이를 좋아한다.
> - 김밥을 즐겨 먹지 않는 사람은 어묵을 선호한다.

① 순대를 좋아하지 않으면 튀김을 선호하지 않는다.

② 떡볶이를 좋아하는 사람은 김밥을 즐겨 먹지 않는다.

③ 만두를 즐겨 먹지 않는 사람은 어묵을 선호한다.

④ 튀김을 선호하는 사람은 순대를 좋아한다.

⑤ 김밥을 즐겨 먹는 사람은 만두를 즐겨 먹는다.

23. B 사는 창립 50주년을 맞아 각국의 바이어들을 포함한 다양한 초대 손님을 모시고 회사 창립 기념 행사를 진행하려고 한다. 정 대리가 김 과장의 지시를 받아 사회자를 2명 섭외하고자 할 때, 사회자를 섭외하는 데 필요한 총 인건비는?

[사회자 섭외 비용 안내]

구분	기본 요금(3시간)	추가 요금(3시간 초과 시)
경력 3년 미만	300,000원	80,000원/시간
경력 3년 이상	500,000원	120,000원/시간

※ 외국어 가능자의 경우 시간당 5만 원의 요금이 추가됨
※ 회사에서 행사장까지 왕복 이동 시간을 포함하여 인건비를 책정함

[김 과장]

정 대리, 이번 창립 50주년 창립 기념 행사는 여러 국가의 바이어들을 초대하여 진행하는 만큼 1부와 2부로 나누어 진행하게 되었습니다. 1부는 국내 손님을 초대하여 5시간 동안 진행할 예정이며, 2부는 외국인 손님을 초대하여 영어로 4시간 동안 진행할 예정이므로 2부에만 영어가 가능한 사회자를 섭외해 주세요. 아무래도 규모가 큰 행사인 만큼 2명 모두 경력이 5년 이상인 분들로 섭외합시다. 아, 사회자들은 회사에서 직원들과 함께 행사장으로 이동하고, 담당 행사가 끝나면 인건비 정산을 위해 다시 회사로 돌아와야 하므로 정 대리가 신경 써주세요. 회사에서 행사장까지는 1시간이 소요되니, 예정된 행사의 모든 상황을 고려하여 인건비를 책정해 주세요.

① 153만 원   ② 166만 원   ③ 184만 원   ④ 214만 원   ⑤ 249만 원

24. A, B, C, D, E 5명은 프로젝트 발표를 위해 일렬로 놓인 의자에 앉아 대기하고 있다. 다음 조건을 모두 고려하였을 때, 항상 거짓인 것은?

> - 가장 왼쪽에 배치된 의자의 번호는 1번이고, 오른쪽으로 갈수록 의자 번호가 1씩 높아진다.
> - C는 A보다 왼쪽 의자에 앉는다.
> - B는 가장 오른쪽 의자에 앉지 않는다.
> - D와 E는 바로 옆자리에 앉는다.
> - A는 2번 또는 4번 의자에 앉는다.

① C가 가장 왼쪽 의자에 앉는다.

② D는 5번 의자에 앉지 않는다.

③ B는 A보다 오른쪽 의자에 앉는다.

④ C와 E가 앉은 의자 번호의 차이는 3이다.

⑤ A는 4번 의자에 앉는다.

25. 조직변화의 과정이 4단계로 이루어진다고 할 때, ㉠~㉢에 들어갈 내용을 순서대로 바르게 나열한 것은?

환경변화 인지	→	㉠	→	㉡	→	㉢

① 조직변화 실행 – 변화 결과 평가 – 조직변화 방향 수립

② 변화 결과 평가 – 조직변화 방향 수립 – 조직변화 실행

③ 변화 결과 평가 – 조직변화 실행 – 조직변화 방향 수립

④ 조직변화 방향 수립 – 조직변화 실행 – 변화 결과 평가

⑤ 조직변화 방향 수립 – 변화 결과 평가 – 조직변화 실행

26. 다음 중 조직변화의 유형에 대한 설명으로 적절하지 않은 것의 개수는?

> ㉠ 제품 및 서비스의 변화는 고객의 요구에 부응하기 위해 기존 제품이나 서비스를 변화시키는 전략으로, 고객을 늘리거나 새로운 시장을 개척하기 위해 사용된다.
> ㉡ 기술변화는 새로운 기술의 도입이 필요할 때 사용하는 전략이나, 기술변화로 생산성을 높이기는 어렵다.
> ㉢ 조직 구성원들의 사고방식이나 가치 체계의 변화만으로는 조직의 변화를 이룩할 수 없다.
> ㉣ 조직 내 전략변화는 경영 방식이나 각종 시스템 등을 개선하는 데 적합하다.

① 0개   ② 1개   ③ 2개   ④ 3개   ⑤ 4개

27. 다음 중 조직에 대한 설명으로 적절하지 않은 것을 모두 고르면?

> ㉠ 재화나 서비스를 생산하는 경제적 기능, 조직 구성원에게 만족감을 주는 사회적 기능을 가진다.
> ㉡ 한 명 이상의 사람이 공동의 목표를 달성하기 위하여 의식적으로 구성한 집합체이다.
> ㉢ 기업은 최소 비용으로 최대 효과를 얻어서 차액인 이윤을 극대화하기 위해 구성된 조직이다.
> ㉣ 조직마다 다양한 구조를 구축하고 있으며, 외부 환경과 긴밀한 관계를 맺고 있다.
> ㉤ 이른 아침에 가벼운 운동을 하기 위해 공원에 들른 사람들도 조직이라고 볼 수 있다.

① ㉣   ② ㉤   ③ ㉠, ㉢   ④ ㉡, ㉤   ⑤ ㉠, ㉡, ㉣

28. 마이클 포터의 5 Forces Model은 특정 시장 내 주요 경쟁 요인 사이의 영향력을 분석함으로써 기회 요인과 위협 요인을 파악하여 경영 전략을 수립하기 위한 산업구조 분석 도구이다. 다음 중 5 Forces Model의 각 요인에 대한 설명으로 적절하지 않은 것을 모두 고르면?

경쟁 요인	내용
기존 경쟁자 간의 경쟁	• 동일 산업 내 기존 경쟁자와의 경쟁 심화 정도를 의미한다. • 경쟁자의 수, 가격 변동, 퇴출 장벽, 고정 비용, 수익성 등을 고려해야 한다. • ㉠ 경쟁이 치열할수록 성장에 대한 자극이 되어 해당 산업의 전체적인 수익성에 긍정적인 영향을 미친다.
잠재적 진입자의 위협	• ㉡ 진입 장벽이 높을수록 후발 주자가 해당 산업에 진출하기 어려워진다. • 제품 차별화, 유통 채널, 규모의 경제, 정부 규제 등을 고려해야 한다. • 공급 측면에서 규모의 경제 또는 수요 측면에서 규모의 이익 구축, 유통 채널 접근 차단 등의 전략으로 대응할 수 있다.
대체재의 위협	• 기업에서 제공하는 제품이나 서비스를 대신할 수 있는 대체재를 의미한다. • 고객 전환 비용, 제품이나 서비스의 가격, 편향성 등을 고려해야 한다. • ㉢ 기술개발을 통한 원가 절감, 이윤 축소, 차별화 등의 전략으로 고객 충성도를 높임으로써 대응할 수 있다.
공급자의 교섭력	• 자원을 공급하는 공급자의 협상력 정도를 의미한다. • 기업들은 여러 공급자 집단으로부터 원자재, 부품 등을 얻는다. • ㉣ 공급자의 교섭력이 약할수록 제품이나 서비스의 품질이 저하되고, 비용이 증가하여 수익성이 저해될 수 있다.
구매자의 교섭력	• 구매자의 구매 조건이 까다로운 정도를 의미한다. • 구매자는 가격에 민감하여 가격 인하 압력을 가하고 제품이나 서비스의 개선을 요구한다. • ㉤ 중간 구매자(Intermediate customer)가 최종 구매자의 구매 결정에 영향을 줄 수 있을 경우, 막대한 영향력을 갖는다.

① ㉠, ㉣   ② ㉠, ㉤   ③ ㉡, ㉢   ④ ㉢, ㉣   ⑤ ㉣, ㉤

29. 다음 글을 읽고 난 후의 반응으로 가장 적절하지 않은 것은?

> 환율은 자국 통화와 외국 통화의 교환 비율로, 한 단위의 외화를 얻기 위하여 지불해야 하는 자국 통화의 양을 의미한다. 우리나라는 변동 환율 제도를 채택하고 있어서 외환 시장에서 외화에 대한 은행, 기업, 개인, 중앙은행 등의 수요와 공급에 의해 환율이 결정된다. 예를 들어 외환 시장에서 수요가 증가하고 공급이 감소하면 환율이 상승하며, 수요가 감소하고 공급이 증가하면 환율이 하락하게 된다. 환율 변동의 효과는 환율 상승이 원화 약세와 대응하고, 환율 하락이 원화 강세와 대응한다는 점을 알고 나면 쉽게 이해할 수 있다. 먼저 환율이 상승하면 원화의 가치가 감소하기 때문에 국제 시장에서 수출품의 가격이 내려가서 수출이 증가하고, 수입품의 가격이 올라서 수입이 감소한다. 이로 인해 경상 수지가 개선되어 경기 회복에 도움을 주지만, 수입품의 가격 인상으로 국내 물가가 상승하기 때문에 인플레이션이 발생할 가능성이 있다. 반대로 환율이 하락하면 원화의 가치가 증가하기 때문에 국제 시장에서 수출품의 가격이 오르고 수입품의 가격이 내려서 수출이 감소하고 수입이 증가한다. 그래서 환율 하락의 영향으로 경상 수지가 악화되고 국내 물가는 하락하게 된다.

① 해외에서 반드시 수입해야 하는 원자재 가격이 오를 경우 결과적으로 환율이 상승하게 돼. .

② 달러당 환율이 1,000원에서 1,300원으로 변동됐다면 원화의 가치가 300원 감소했다고 볼 수 있어.

③ 상대적으로 수입업자는 환율이 상승하는 상황을, 수출업자는 환율이 하락하는 상황을 선호하겠군.

④ 외국에 빚을 갚아야 하는 입장에서는 환율이 하락하는 것이 상환의 부담을 덜 수 있겠어.

⑤ 우리나라 사람들의 해외여행이 증가하면 외환 시장에서 수요에 영향을 주어 환율이 올라가겠네.

30. 다음 사례에 나타난 M 기업의 조직문화를 맥킨지 7-S 모형으로 분석했을 때, 개선이 필요한 요소로 가장 적절한 것은?

> IT 업계의 신성으로 주목을 받고 있는 M 기업은 뛰어난 전략과 기술을 기반으로 꾸준히 시장점유율을 높였고, 설립 5년 만에 성장 궤도에 올랐다는 평가를 받고 있다. 그러나 M 기업의 수뇌부는 어느 순간부터 기업의 성장이 둔화하고 있다는 사실을 예민하게 인지하고는 원인을 파악하기 위해 내부 역량을 분석하였다. 분석 결과, M 기업은 중간 계층이 비대하여 의사결정자가 너무 많기 때문에 관리자 간에 갈등이 발생할 가능성이 상당히 크다는 점이 가장 큰 문제로 지목되었다. 그리고 업무 결과에 대한 담당자의 책임 정도가 높은 것에 비하여 담당자가 업무를 자율적으로 처리할 수 있는 권한이 상대적으로 미흡하다는 문제도 지적되었다. 이러한 문제가 지속될 경우 M 기업은 급변하는 IT 시장 환경에 적응하지 못하고 점차 쇠퇴하게 될 것이라는 결론이 도출되었다.

① Shared value　　② Style　　③ Staff　　④ Structure　　⑤ Skill

31. 다음 사업 포트폴리오 분석 기법에 대한 설명으로 적절하지 않은 것을 모두 고르면?

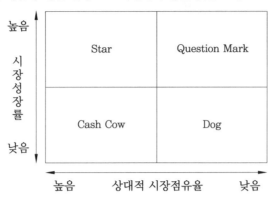

⊙ Cash Cow에 해당하는 사업은 투자 비용을 모두 회수하여 자금 유입과 유출이 적고 안정적이다.
ⓒ 시장성장률과 상대적 시장점유율을 고려하였을 때 Star보다 Dog에 투자를 집중할 필요가 있다.
ⓒ 사업별 수익성과 경쟁 상황 분석으로 사업 현황 파악에 도움을 주어 전략 수립의 방향성을 제시한다.
ⓔ 사업 초기에는 주로 Question Mark에 속하지만 기업의 전략에 따라 Star나 Dog로 분류될 수 있다.
ⓜ 활용 시 분석 기준의 한계로 말미암은 지나친 단순화의 오류에 빠지지 않도록 주의해야 한다.

① ⊙, ⓒ   ② ⊙, ⓔ   ③ ⓒ, ⓒ   ④ ⓒ, ⓜ   ⑤ ⓔ, ⓜ

32. 직장인을 대상으로 경영 이론 강의를 진행하고 있는 귀하는 수강생들이 제출한 과제를 확인하고 내용이 잘못 작성된 부분에 대하여 피드백을 전달하고 있다. 귀하가 다음 과제를 제출한 수강생에게 전달할 피드백으로 가장 적절한 것은?

[조직목표의 의미]

조직이 달성하려는 미래의 상태. 조직의 비전, 가치와 신념, 조직의 존재 이유 등을 공식적인 목표로 표현한 장기적인 목표에 해당함

[조직목표의 기능 및 특징]

기능	특징
• 조직이 존재하는 정당성과 합법성을 제공함 • 조직이 나아갈 방향을 제시함 • 조직 구성원 의사결정의 기준이 됨 • 조직 구성원 행동 수행의 동기유발이 됨 • 수행평가와 조직설계의 기준이 됨	• 공식적 목표와 실제적 목표가 다를 수 있음 • 다수의 조직목표를 추구할 수 있음 • 조직목표는 불변성을 가지고 있음 • 조직의 구성요소와 상호관계를 가짐

① 조직목표가 공식적인 목표인 만큼 여러 조직목표를 추구하는 것은 불가능합니다.
② 조직목표에서 공식적 목표와 실제적 목표는 반드시 동일해야 합니다.
③ 조직목표는 추상적으로 설정되기 때문에 의사결정의 기준이 되기는 어렵습니다.
④ 조직목표는 고정되어 있는 것이 아니므로 가변적이라고 볼 수 있습니다.
⑤ 조직목표는 조직이 달성하려는 단기적인 목표에 해당합니다.

33. 정보를 수집할 수 있는 원천인 정보원은 1차 자료와 2차 자료로 구분된다. 다음에 나열된 정보원들 중에서 1차 자료와 2차 자료를 바르게 분류한 것은?

| ㉠ 백과사전 | ㉡ 학위논문 | ㉢ 잡지 | ㉣ 연감 |
| ㉤ 단행본 | ㉥ 편람 | ㉦ 서지 데이터베이스 | ㉧ 특허정보 |

	1차 자료	2차 자료
①	㉠, ㉡, ㉢, ㉥	㉣, ㉤, ㉦, ㉧
②	㉠, ㉡, ㉥, ㉦	㉡, ㉢, ㉤, ㉧
③	㉡, ㉢, ㉤, ㉥	㉠, ㉤, ㉦, ㉧
④	㉡, ㉢, ㉤, ㉧	㉠, ㉣, ㉥, ㉦
⑤	㉢, ㉤, ㉦, ㉧	㉠, ㉡, ㉣, ㉥

34. 다음 중 정보화 사회에 대한 내용으로 가장 적절하지 않은 것은?

① 미래 사회의 부가가치 창출 요인은 토지, 노동에서 지식 및 정보 생산 요소로 전환되면서 부가가치 창출 요인의 대다수를 지식과 정보가 차지할 것이다.

② 정보화 사회에서 필수적으로 요구하는 정보의 처리 과정에서 가장 중요한 단계는 정보의 전략적 기획 단계로서 5W2H 원칙에 맞게 기획하는 것이 일반적이다.

③ 정보의 사회적 중요성을 가장 많이 요구하는 정보화 사회에서는 개인 생활을 비롯하여 정치, 경제, 문화, 교육, 스포츠 등 거의 모든 분야의 사회생활에서 정보에 의존하는 경향을 쉽게 볼 수 있다.

④ 정보화 사회에서 자신이 원하는 정보를 찾기 위해서는 인터넷을 활용한 정보검색이 필수이나, 얻은 정보의 가치를 잃지 않기 위해 전파는 지양해야 한다.

⑤ 미래 사회에서는 모든 국가의 시장이 국경 없는 하나의 세계 시장으로 통합되며, 이때 세계 시장에는 실물 상품 외에 노동, 자본 등의 생산 요소와 서비스의 국제 교류도 모두 포함될 것이다.

35. 여러 곳에 분산된 수많은 정보 중에서 특정 목적에 적합한 정보만을 신속하고 정확하게 찾아 이를 수집, 분류, 축적하는 과정을 정보검색이라고 한다. 다음 중 정보검색에 대한 설명으로 가장 적절하지 않은 것은?

① 키워드가 너무 길면 방대한 양의 자료가 검색되어 원하는 결과를 쉽게 찾을 수 없는 경우가 많으므로 키워드는 짧고 간결하게 만들어야 한다.

② 웹 검색 결과의 가중치를 무조건 신뢰하는 것보다는 사용자가 자신이 원하는 정보가 맞는지 판단하는 방법이 정보의 정확성을 더욱 높일 수 있다.

③ 일반적인 정보검색 단계는 검색 주제 선정, 정보원 선택, 검색식 작성, 결과 출력 순으로 진행된다.

④ 사용자가 입력하는 검색어를 이와 연계된 다른 검색엔진에 보내고 이를 통해 얻은 검색 결과를 사용자에게 보내는 검색엔진의 유형은 통합형 검색 방식이다.

⑤ 정보검색은 여러 곳에 분산된 많은 정보 중에서 특정 목적에 적합한 정보만을 신속하고 정확하게 찾아 이를 수집, 분류, 축적하는 과정이다.

36. 다음 엑셀 시트 [A1:D7] 영역에 조건부 서식을 아래와 같이 적용하였을 때, 서식이 적용되는 셀의 개수는?

	A	B	C	D	E
1	성명	소속	입사 연도	승진 대상자	
2	김해진	인사부	2011	X	
3	정화영	기획부	2013	O	
4	조현기	연구부	2018	O	
5	이슬기	총무부	2015	X	
6	양정호	연구부	2015	X	
7	김영인	기획부	2011	O	
8					

규칙 유형 선택:

▶ 셀 값을 기준으로 모든 셀의 서식 지정

▶ 다음을 포함하는 셀만 서식 지정

▶ 상위 또는 하위 값만 서식 지정

▶ 평균보다 크거나 작은 값만 서식 지정

▶ 고유 또는 중복 값만 서식 지정

▶ 수식을 사용하여 서식을 지정할 셀 결정

규칙 설명 편집:

선택한 범위에 있는 다음 값에 모두 서식 지정

중복 ▼

미리 보기: *가나다 AaBaCc* 　서식

① 8개　　② 14개　　③ 18개　　④ 24개　　⑤ 28개

미국표준협회(ANSI)에 의해 결정되어 표준 코드 체계로 사용되고 있는 아스키코드는 컴퓨터의 내부에서 영문자, 숫자, 그 외 기호 등을 7비트로 표현하여 총 128개의 문자 조합이 가능하다. 아스키코드의 128개의 문자 조합은 96개의 대소 영문자, 숫자, 특수 문자와 32개의 제어 문자로 이루어져 있으며, 미니컴퓨터나 개인용 컴퓨터 등의 소형 컴퓨터를 중심으로 전 세계에 보급되어 미국뿐만 아니라 국제적으로 널리 사용되고 있다. 하지만 128개의 문자 조합으로는 모든 국가의 언어나 숫자, 기호 등을 충분히 나타낼 수 없었고, 이를 보완하고자 기존 7비트에 1비트를 추가하여 8비트를 사용하는 확장 아스키코드를 정의함으로써 표현할 수 있는 문자가 256개로 확대되어 추가적인 언어 표현이 가능해졌다. 이러한 확장 아스키코드는 7비트 아스키코드에서 표현 가능했던 128개 문자 코드의 가장 왼쪽에는 숫자 0을 추가하고, 가장 왼쪽에 숫자 1로 시작하는 128개 문자 코드를 새로 추가하여 총 256개의 문자를 표현할 수 있게 되었다. 다음은 아스키코드 문자 코드의 일부이다.

[7비트 아스키코드 문자 코드표]

2진수 코드	문자	2진수 코드	문자	2진수 코드	문자
1000000	@	1010101	U	1101010	j
1000001	A	1010110	V	1101011	k
1000010	B	1010111	W	1101100	l
1000011	C	1011000	X	1101101	m
1000100	D	1011001	Y	1101110	n
1000101	E	1011010	Z	1101111	o
1000110	F	1011011	[	1110000	p
1000111	G	1011100	₩	1110001	q
1001000	H	1011101	]	1110010	r
1001001	I	1011110	^	1110011	s
1001010	J	1011111	_	1110100	t
1001011	K	1100000	`	1110101	u
1001100	L	1100001	a	1110110	v
1001101	M	1100010	b	1110111	w
1001110	N	1100011	c	1111000	x
1001111	O	1100100	d	1111001	y
1010000	P	1100101	e	1111010	z
1010001	Q	1100110	f	1111011	{
1010010	R	1100111	g	1111100		
1010011	S	1101000	h	1111101	}
1010100	T	1101001	i	1111110	~

37. 위 자료를 보고 다음 확장 아스키코드 표현 예시를 참고하여 빈칸에 해당하는 문자를 순서대로 결합하였을 때, 결합된 단어로 가장 적절한 것은?

예 'Ha'를 확장 아스키코드의 형식으로 나타내면 아래와 같다.

확장 아스키코드	01001000	01100001
문자	H	a

확장 아스키코드	01001100	01101111	01110110	01100101
문자	( )	( )	( )	( )

① Like   ② Love   ③ Lose   ④ Vote   ⑤ View

38. 다음의 각 문자를 7비트 아스키코드로 바꾼 다음 10진수로 변환하였을 때, $a+b$의 값은?

문자	M	y
7비트 아스키코드	( )	( )
10진수	(a)	(b)

① 77   ② 121   ③ 169   ④ 198   ⑤ 223

39. 다음 중 MS워드에서 사용하는 머리글과 바닥글에 대한 설명으로 가장 적절하지 않은 것은?

① 리본 메뉴의 [삽입] 탭에서 머리글과 바닥글을 설정할 수 있다.

② 각각 한 페이지의 맨 위와 아래에 일정한 내용을 고정적·반복적으로 나타내는 것을 말한다.

③ 현재 날짜와 시간을 삽입하고 '자동으로 업데이트'를 설정하면 문서를 확인하는 시간에 따라 자동으로 수정된다.

④ 머리글과 바닥글의 내용을 짝수 페이지와 홀수 페이지에 다르게 입력할 수 있다.

⑤ 머리글에 숫자, 문자, 그림은 삽입할 수 있으나 표는 삽입할 수 없다.

40. 파워포인트는 많은 사람에게 메시지를 전달하고자 할 때 효과적인 프레젠테이션을 돕는 응용 프로그램이다. 다음 중 파워포인트에 대한 설명으로 가장 적절한 것은?

① 슬라이드마다 용량이 한정되어 있어 장문의 글보다는 짧은 문구를 작성하는 데 적합하다.

② 화상회의를 통해 프레젠테이션 공유가 가능하지만 여러 사람과 공동으로 작업을 진행할 수 없다.

③ 이미지 파일과 동영상 파일을 삽입하여 시각적 보조 자료로 활용할 수 있으나 오디오 파일은 삽입이 불가능하다는 한계가 있다.

④ 엑셀에서 작성한 워크 시트를 삽입하여 워크 시트 데이터를 프레젠테이션에 연결할 수 있다.

⑤ 리본 메뉴에 [개발 도구] 탭을 표시하면 [개발 도구] 탭의 [컨트롤] 그룹에서 매크로를 설정할 수 있다.

41. 신 대리가 권 팀장이 요청한 업무 중 업무 마감 기한이 이른 업무부터 진행한다고 할 때, 신 대리가 진행할 업무 순서를 바르게 나열한 것은?

[권 팀장]

> 신 대리님, 제가 오늘 오전 11시부터 급하게 외부 출장이 생겼습니다. 제가 오늘 오후에 해야 할 업무를 신 대리님이 대신 처리해 주셨으면 합니다. 먼저, 오늘 오후 4시에 외주 업체로부터 홍보 동영상 시안을 전달받아 검토 부탁드립니다. 외주 업체 근무 퇴근이 오후 7시이므로 외주 업체 직원들이 퇴근하기 최소 1시간 전까지는 수정 사항을 전달해 주시고, 최종 수정안은 내일 오후 1시까지 전달해 달라고 요청해 주세요. 그리고 내일 오전 9시에 홍보팀 전체 회의가 있으니, 사내 카페에서 회의 시간 15분 전까지 다과와 음료가 배달될 수 있도록 주문 예약 부탁드립니다. 사내 카페는 오후 3시까지 배달 주문을 받는 것 아시죠? 또, 어제 신 대리가 제출한 비품 신청서는 제가 서명해서 신 대리 자리에 올려두었으니 오늘 오후 1시 전에 총무팀에 제출하시고, 김 사원에게 워크숍 기획안 작성이 완료되었는지 확인해서 저에게 오후 2시까지 연락 부탁드립니다.

| ㉠ 워크숍 기획안 작성 여부 확인 | ㉡ 비품 신청서 제출 | ㉢ 홍보 동영상 시안 수정 사항 전달 |
| ㉣ 홍보 동영상 시안 검토 | ㉤ 다과와 음료 주문 예약 | |

① ㉡ – ㉠ – ㉤ – ㉣ – ㉢

② ㉣ – ㉡ – ㉠ – ㉤ – ㉢

③ ㉡ – ㉣ – ㉠ – ㉢ – ㉤

④ ㉣ – ㉢ – ㉡ – ㉤ – ㉠

⑤ ㉡ – ㉣ – ㉤ – ㉠ – ㉢

42. 다음 나열된 자원의 낭비요인들 중에서 예산 낭비요인과 물적자원 낭비요인을 바르게 분류한 것은?

㉠ 무계획적인 지출	㉡ 물품의 재구입	㉢ 불필요한 물건의 구입
㉣ 일회용품 사용하기	㉤ 유행 따라 하기	㉥ 주변 사람과의 소원함
㉦ 물품의 부실한 관리	㉧ 오늘 할 일을 다음으로 미루기	

	예산 낭비요인	물적자원 낭비요인
①	㉠, ㉡, ㉤	㉢, ㉣, ㉦
②	㉠, ㉢	㉡, ㉣, ㉤, ㉦
③	㉠, ㉣	㉡, ㉢, ㉤, ㉥
④	㉡, ㉣, ㉧	㉠, ㉤, ㉦
⑤	㉡, ㉢	㉠, ㉣, ㉦, ㉧

43. A 부서는 다음 분기에 진행할 4개의 프로젝트 계획 수립에 앞서 직원들에게 프로젝트 참여 신청을 받았다. A 부서의 프로젝트 참여 신청 현황과 신청 인원 배정 방법이 다음과 같을 때, 취약계층 에너지 지원 프로젝트에 참여하는 직원끼리 바르게 짝지은 것은?

[프로젝트 참여 신청 현황]

프로젝트		중소기업 상생	친환경 에너지 기업 육성	폐자원 활용 사업	취약계층 에너지 지원
필요 인원수		2명	4명	3명	2명
A 부서 직원	김 사원	신청	신청	–	신청
	이 사원	–	–	신청	–
	박 사원	–	신청	신청	신청
	최 대리	–	신청	신청	–
	유 대리	신청	신청	신청	신청
	한 과장	–	–	–	신청
	정 차장	–	–	신청	신청

[신청 인원 배정 방법]
- 프로젝트별 필요 인원수만큼 직원이 참여해야 한다.
- A 부서의 직원 7명은 적어도 1개의 프로젝트에는 참여해야 하고, 최대 2개의 프로젝트에 참여할 수 있다.
- 프로젝트별 필요 인원수와 신청 인원수가 같으면 신청 인원은 모두 해당 프로젝트에 참여한다.
- 프로젝트별 필요 인원수가 신청 인원수보다 적으면 참여 신청한 프로젝트의 수가 적은 직원에게 프로젝트 참여 우선권을 부여한다.

① 김 사원, 박 사원   ② 김 사원, 유 대리   ③ 박 사원, 한 과장
④ 유 대리, 정 차장   ⑤ 한 과장, 정 차장

44. 다음 중 시간관리에 대한 설명으로 가장 적절한 것은?

① 업무 마감 시간을 촉박하게 계획하면 집중력과 업무 처리 효율이 높아져 일을 더 잘할 수 있다.

② 시간관리는 상식적인 선에서 충분히 관리가 가능하기 때문에 새로운 지식이나 기술을 학습하여 익힐 필요는 없다.

③ 완벽에 가깝지만 기한을 넘긴 업무가 완벽하지는 않지만 기한 내에 끝낸 업무보다 더 인정받기 힘들다.

④ 창의적인 업무를 담당하는 사람이 규칙적이고 명확하게 시간관리를 하면 오히려 창의성이 반감될 수 있다.

⑤ 시간관리는 해야 할 일의 목록을 작성하여 업무 노트에 정리하고 일정한 주기로 확인하는 것만으로도 충분하다.

45. 예비군 훈련 담당관인 박 대령은 전반기 예비군 훈련 준비를 위해 해야 할 업무를 과업세부도로 나타내었다. 다음 중 예비군 훈련 과업세부도에 대한 설명으로 적절하지 않은 것의 개수는?

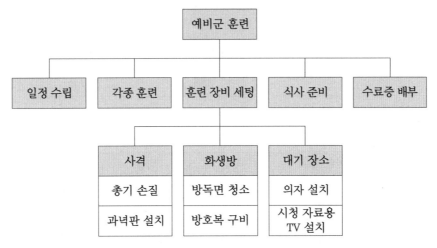

　ⓐ 예비군 훈련 같은 활동 계획을 수립하는 데 있어 가장 기본적인 수단으로 활용할 수 있다.
　ⓑ 구체성에 따라 2단계, 3단계 등 세부적으로 구분할 수 있다.
　ⓒ 활동의 주제를 바탕으로 나열한 일정 수립, 각종 훈련, 훈련 장비 세팅 등의 활동은 상대적인 중요도를 고려하여 우선순위를 결정한다.
　ⓓ 예비군 훈련에 요구되는 예산과 매치시켜 어떤 활동에 얼마만큼의 비용이 소요되는지 명확히 파악할 수 있다.

① 0개　　　　② 1개　　　　③ 2개　　　　④ 3개　　　　⑤ 4개

46. 인사팀의 박 팀장이 회의실 관리 담당자에게 다음과 같이 문의하였을 때, 회의실 관리 담당자가 다음 자료와 박 팀장의 문의를 고려하여 안내할 면접의 시작 날짜는?

[8월 회의실 예약 현황]

월	화	수	목	금
				1
				해외지사 감사 보고 (14-16)
4	5	6	7	8
	신제품 마케팅 시안 보고 (09-11)			A 사 미팅 (10-12)
11	12	13	14	15
광주지사 합동 회의 (10-12)	양양지사 합동 회의 (14-16)		경기지사 합동 회의 (10-12)	대전지사 합동 회의 (14-16)
18	19	20	21	22
	대구지사 합동 회의 (13-15)			임원회의 (10-12)
25	26	27	28	29
인재개발원 교육 (09-18)	인재개발원 교육 (09-18)	총무팀 상반기 결산 보고 (09-12) 경영지원팀 상반기 결산 보고 (13-16)	영업팀 상반기 결산 보고 (09-12) 구매팀 상반기 결산 보고 (13-16)	생산팀 상반기 결산 보고 (09-12) 품질팀 상반기 결산 보고 (13-16)

※ 회의실 예약은 '사용목적(사용 시간)'으로 표시함

[면접 대상자 정보]

이름	지원 직급	비고	이름	지원 직급	비고
A	1급	경력직	I	7급	
B	2급		J	1급	경력직
C	3급		K	3급	
D	2급		L	3급	
E	2급		M	3급	
F	1급	경력직	N	2급	
G	3급		O	3급	
H	3급			–	

[박 팀장]

안녕하세요. 저희가 이번에 신입사원 면접을 진행하기 위해 회의실을 예약하고자 합니다. 면접은 서류 합격 발표날인 8월 7일 다음 날부터 하루에 5명씩 면접을 볼 예정인데, 면접이 연달아 진행될 수 있도록 연속되는 날짜로 잡아주세요. 아, 면접 시간은 인사팀 일정상 매일 오후 2시부터 6시까지 진행해야 합니다. 가능한 날짜가 있는지 확인 부탁드립니다.

① 8월 6일　　　② 8월 13일　　　③ 8월 15일　　　④ 8월 20일　　　⑤ 8월 27일

47. A 기업 서울 본사에서 근무하는 양 과장은 내일 오전 9시에 서울 본사에서 1시간 30분 동안 진행되는 영업팀 회의에 참석한 뒤, 16시에 창원 지사에서 시작하는 거래처 미팅에 참석하고자 한다. 양 과장이 업무 일정과 교통수단 안내 자료를 고려하여 가장 저렴한 교통수단으로 창원 지사에 가려고 할 때, 양 과장이 이용할 교통수단은?

[교통수단 안내]

구분	출발 시각	도착 시각	비용	비고
버스	10:50	15:30	4만 원	서울 본사 → 터미널: 40분 소요 터미널 → 창원 지사: 20분 소요
	11:10	15:50		
기차	11:00	14:50	7만 원	서울 본사 → 기차역: 20분 소요 기차역 → 창원 지사: 40분 소요
	12:00	15:50		
비행기	15:00	15:30	8만 원	서울 본사 → 공항: 55분 소요 공항 → 창원 지사: 35분 소요
	15:20	15:50		
택시	무관	출발 후 5시간	20만 원	서울 본사 → 택시 승강장: 10분 소요 택시 승강장 → 창원 지사: 10분 소요
자가용	무관	출발 후 5시간 30분	3만 원	서울 본사 → 주차장: 5분 소요 주차장 → 창원 지사: 10분 소요

※ 비용에는 교통수단 이용을 위해 이동하는 비용까지 포함됨

① 버스　　　② 기차　　　③ 비행기　　　④ 택시　　　⑤ 자가용

48. 5가지 테마로 이루어진 방탈출 카페를 창업한 귀하는 5가지 테마를 모두 경험한 100명의 방문자를 대상으로 설문조사를 진행하였다. 설문조사 결과를 바탕으로 점수를 계산하여 평점이 가장 낮은 테마를 리모델링하려고 할 때, 가장 적절하지 않은 것은?

[방탈출 테마별 설문조사 결과]

구분	흥미	가격	난이도
테마1	★★★	★★★★	★★★★★
테마2	★★★★★	★★	★★★★
테마3	★★★★	★★★★	★★★★
테마4	★★	★★★★★	★★★
테마5	★★★★	★★★★★	★★

※ '★' 한 개당 20점을 의미함

[방탈출 테마별 리모델링 견적]

구분	규모	예상 비용
테마1	6평	1,190,000원
테마2	4평	1,820,000원
테마3	5평	1,390,000원
테마4	6평	1,220,000원
테마5	5평	1,430,000원

[리모델링 테마 선정 조건]

• 평점은 흥미(40%), 가격(30%), 난이도(30%)에 가중치를 두어 합산함
• 예상 비용은 평당 리모델링 비용이며, 리모델링 비용이 7,300,000원 이상인 테마는 리모델링 대상에서 제외함

① 테마3의 리모델링 비용은 7,000,000원 미만이다.

② 테마1은 테마2보다 평점이 높다.

③ 평점이 80점 이상인 테마는 1개이다.

④ 테마5의 리모델링 비용은 테마2보다 낮다.

⑤ 리모델링할 테마는 테마4이다.

49. 다음 중 기술 관리자에게 필요한 능력에 해당하는 것을 모두 고르면?

> ㉠ 기술을 운용하거나 문제해결을 할 수 있는 능력
> ㉡ 기술을 효과적으로 평가할 수 있는 능력
> ㉢ 공학적 도구나 지원 방식을 이해할 수 있는 능력
> ㉣ 기술직과 의사소통을 할 수 있는 능력
> ㉤ 새로운 제품 개발 시간을 단축할 수 있는 능력

① ㉠, ㉡   ② ㉡, ㉤   ③ ㉢, ㉣   ④ ㉠, ㉢, ㉣   ⑤ ㉢, ㉣, ㉤

50. 다음 상황에서 선택할 수 있는 새로운 기술을 익히는 방법을 바르게 연결한 것은?

> ㉠ Q 사는 회사의 규모가 작아서 별도의 연수시설을 갖추지 못하였지만, 회사의 경영진들은 양질의 인재를 양성하기 위한 체계적인 교육의 필요성에 대해 충분히 인지하고 있다. 이에 따라 올해 입사한 신입사원들이 업무에 무사히 적응할 수 있도록 업무 수행에 필요한 지식, 기술, 능력 등과 관련한 교육을 진행할 예정이며, 신입사원들이 교육 이후 바로 현장에 투입되는 만큼 이론을 겸한 실무 중심의 교육, 현장 밀착형 교육을 계획하고 있다.
> ㉡ 권 대리는 업무 특성상 동종 업계 종사자들과 인적 네트워크를 형성하는 것이 중요하며, 이론보다는 실무 중심의 교육이 필요한 상황이다. 권 대리의 회사는 야근이 거의 없기 때문에 정시 퇴근이 가능하여 교육받는 데 일정 시간을 충분히 할애할 수 있다. 또한, 권 대리는 경쟁심이 강한 성격이라서 다른 사람과 함께 경쟁하며 공부할 때 학습 효과가 높아진다.

	㉠	㉡
①	OJT를 활용한 기술교육	상급학교 진학을 통한 기술교육
②	전문 연수원을 통한 기술과정 연수	상급학교 진학을 통한 기술교육
③	OJT를 활용한 기술교육	전문 연수원을 통한 기술과정 연수
④	상급학교 진학을 통한 기술교육	E-Learning을 활용한 기술교육
⑤	전문 연수원을 통한 기술과정 연수	E-Learning을 활용한 기술교육

51. 다음 사례에 나타난 기술혁신 과정에서 정 팀장의 역할로 가장 적절한 것은?

올해 P 사의 기획부에 경력직으로 입사한 정 팀장은 신제품 개발 업무를 진행하면서 부서 간의 업무 협조가 원활하지 않다는 점을 알게 되었다. 생산부에 작년 하반기 제품 생산량 관련 통계 자료를 요청하였으나 이런저런 핑계로 자료 전달을 차일피일 미루고 있으며, 영업부에 자사 제품 중 고객이 가장 선호하는 제품들의 공통점을 정리한 보고서를 요청하였으나 전체 보고서가 아닌 요약본만을 확인할 수 있었던 것이다. 아무리 획기적이고 참신한 아이디어를 내놓더라도 그 아이디어를 뒷받침할 수 있는 근거나 정보가 부족하면 무용지물이 된다는 사실을 누구보다 잘 알고 있는 정 팀장은 부서 이기주의를 타파할 수 있도록 인사 제도를 보완하는 방안을 상부에 건의하였다. 정 팀장은 월드 디즈니사(社)에서 시행하는 '30% 협업 성과 보상'을 벤치마킹하여 직원의 급여에 영향을 주는 평가를 70%는 본인이 속한 부서의 실적으로, 30%는 다른 부서와의 협력을 통해 얻은 실적으로 결정함으로써 부서 간 시너지 창출에 대한 직원의 참여를 이끌어 내고자 하였다. 최근 부서 간 협력이 요구되는 업무가 지속적으로 늘어나고 있음에도 부서 간 정보 공유가 제대로 이루어지지 않아 문제가 되는 상황이 많다고 인지하고 있던 P 사의 임원들은 정 팀장의 의견을 수렴하여 인사 제도를 개선하였다.

① 아이디어 창안   ② 챔피언   ③ 프로젝트 관리   ④ 정보 수문장   ⑤ 후원

52. □□기업의 법무팀에 근무하는 귀하는 직원들을 대상으로 법률 교육을 진행하기 위해 PPT 자료를 제작하였다. PPT 자료의 일부가 다음과 같을 때, 정리된 내용 중 적절하지 않은 것은?

1. 지식재산권의 의미
   • ① 인간의 창조적 활동, 경험 등 지적 활동을 통해 창출하거나 발견한 모든 재산권을 말한다.
   • 지식·정보·기술과 표현, 표시 등 그 밖에 무형적인 것을 포함한다.
   • ② 재산적 가치가 있는 지적 창작물에 부여된 권리이며, 지적소유권이라고도 지칭한다.

2. 지식재산권의 분류
   • ③ 문화 예술 분야에서 문화 창달을 목적으로 하는 창작물과 관련된 저작권
   • 반도체 배치 설계권, 소프트웨어권, 영업 비밀 보호권 등 사회·문화, 경제의 변화나 과학 기술의 발전에 따라 새로운 분야에서 출현하는 신 지식재산권
   • 산업 분야에서 이용 가치가 있는 창작물과 관련된 산업재산권(공업소유권)
   ▶ 산업재산권(공업소유권)의 분류

특허권	④ 이전까지 없었던 물건 또는 방법을 발명한 사람이 본인의 발명 기술을 독점적·배타적으로 사용할 수 있는 권리
실용신안권	⑤ 진보적이고 실용적이지만 물품의 형상, 구조 등이 특허보다 복잡한 기술적 고안을 보호하는 권리
의장권	물품의 형상, 모양, 색채 등 시각적으로 미적인 감각을 일으키는 것을 보호하는 권리
상표권	특정 회사가 자사 제품의 신용을 유지하고 타사와 구별하고자 제품, 포장 등에 표시하는 기호, 도형, 문자 그리고 이를 결합한 상호, 마크 등을 보호하는 권리

53. 다음 중 산업 재해의 발생 과정에 관한 하인리히의 도미노 이론과 버드의 신(新) 도미노 이론에 대한 설명으로 적절하지 않은 것은?

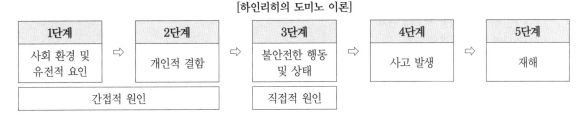

[하인리히의 도미노 이론]

1단계		2단계		3단계		4단계		5단계
사회 환경 및 유전적 요인	⇨	개인적 결함	⇨	불안전한 행동 및 상태	⇨	사고 발생	⇨	재해

간접적 원인 / 직접적 원인

[버드의 신(新) 도미노 이론]

1단계		2단계		3단계		4단계		5단계
제어의 부족	⇨	기본적 원인	⇨	직접적 원인	⇨	사고 발생	⇨	재해
• 안전 관리·감독 소홀 • 조직·지휘 소홀		• 개인적 요인 • 업무적 요인		• 불안전한 행동 및 상태		• 접촉		• 근로자 상해 • 재산 손실

① 하인리히는 도미노 이론을 통해 재해는 도미노처럼 여러 단계를 거쳐 차례대로 일어나기 때문에 선행하는 단계를 예방하면 재해를 막을 수 있다고 주장하였다.

② 버드의 신 도미노 이론에서 기본적 원인 중 개인적 요인은 지식 및 기능의 부족, 육체적·정신적 문제 등이 포함되며, 업무적 요인에는 기계 및 설비의 결함, 부적절한 작업 기준 등이 포함된다.

③ 근로자 개인을 중심으로 연쇄적 사고의 발생을 설명한 하인리히는 안전 관리로 불안전한 행동을 제거하고 안전 교육으로 불안전한 상태를 개선할 수 있다고 여겼다.

④ 하인리히는 직접적 원인인 불안전한 행동 및 상태를 제거하는 것이 중요하다고 강조하였고, 버드는 사고를 최초로 발생시킨 기본적 원인을 제거하는 것이 중요하다고 강조하였다.

⑤ 버드가 신 도미노 이론에서 재해의 연쇄 중 가장 중요한 요인이라고 본 1단계의 예로는 관리자가 근로자에게 충분한 교육을 제공하지 않는 것, 설비에 적절한 기술적 조치를 취하지 않는 것 등을 들 수 있다.

54. 다음 중 기술 시스템의 발전 단계에 대한 설명으로 적절한 것을 모두 고르면?

[기술 시스템의 발전 단계]

- 1단계: 발명·개발·혁신의 단계
- 2단계: 기술 이전의 단계
- 3단계: 기술 경쟁의 단계
- 4단계: 기술 공고화 단계

ㄱ 경쟁에서 승리한 기술 시스템이 관성화되는 단계에서는 금융전문가의 역할이 중요하다.
ㄴ 발명·개발·혁신의 단계에서는 시스템을 디자인하고 초기 발전을 추진하는 기술자의 역할이 중요하지 않다.
ㄷ 기술 이전의 단계에서는 성공적인 기술이 다른 지역으로 이동한다.
ㄹ 기술 시스템 사이의 경쟁이 이루어지는 단계에서는 기업가보다 자문 엔지니어의 역할이 중요하다.

① ㄱ, ㄴ   ② ㄱ, ㄷ   ③ ㄴ, ㄷ   ④ ㄴ, ㄹ   ⑤ ㄷ, ㄹ

55. 다음 중 기술적용 시 반드시 고려해야 할 사항이 아닌 것은?

	기술적용 시 고려사항	내용
ㄱ	기술의 매뉴얼 여부	새로운 기술의 도입 시 기술을 빠르게 이해하고 적응하는 데 가장 중요한 역할을 하는 것이 매뉴얼이므로 매뉴얼이 있는지, 매뉴얼이 있다면 기술을 정확히 이해할 수 있도록 얼마나 자세히 설명하고 있는지를 고려해야 한다.
ㄴ	기술의 잠재적 응용 가능성	새로운 기술이 단순한 기술이 아닌 회사의 특성과 비전, 전략에 맞추어 또 다른 발전된 기술로 응용될 수 있는지를 검토하고 끊임없이 연구해야 한다.
ㄷ	기술의 전략적 중요도	새로운 기술의 도입은 환경의 변화를 시도하거나 경영혁신을 위해 이루어지는 경우가 많으므로 적용할 기술이 회사의 전략과 얼마나 조화를 이루는지, 회사의 성과 향상을 위해 전략적으로 중요한지를 판단해야 한다.
ㄹ	기술의 수명 주기	새로운 기술을 적용하여 적응하는 데는 일정한 시간이 필요한데, 그 사이에 새로운 기술이 등장한다면 현재 적용한 기술의 가치는 떨어질 수 있으므로 현재 자신의 직장에서 요구되는 기술이라도 단기간에 진보하거나 변화할 것이라 예상되는지 수명 주기를 고려해야 한다.
ㅁ	기술적용에 따른 비용	현재 회사에 적합하면서 성과를 높일 수 있는 기술이라도 기술적용에 따른 비용이 성과보다 많이 들면 좋은 기술이라고 할 수 없으며, 업무 효율성과 성과를 향상시키면서 기술을 적용하는 비용이 합리적이어야 한다.

① ㄱ   ② ㄴ   ③ ㄷ   ④ ㄹ   ⑤ ㅁ

56. 산업재해란 산업 활동 중의 사고로 인해 사망 또는 부상을 당하거나 유해물질에 의한 중독 등으로 인한 직업성 질환 또는 신체적 장애를 가져오는 것을 말하며, 산업재해는 기본적으로 교육적 원인, 기술적 원인, 작업관리상 원인으로 분류한다. 다음 중 산업재해의 기본적 원인 중 같은 유형에 속하는 원인끼리 바르게 묶인 것은?

㉠ 안전 수칙의 오해	㉡ 재료의 부적합	㉢ 생산 공정의 부적당
㉣ 안전 관리 조직의 결함	㉤ 안전 수칙 미제정	㉥ 안전 지식의 불충분

① ㉠, ㉣   ② ㉠, ㉤   ③ ㉡, ㉥   ④ ㉢, ㉥   ⑤ ㉣, ㉤

57. 자기관리의 과정이 5단계로 이루어진다고 할 때, 다음 중 ㉠~㉤에 대한 설명으로 가장 적절하지 않은 것은?

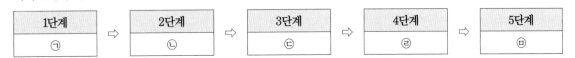

1단계		2단계		3단계		4단계		5단계
㉠	⇨	㉡	⇨	㉢	⇨	㉣	⇨	㉤

① ㉠: 모든 행동 또는 업무의 기초를 수립하는 단계로, 의사결정에 있어서 가장 중요한 지침을 세우게 된다.

② ㉡: 수행해야 할 역할을 도출하는 단계로, 역할에 따른 활동 목표 및 목표별로 해야 할 일들의 우선순위를 설정하게 된다.

③ ㉢: 일의 우선순위에 따라 구체적인 일정을 수립하는 단계로, 월간계획, 주간계획, 하루계획 순으로 작성하게 된다.

④ ㉣: 현재 변화되어야 할 사항들을 확인하는 단계로, 자신이 해야 할 일을 확인하고 일들 간에 상충되는 것이 없도록 조정하게 된다.

⑤ ㉤: 일을 수행한 후에 일의 결과를 피드백하는 단계로, 결과를 분석한 내용을 다음 수행에 반영할 수 있도록 검토하게 된다.

58. 다음 중 자기개발의 특징에 대해 잘못 이야기하고 있는 사람을 모두 고르면?

> 보연: 자기개발은 스스로 계획하고 실행해야 하며, 이 과정에서 자신의 능력, 적성, 특성도 본인이 직접 파악하여 목표성취를 위해 스스로 관리하며 개발해야 해.
>
> 진경: 자기개발은 처음 직장에 취직한 순간에 시작해 퇴직하는 날을 기준으로 끝난다고 보아야 하는군.
>
> 이현: 자기개발은 자신이 지향하는 직업세계와 관련된 교육훈련기관에서 특정 교육프로그램을 이수해야만 이루어지는구나.
>
> 두식: 자기개발을 함으로써 본인이 설정한 목표를 달성함과 동시에 업무를 효과적으로 수행할 수 있게 되어 보다 보람된 삶을 영위할 수 있을 거야.

① 보연, 진경　　　② 보연, 이현　　　③ 진경, 이현　　　④ 진경, 두식　　　⑤ 이현, 두식

59. 다음 지문의 빈칸에 들어갈 용어로 적절한 것은?

> 　사람에 따라 다르게 나타나는 흥미와 적성은 절대적인 것이 아니기 때문에 지속적인 연습으로 개발할 수 있다. 흥미와 적성을 개발하기 위해서는 조금씩 (　　　)을 느끼는 것이 중요하다. 업무를 할 때는 큰 단위보다는 작은 단위로 나누어 수행하는 것이 좋다. 작은 성공의 경험이 모여서 자신감을 얻게 되면 큰 성공을 이룰 수 있기 때문이다. 또한, 일과를 마치고 본인의 업무 수행 결과를 점검하는 시간을 갖는 것을 추천한다. 대부분의 사람은 본인이 목적한 바를 이루면 만족감과 자긍심을 얻게 되는데, 자신의 노력으로 달성한 결과물을 확인하며 (　　　)을 높이면 앞으로 할 일에도 흥미를 가지게 된다.

① 안정감　　　② 책임감　　　③ 성취감　　　④ 신뢰감　　　⑤ 자존감

60. 다음 중 매슬로의 인간 욕구 5단계에 대한 설명으로 적절하지 않은 것을 모두 고르면?

[매슬로의 인간 욕구 5단계]

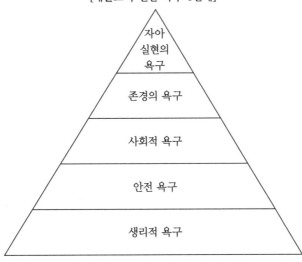

ㄱ 직장인이 해고로 실업자가 되어 경제적으로 문제가 발생하면 사회적 욕구 단계에 영향을 미친다.
ㄴ 자아실현의 욕구보다 우선으로 여기는 하위 욕구가 있을 경우 자기개발이 이뤄지지 않을 수 있다.
ㄷ 음식, 물, 수면 등 인간의 생존에 필요한 욕구를 충족하고자 하는 것은 가장 기본적인 욕구이다.
ㄹ 존경의 욕구는 타인의 인정과 더불어 본인이 스스로를 존중할 때 궁극적으로 충족되었다고 볼 수 있다.
ㅁ 모든 욕구 단계는 결핍을 채우기 위해 발생하며, 욕구 미충족 시 욕구 해소의 동기가 작용한다.

① ㄱ, ㄹ   ② ㄱ, ㅁ   ③ ㄴ, ㄹ   ④ ㄷ, ㄹ   ⑤ ㄱ, ㄴ, ㅁ

61. 경력개발은 경력을 탐색하고, 자신에게 적합한 경력목표를 설정하여 이에 따른 전략을 수립해서 실행하고 평가하여 관리하는 다섯 단계로 이루어진다. 다음 중 경력개발 계획의 각 단계에 대한 설명으로 가장 적절하지 않은 것은?

① 1단계는 관심을 가지고 있는 직무에 대하여 하는 일이 무엇인지, 필요한 역량은 어떤 것이 있는지, 보수나 업무 조건은 적절한지 등 해당 직무와 관련된 정보를 알아내는 단계이다.

② 2단계는 경력목표를 설정하는 데 도움이 될 수 있도록 본인의 능력, 흥미, 적성, 가치관 등을 파악하고 직무 관련 주변 환경의 기회와 장애요인을 정확히 분석하는 단계이다.

③ 3단계는 직무, 지식 등의 정보를 기초로 자신이 달성하고자 하는 바와 이를 위해 필요한 능력 개발 등에 대한 장기목표를 수립하되 이후 변동 가능성이 있는 단기목표는 고려하지 않는 단계이다.

④ 4단계는 자신의 현 상황과 직무에 맞추어 성장할 수 있도록 자신을 알리고 다른 사람과 상호작용할 수 있는 기회를 늘리는 단계이다.

⑤ 5단계는 목표 달성을 위해 경력개발전략을 실행하며, 실행 과정을 통해 도출된 결과를 검토하고 이를 평가하여 적절하게 수정하는 단계이다.

62. 신입사원 A~E는 합리적인 의사결정에 대한 교육을 듣고 이에 대해 토론하였다. 다음 중 합리적인 의사결정에 대해 적절하게 이야기한 사람을 모두 고르면?

A: 합리적인 의사결정이란 자신이 하고자 하는 목표를 이룰 수 있는 가장 최상의 방법 한 가지를 생각하고 효율적으로 행동하는 것을 의미해.
B: 합리적인 의사결정을 위해서 의사결정자는 자기 탐색의 과정을 거쳐 의사결정 기준을 세워 가능한 모든 평가 기준과 대안들을 찾을 수 있어야 해. 그리고 다른 문제 상황을 발생시키지 않는 정보를 얻을 수 있어야 하며, 각 대안을 객관적이고 정확하게 평가할 수 있어야 해.
C: 거절의 의사결정을 잘하는 것도 중요해. 거절의 의사결정을 할 때는 이 일을 거절함으로써 발생할 문제들과 자신이 거절하지 못해서 그 일을 수락했을 때의 기회비용을 따져보고 결정하는 것이 좋아.
D: 맞아. 거절할 때는 빠르게 거절하는 것도 중요해. 시간이 오래 지체될수록 상대방은 긍정의 대답을 기대하게 되고, 그러면 의사결정자는 거절이 더욱 어려워지거든.
E: 또한 권위의 법칙이나 숭배에 의한 논증처럼 권위 있는 전문가나 권위자의 말이라고 맹목적으로 따르는 것이 아니라 옳고 그름을 스스로 생각하여 판단해야 해.

① A, B, E   ② B, C, D   ③ C, D, E   ④ B, C, D, E   ⑤ A, B, C, D, E

63. 다음 중 자기개발의 필요성에 대한 설명으로 적절하지 않은 것은?

① 목표를 설정하고 그 목표를 달성하기 위해 자기개발을 함으로써 자기개발의 방향과 방법을 설정할 수 있다.

② 자기개발을 통해 자신감이 상승하고 삶의 질이 향상되어 보람된 삶을 사는 데 도움이 된다.

③ 직장에서의 자기개발은 업무 성과에는 직접적인 도움이 되지 않을지라도 다양한 능력을 기르기 위해 필요하다.

④ 자신의 내면을 관리하고 주어진 시간을 관리하는 등의 자기관리는 주변 사람들과 긍정적인 인간관계를 형성하는 데 도움이 된다.

⑤ 급변하는 사회에 적응하고 본인의 지식이나 기술이 과거의 것이 되지 않도록 하기 위해 요구된다.

64. 경력은 직업선택, 조직입사, 경력초기, 경력중기, 경력말기의 단계를 거친다. 다음 甲~丁의 사례에서 확인할 수 없는 경력 단계는?

- 甲은 자신의 입지를 다져 빠르게 승진하는 데 많은 관심을 갖고 있다. 자신이 맡은 업무의 내용을 꼼꼼하게 숙지할 뿐만 아니라 회사 내 규칙이나 규범 등을 적극적으로 배우며 분위기에 적응해 나가고 있다.
- 활동적인 성향의 乙은 가만히 앉아 있는 시간이 많은 사무직에 수년간 몸담으면서 회의감과 불만을 느꼈다. 이에 지난날들을 되돌아보며 미래에도 사무직으로 근무하기는 어려울 것이라고 판단하여 영업직으로 직종을 옮겼다.
- 평소 프로그램 개발에 흥미를 느꼈던 丙은 프로그래머가 되기 위해 필요한 컴퓨터 관련 자격증을 취득하고, ◇◇직업개발소에서 진행하는 프로그래머 육성 과정을 이수하며 자신의 역량을 키우고 있다.
- 작년에 장기 근속자로 포상을 받은 丁은 회사에서 본인의 가치를 증명하기 위해 계속해서 노력하고 있음에도 불구하고 자신보다 역량이 뛰어난 후임들이 늘어나면서 진지하게 퇴직을 고민하고 있다.

① 직업선택   ② 조직입사   ③ 경력초기   ④ 경력중기   ⑤ 경력말기

65. 다음 글의 빈칸에 들어갈 용어에 대한 설명으로 가장 적절한 것은?

> (　　　)란/이란 조직 현장의 구성원에게 업무 재량을 위임하고 자주적이고 주체적인 체제 속에서 사람이나 조직의 의욕과 성과를 이끌어 내기 위한 권한부여를 의미한다.

① 서비스 상황에서 고객에게 신속하게 대응하기 위하여 소수의 결정권자들이 의사결정과정에 직접적으로 참여하는 것을 예로 들 수 있다.

② 개인의 역량 강화를 위해 포괄적인 목적을 제시함으로써 개개인이 창의력을 마음껏 발휘할 수 있도록 한다.

③ 조직 차원에서 공감대 형성이 없는 구조와 시스템, 제한된 정책과 절차 등이 장애요인으로 작용한다.

④ 실무자들의 업무 수행 능력을 높이기 위하여 책임 범위를 줄여줌으로써 실무자들이 부담을 덜고 능력을 최대한 발휘할 수 있도록 하는 방법이다.

⑤ 조직이 점차 수평화되어 최상위관리자층은 적어지고 중간관리자층이 두터워지면서 중요성이 점차 확대되고 있다.

66. 다음 상황에서 확인할 수 있는 대표적인 조직원 동기부여 방법을 순서대로 바르게 나열한 것은?

> ㉠ 변 팀장은 팀 체제가 개편됨에 따라 팀원들이 평소에 하고 싶어 했으나 상황상 할 수 없었던 새로운 업무를 맡을 기회를 제공하였다. 팀원들은 평소 해오던 업무와 전혀 다른 업무를 하면서 새로운 성취감을 느꼈으며, 팀 전반적으로 창조성을 북돋는 분위기가 조성되었다.
> ㉡ 성 대리는 평소 꼼꼼하지 못한 성격으로 업무에 대한 실수가 잦아서 함께 일하는 직원들에게 지탄을 받는 경우가 있다. 황 팀장은 성 대리가 본인의 실수와 잘못에 대해 스스로 책임지며 업무적으로 성장하기를 바랐고, 성 대리의 실수와 잘못을 짚어주되 문제해결 과정에 직접적으로 개입하지는 않았다. 성 대리는 문제에 대한 해결책을 생각해 보라는 황 팀장의 조언을 바탕으로 실수와 잘못이 반복되는 원인을 찾고 실질적인 해결책을 스스로 찾기 위해 노력하였다.

① 변화를 두려워하지 않기 – 지속적으로 교육하기

② 변화를 두려워하지 않기 – 창의적인 문제해결법 찾도록 하기

③ 새로운 도전 기회 부여하기 – 업무에 책임을 지도록 하는 환경 조성하기

④ 새로운 도전 기회 부여하기 – 창의적인 문제해결법 찾도록 하기

⑤ 업무에 책임을 지도록 하는 환경 조성하기 – 지속적으로 교육하기

67. 다음 중 협상전략에 대해 잘못 이야기하고 있는 사람은?

> **진명:** 우리 업체는 상대 업체로부터 협상을 요구받았지만 우리 업체가 불리할 것이 명백하여 협상을 계속 피했습니다. 이러한 회피전략을 사용하다 보니 우리 업체와 상대 업체 모두 손해를 보게 되었습니다.
>
> **유나:** 저는 거래처와의 우호적인 관계를 지속하기 위해 자사의 이익보다 거래처에 이익이 되는 의견을 순순히 따르는 편인데 이 경우 유화전략에 해당하겠군요.
>
> **덕수:** 두 업체가 각자 원하는 바를 공유하여 자신들에게 더 큰 이익은 취하고 상대방에게 더 큰 이익을 양보하는 전략은 협력전략입니다. 즉, 목적에 따라 모두에게 이익이 될 수 있는 방법이지요.
>
> **희원:** 지난번 협상 때 상대방이 저에게 아무런 도움도 되지 않는 정보로 협상을 진행하려 하더군요. 시간을 투자할 가치가 없다 생각하여 협상을 중단했는데 이 경우는 중단전략이라 볼 수 있겠네요.
>
> **재규:** 하청 업체에서 일정이 부족하여 생산량을 줄여달라는 요청이 있었습니다. 그럼 다른 업체에 하청을 맡기겠다고 강압전략을 사용하니 일정대로 진행하겠다고 했습니다.

① 진명 ② 유나 ③ 덕수 ④ 희원 ⑤ 재규

68. 다음 ㉠~㉢의 사례에서 갈등을 증폭시키는 원인을 바르게 연결한 것은?

> ㉠ A 사의 영업팀 직원들은 갈등 상황을 맞닥뜨리게 되면 이성적으로 생각하기보다는 본인의 입장에 감정적으로 묶이는 경향이 있다.
>
> ㉡ B 사의 인사팀 직원들은 문제가 발생하면 승패 경기를 시작하여 그 문제의 해결방법을 고안하는 것보다는 승리하는 것에 집중한다.
>
> ㉢ C 사의 총무팀 직원들은 공동의 목표를 달성할 필요성을 느끼지 않으며, 본인의 상황을 중시하여 의사소통의 폭을 줄이고 다른 직원들과 접촉하는 것을 꺼린다.

	㉠	㉡	㉢
①	감정적 관여	적대적 행동	입장 고수
②	감정적 관여	입장 고수	적대적 행동
③	입장 고수	감정적 관여	적대적 행동
④	입장 고수	적대적 행동	감정적 관여
⑤	적대적 행동	감정적 관여	입장 고수

69. IT 부서의 팀장인 귀하는 인사 평가를 위해 팀원들의 업무 태도를 다음과 같이 정리하였다. 팀원들의 업무 태도를 멤버십 유형에 따라 구분하였을 때, 순응형에 해당하는 직원은?

직원	업무 태도
갑	• 자립적이지만 냉소적이고 부정적이며, 고집이 셈 • 다른 사람의 의견에 대하여 일부러 반대 의견을 제시하는 경우도 있음
을	• 본인의 이익을 극대화하기 위한 흥정에 능숙하며, 적당한 열의와 수완으로 업무를 수행함 • 회사의 규정과 규칙에 따라 행동하며, 운영 방침에 기민하게 반응함
병	• 정해진 업무가 있음에도 본인의 몫을 다 하지 못하여 업무 수행에 감독이 필요함 • 지시가 없으면 행동하지 않는 의존적인 모습을 보임
정	• 즐거운 마음으로 업무를 수행하지만, 업무에 대한 아이디어가 부족하고 인기 없는 업무는 하지 않으려고 함 • 회사를 위해서 개인적인 약속도 미루며 헌신하려는 모습을 보임
무	• 독립적이고 혁신적인 사고 측면에서 스스로 생각하고 건설적 비판을 함 • 솔선수범하여 적극적으로 참여하며, 기대 이상의 성과를 내기 위해 노력함

① 갑   ② 을   ③ 병   ④ 정   ⑤ 무

70. 다음 나열된 리더십 유형의 특징 중에서 변혁적 유형에 해당하는 것의 개수는?

㉠ 평등	㉡ 자기 확신	㉢ 토론 장려	㉣ 감화
㉤ 책임 공유	㉥ 카리스마	㉦ 질문 금지	㉧ 거부권 행사

① 2개   ② 3개   ③ 4개   ④ 5개   ⑤ 6개

71. 현대 사회에서는 개인이 모든 일을 처리하는 것이 아니라 직무별로 업무가 세분화되어 다양한 사람이 함께 업무를 진행하고 있다. 대인관계능력은 직장생활에서 협조적인 관계를 유지하고 조직 구성원들에게 도움을 줄 수 있으며, 조직 내부와 외부의 갈등을 원만하게 해결하고 고객의 요구를 충족시켜줄 수 있는 능력으로 그 중요성이 대두되고 있다. 다음 중 대인관계능력을 향상시킬 수 있는 방법으로 적절하지 않은 것의 개수는?

㉠ 상대방에 대한 이해와 양보	㉡ 약속의 이행	㉢ 반복된 사과
㉣ 사소한 일에 대한 관심	㉤ 언행일치	㉥ 기대하지 않는 마음

① 0개   ② 1개   ③ 2개   ④ 3개   ⑤ 4개

72. 다음 사례에 해당하는 고객 불만 표현 유형으로 가장 적절한 것은?

> A 씨는 핸드폰을 교체하기 위해 핸드폰 매장을 찾았다. 가게의 상담원은 A 씨에게 핸드폰과 요금제에 대한 정보를 친절하게 설명해 주었지만, A 씨는 상담원이 재고로 남은 오래된 핸드폰과 비싼 요금제를 사용하도록 부추긴다고 생각하였다. 이에 A 씨는 설명 중인 상담원의 말을 끊고 다른 상담원을 불러달라고 요청하였다. 그러나 A 씨의 요청으로 불려 온 다른 상담원도 핸드폰과 요금제에 대하여 이전 상담원과 비슷하게 설명하는 모습을 보고는 본인을 속이는 것이 아니냐며 끊임없이 추가적인 질문을 하고 기분 나빠했다.

① 거만형   ② 트집형   ③ 빨리빨리형   ④ 의심형   ⑤ 독불장군형

73. 귀하는 직장인을 위한 직업윤리와 예절에 대한 교육 수강을 앞두고 교육 자료를 미리 검토하고 있다. 다음 예절에 대한 교육 자료의 내용 중 가장 적절하지 않은 것은?

> ① 예절이란 일정한 생활 문화권에서 오랜 생활습관을 통해 하나의 공통된 생활 방법으로 정립되어 관습적으로 행해지는 사회계약적인 생활 규범을 말한다. 즉, 예절은 다소 추상적이고 주관적일 수 있는 도덕적 이념을 상황에 따른 구체적 형식에 담아 일상적인 삶에 적용한 관습적 규범이라고 할 수 있다. 여기서 말하는 생활 문화권은 사람이 무리를 지어 하나의 문화를 형성하며 사는 일정한 지역을 의미한다. 하나의 생활 문화권에 사는 사람들이 가장 편리하고 바람직한 방법이라고 여겨 모두 그렇게 해 나아가는 생활 방법을 예절이라고 할 수 있다. ② 이 때문에 예절은 국가와 겨레 등에 따라 달라지며, 같은 언어 문화권에서는 모두 동일하게 적용된다. 다만, 예절이 형식적으로 다양하게 나타난다고 해도 예절의 근본정신이 '인간에 대한 존중'임은 결코 변하지 않는다. 서양의 경우 예절을 에티켓과 매너로 표현한다. ③ 에티켓은 사람과 사람 사이에 마땅히 지켜야 할 규범으로서 형식적인 측면이 강하며, 매너는 형식을 나타내는 방식으로서 방법적 성격이 강하다. 이에 따라 에티켓은 '있다', '없다'로 표현하고, 매너는 '좋다', '나쁘다'로 표현한다. ④ 일터에서의 예절은 이러한 에티켓과 매너의 차이점을 일반화한 비즈니스 에티켓과 매너를 통칭한다. 인사를 할 때나 전화를 걸거나 받을 때, 고객을 만나 명함을 주고받을 때 등 출근부터 퇴근에 이르기까지 모든 직장 생활에서 요구하는 기본적인 직장예절이 있으며, 이러한 직장예절은 단순히 개인에 대한 호감을 넘어 성과에까지 지대한 영향을 미치므로 각별히 유의해야 한다. ⑤ 예절의 핵심은 상대를 존중하는 마음이며, 이때 존중은 우리 자신과 다른 사람을 소중히 여기고 그 권리를 배려해 주는 자세를 의미한다. 다시 말해 예절은 사람 사이에 서로를 대하는 태도 속에 반영되어 있다고 할 수 있다. 개인은 성별부터 나이, 가치관에 이르기까지 다양할 수밖에 없고, 개인의 다양성을 인정하지 못하는 조직은 업무 효율이 떨어지는 것을 넘어 더 큰 문제를 마주할 수 있다. 따라서 상호존중의 문화를 기본으로 업무 경험을 통한 관계 속에서 만나는 모든 사람들에게 존중과 신뢰를 쌓도록 노력해야 한다.

74. 다음 중 일터에서의 전화 예절로 가장 적절하지 않은 것은?

① 전화를 걸 때는 걸기 전 상대방의 전화번호, 소속, 직급 등을 확인한 후 용건과 통화에 필요한 서류를 미리 준비해 두어야 한다.

② 통화 담당자가 자리에 없을 경우에는 발신자의 용건이 대신 처리할 수 있는 업무이더라도 담당자에게 해당 업무를 전달해야 한다.

③ 발신자의 용건을 확인한 후 용건에 즉답하기 어려울 경우에는 양해를 구한 뒤 회신 가능한 시간을 약속해야 한다.

④ 발신자와의 통화 시 상냥한 목소리와 정확한 발음에 유의해야 하며, 통화를 끊기 전에는 통화 내용을 다시 한 번 정리해 확인해야 한다.

⑤ 전화를 받았을 때는 먼저 회사명과 부서명, 이름을 밝힌 후에 상대방의 용건을 정확하게 확인해야 한다.

75. 다음 빈칸에 들어갈 단어로 가장 적절한 것은?

> (   )란/이란 사전에서 '마음에 거짓이나 꾸밈이 없이 바르고 곧음'이라 풀이하고 있는 단어로, 신뢰를 형성하고 유지하는 데 가장 기본적이고 필수적인 규범이며, 사람과 사람 사이에 함께 살아가는 사회 시스템을 유지하기 위해서는 (   )을/를 기반으로 둔 신뢰가 필요하다.

① 정직   ② 봉사   ③ 성실   ④ 근면   ⑤ 준법

76. 다음 사례에서 甲이 고수한 직업윤리의 기본원칙으로 가장 적절한 것은?

> A 자동차는 최근 자율주행 자동차의 개발에 성공하면서 일류 기업으로 도약하였다. 특히 자동차 시스템에 사용되는 자율주행 알고리즘의 안정성이 입증되어 많은 기업과 고객들로부터 인정받고 있다. 하지만 A 자동차의 생산팀장인 甲은 난처한 상황에 놓였다. 경쟁 업체인 B 자동차의 임원으로 있는 사촌 형이 A 자동차가 보유한 알고리즘 기술을 공유해줄 것을 요청하였기 때문이다. 사촌 형은 甲이 알고리즘 기술을 공유해 주면 甲에게 B 자동차의 임원 직급을 부여하고, 자율주행 자동차 연구비 일부를 개인적으로 지급해 주겠다고 약속하였다. A 자동차의 조직 특성상 甲이 알고리즘 기술을 사촌 형에게 공유해주더라도 A 자동차에서는 알고리즘 기술의 유출 경로를 파악하는 것이 불가능하지만, 회사에서 어렵게 개발한 기술을 유출하는 것은 시장 경제 원리에 어긋날뿐더러 불법이기 때문에 사촌 형의 제안을 거절하였다.

① 객관성의 원칙   ② 고객중심의 원칙   ③ 전문성의 원칙

④ 정직과 신용의 원칙   ⑤ 공정경쟁의 원칙

77. 다음 근로기준법을 근거로 판단할 때, 적절하지 않은 것은? (단, 모든 사용자는 상시 10명 이상의 근로자를 사용한다고 가정한다.)

제76조의2(직장 내 괴롭힘의 금지)

사용자 또는 근로자는 직장에서의 지위 또는 관계 등의 우위를 이용하여 업무상 적정 범위를 넘어 다른 근로자에게 신체적·정신적 고통을 주거나 근무 환경을 악화시키는 행위(이하 "직장 내 괴롭힘"이라 한다)를 하여서는 아니 된다.

제76조의3(직장 내 괴롭힘 발생 시 조치)

① 누구든지 직장 내 괴롭힘 발생 사실을 알게 된 경우 그 사실을 사용자에게 신고할 수 있다.

② 사용자는 제1항에 따른 신고를 접수하거나 직장 내 괴롭힘 발생 사실을 인지한 경우에는 지체 없이 그 사실 확인을 위한 조사를 실시하여야 한다.

③ 사용자는 제2항에 따른 조사 기간 동안 직장 내 괴롭힘과 관련하여 피해를 입은 근로자 또는 피해를 입었다고 주장하는 근로자(이하 "피해근로자등"이라 한다)를 보호하기 위하여 필요한 경우 해당 피해근로자등에 대하여 근무 장소의 변경, 유급휴가 명령 등 적절한 조치를 하여야 한다. 이 경우 사용자는 피해근로자등의 의사에 반하는 조치를 하여서는 아니 된다.

④ 사용자는 제2항에 따른 조사 결과 직장 내 괴롭힘 발생 사실이 확인된 때에는 피해근로자가 요청하면 근무 장소의 변경, 배치전환, 유급휴가 명령 등 적절한 조치를 하여야 한다.

⑤ 사용자는 제2항에 따른 조사 결과 직장 내 괴롭힘 발생 사실이 확인된 때에는 지체 없이 행위자에 대하여 징계, 근무 장소의 변경 등 필요한 조치를 하여야 한다. 이 경우 사용자는 징계 등의 조치를 하기 전에 그 조치에 대하여 피해근로자의 의견을 들어야 한다.

⑥ 사용자는 직장 내 괴롭힘 발생 사실을 신고한 근로자 및 피해근로자등에게 해고나 그 밖의 불리한 처우를 하여서는 아니 된다.

제93조(취업규칙의 작성·신고)

상시 10명 이상의 근로자를 사용하는 사용자는 다음 각호의 사항에 관한 취업규칙을 작성하여 고용노동부장관에게 신고하여야 한다. 이를 변경하는 경우에도 또한 같다.

1~10. (생략)

11. 직장 내 괴롭힘의 예방 및 발생 시 조치 등에 관한 사항

12~13. (생략)

제109조(벌칙)

① 제36조, 제43조, 제44조, 제44조의2, 제46조, 제56조, 제65조, 제72조 또는 제76조의3 제6항을 위반한 자는 3년 이하의 징역 또는 3천만 원 이하의 벌금에 처한다.

---

① 직장 내 괴롭힘 발생 사실이 확인되면 사용자는 행위자에게 내릴 징계 등의 조치에 대하여 피해근로자의 의견을 듣고 지체 없이 필요한 조치를 취해야 한다.

② 관리자가 사무실에 설치된 CCTV로 직원들을 실시간으로 관찰하고 주의를 주는 쪽지 등을 계속 발송하여 직원들이 고통받았지만 결과적으로 업무 태도가 개선된 사례는 직장 내 괴롭힘으로 인정받을 수 없다.

③ 본인의 동기를 괴롭히는 상사를 직장 내 괴롭힘으로 신고한 근로자에게 사내 분위기를 해쳤다는 이유로 해고를 통보한 사용자는 3년 이하의 징역이나 3천만 원 이하의 벌금에 처한다.

④ 서비스에 불만족한 고객이 고객 센터를 찾아오자 상사가 고객의 기분을 풀어주겠다는 이유로 부하 직원의 멱살을 잡고 머리카락을 잡아채는 등의 신체적 폭력을 행사한 사례는 직장 내 괴롭힘에 해당한다.

⑤ 사용자는 직장 내 괴롭힘 신고를 접수하였을 때 사실이 확인되기 전이더라도 해당 피해근로자의 의사에 반하지 않는 선에서 피해근로자의 근무 장소를 변경할 수 있다.

78. 다음 고 사원의 태도에서 나타나는 직업윤리의 덕목으로 가장 적절한 것은?

> 호텔관광경영학과를 졸업한 고 사원은 각고의 노력 끝에 국내 특1급 H 호텔의 프런트 데스크에서 근무하게 되었다. 고 사원은 호텔리어로서 갖춰야 할 지식과 태도를 함양하기 위해 학생 시절에 수업도 착실하게 듣고, 외국인을 상대하기 위해 영어는 물론이고 중국어, 일본어 회화 공부도 꾸준히 했다. 제일선(第一線)에서 고객을 맞이하는 프런트 데스크 업무가 서비스 마인드만 갖추면 누구나 할 수 있는 일이라고 여기는 사람들이 일부 있지만, 고 사원은 진정한 고객 만족을 추구하기 위해서는 호텔 관련 지식과 교육이 필수적이라고 생각했기 때문이다. 실제로 고 사원은 H 호텔에 입사한 이후, 호텔 관련 교육을 받지 않고 입사한 다른 동기들에 비해 업무를 빠르게 습득하고 처리하는 모습을 보여주었으며, 뛰어난 외국어 회화 실력으로 호텔을 찾는 외국인들의 만족을 이끌어 내 호텔의 높은 평판을 유지하는 데 기여하였다.

① 소명의식　　　② 천직의식　　　③ 직분의식　　　④ 책임의식　　　⑤ 전문가의식

79. S 공사는 직원들의 윤리 의식 함양을 위하여 정기적으로 전체 직원들을 대상으로 윤리 교육을 진행하고 있다. 다음 중 개인윤리와 직업윤리에 대해 적절하게 이야기하고 있는 사람은?

> 양 주임: 직장에서 가지는 집단적 인간관계를 가족관계, 개인적 선호에 의한 친분관계와 다르게 생각하고 구분지어서는 안 됩니다.
> 이 사원: 업무 수행상 개인윤리와 직업윤리가 서로 충돌하는 경우, 직업윤리가 기본적으로 개인윤리를 바탕으로 하는 규범이라는 점을 고려하여 개인윤리를 우선시해야 합니다.
> 오 주임: 개인의 정보 등을 회사의 권한 하에 위임, 관리하는 경우가 있으므로 높은 윤리의식을 함양해야 합니다.
> 한 사원: 직업윤리는 특수성을 가지고 있기 때문에 개인윤리의 덕목에는 타인에 대한 폭력이 금지되어 있지만 경찰관의 경우 필요한 상황에서는 허용됩니다.
> 윤 대리: 기업은 보다 강한 경쟁력을 키우기 위하여 조직의 단합과 협동을 중요한 기준으로 삼고, 개개인의 역할을 구분하는 행동은 최대한 배제해야 합니다.

① 양 주임　　　② 이 사원　　　③ 오 주임　　　④ 한 사원　　　⑤ 윤 대리

80. A 사의 사내 교육 담당자인 김 대리는 직원들을 대상으로 직장 내 성희롱 예방 교육을 시행하기에 앞서 직장 내 성희롱의 성립 조건을 관련 법률에 근거하여 분석하고 있다. 김 대리가 분석한 다음 자료를 근거로 판단할 때, 직장 내 성희롱에 해당하는 사례로 적절하지 않은 것은?

남녀고용평등과 일·가정 양립 지원에 관한 법률 제2조 제2항
"직장 내 성희롱"이란 ⊙ 사업주·상급자 또는 근로자가 ⓒ 직장 내의 지위를 이용하거나 업무와 관련하여 ⓒ 다른 근로자에게 ⓔ 성적 언동 등으로 성적 굴욕감 또는 혐오감을 느끼게 하거나 성적 언동 또는 그 밖의 요구 등에 따르지 아니하였다는 이유로 근로 조건 및 고용에서 불이익을 주는 것을 말한다.

⊙ 상급자에는 직장 상사를 비롯하여 대표 이사, 비상근 임원 등 직장 내의 지위를 이용할 수 있는 위치에 있는 자가 포함되며, 근로자에는 동료와 하급자가 포함된다.
ⓒ 사업장 내부에서 근무시간에 성희롱이 발생한 경우는 물론이거니와 사업장 밖에서 근무시간 외에 성희롱을 한 경우에도 직장 내 성희롱으로 처벌할 수 있다.
ⓒ 모든 남녀 근로자는 직장 내 성희롱의 피해자가 될 수 있다. 임시직, 계약직, 파견근로자, 하청업체, 협력업체 근로자, 구직자도 직장 내 성희롱의 피해자에 포함된다.
ⓔ 성적 언동 또는 그 밖의 요구에는 성적인(Sexual) 의미가 내포되어 있어야 하며, 이성 간의 행위와 동성 간의 행위 모두 직장 내 성희롱이 될 수 있다. 또한, 특정인을 염두에 두지 않았더라도 성적 굴욕감이나 혐오감을 준다면 직장 내 성희롱이 성립된다. 단, 고정관념적인 성별 역할을 강요하는 것은 성차별적인 행동에 해당되는 것으로써 해서는 안 되는 행위로 분류될 뿐 성적 언동이라고 보기는 어렵다.

---

① 신입사원 채용에 면접관으로 참석한 甲은 면접이 종료된 후에 한 명의 구직자를 빈 회의실로 따로 불러서 뽀뽀해주면 가산점을 주겠다고 회유하다가 구직자에게 거절당하자 농담이라고 얼버무렸다.
② 회사 내 유일한 여성 직원인 乙은 여성이 손이 깔끔하다는 사장의 주장으로 손님이 올 때마다 혼자 회사 다용도실과 화장실 청소를 도맡아 하고 있어 스트레스를 받고 있다.
③ 생산직 사원인 丙은 작업을 할 때마다 동성의 상사들이 돌아가면서 뒤에서 껴안거나 엉덩이를 만져서 기분이 나빴으나 예민하다는 소리를 들을까 우려되어 항의하지 못하였다.
④ 회사 책상에 여성의 나체 사진 달력을 걸어놓은 丁은 다른 직원들이 불쾌해하고 있으므로 달력을 치우라는 동료의 충고를 듣고도 무시하였다.
⑤ 퇴근 후 운동을 마치고 평소 마음에 두고 있던 부하 직원에게 본인의 벗은 몸 사진을 보낸 戊는 부하 직원으로부터 기분 나쁘니 연락하지 말라는 답장을 받고 화가 나서 부하 직원의 승진에 불이익을 주었다.

약점 보완 해설집 p.36

해커스잡

실전모의고사 4회 | 80문항형

성명

수험번호

| 0 | 1 | 2 | 3 | 4 | 5 | 6 | 7 | 8 | 9 |

감독관 확인

문제지 형별

1	① ② ③ ④ ⑤	21	① ② ③ ④ ⑤	41	① ② ③ ④ ⑤	61	① ② ③ ④ ⑤
2	① ② ③ ④ ⑤	22	① ② ③ ④ ⑤	42	① ② ③ ④ ⑤	62	① ② ③ ④ ⑤
3	① ② ③ ④ ⑤	23	① ② ③ ④ ⑤	43	① ② ③ ④ ⑤	63	① ② ③ ④ ⑤
4	① ② ③ ④ ⑤	24	① ② ③ ④ ⑤	44	① ② ③ ④ ⑤	64	① ② ③ ④ ⑤
5	① ② ③ ④ ⑤	25	① ② ③ ④ ⑤	45	① ② ③ ④ ⑤	65	① ② ③ ④ ⑤
6	① ② ③ ④ ⑤	26	① ② ③ ④ ⑤	46	① ② ③ ④ ⑤	66	① ② ③ ④ ⑤
7	① ② ③ ④ ⑤	27	① ② ③ ④ ⑤	47	① ② ③ ④ ⑤	67	① ② ③ ④ ⑤
8	① ② ③ ④ ⑤	28	① ② ③ ④ ⑤	48	① ② ③ ④ ⑤	68	① ② ③ ④ ⑤
9	① ② ③ ④ ⑤	29	① ② ③ ④ ⑤	49	① ② ③ ④ ⑤	69	① ② ③ ④ ⑤
10	① ② ③ ④ ⑤	30	① ② ③ ④ ⑤	50	① ② ③ ④ ⑤	70	① ② ③ ④ ⑤
11	① ② ③ ④ ⑤	31	① ② ③ ④ ⑤	51	① ② ③ ④ ⑤	71	① ② ③ ④ ⑤
12	① ② ③ ④ ⑤	32	① ② ③ ④ ⑤	52	① ② ③ ④ ⑤	72	① ② ③ ④ ⑤
13	① ② ③ ④ ⑤	33	① ② ③ ④ ⑤	53	① ② ③ ④ ⑤	73	① ② ③ ④ ⑤
14	① ② ③ ④ ⑤	34	① ② ③ ④ ⑤	54	① ② ③ ④ ⑤	74	① ② ③ ④ ⑤
15	① ② ③ ④ ⑤	35	① ② ③ ④ ⑤	55	① ② ③ ④ ⑤	75	① ② ③ ④ ⑤
16	① ② ③ ④ ⑤	36	① ② ③ ④ ⑤	56	① ② ③ ④ ⑤	76	① ② ③ ④ ⑤
17	① ② ③ ④ ⑤	37	① ② ③ ④ ⑤	57	① ② ③ ④ ⑤	77	① ② ③ ④ ⑤
18	① ② ③ ④ ⑤	38	① ② ③ ④ ⑤	58	① ② ③ ④ ⑤	78	① ② ③ ④ ⑤
19	① ② ③ ④ ⑤	39	① ② ③ ④ ⑤	59	① ② ③ ④ ⑤	79	① ② ③ ④ ⑤
20	① ② ③ ④ ⑤	40	① ② ③ ④ ⑤	60	① ② ③ ④ ⑤	80	① ② ③ ④ ⑤

해커스공기업
NCS 모듈형
통합 봉투모의고사

약점 보완 해설집

🏛 해커스잡

실전모의고사 1회 50문항형

정답

01 의사소통	02 문제해결	03 자원관리	04 직업윤리	05 정보능력	06 의사소통	07 수리	08 기술	09 조직이해	10 문제해결
④	⑤	②	③	④	⑤	④	④	①	④
11 자원관리	12 직업윤리	13 정보	14 의사소통	15 조직이해	16 기술	17 직업윤리	18 자원관리	19 문제해결	20 수리
④	③	③	⑤	⑤	④	④	②	⑤	⑤
21 의사소통	22 수리	23 정보	24 문제해결	25 의사소통	26 자원관리	27 수리	28 조직이해	29 문제해결	30 기술
③	②	④	③	①	④	④	③	②	②
31 수리	32 직업윤리	33 정보	34 문제해결	35 자원관리	36 직업윤리	37 의사소통	38 수리	39 문제해결	40 조직이해
③	①	④	②	⑤	①	④	④	⑤	②
41 수리	42 기술	43 문제해결	44 의사소통	45 수리	46 정보	47 조직이해	48 기술	49 의사소통	50 자원관리
④	⑤	②	①	⑤	②	④	④	④	④

취약 영역 분석표

영역별로 맞힌 개수, 틀린 문제 번호와 풀지 못한 문제 번호를 적고 나서 취약한 영역이 무엇인지 파악해보세요. 취약한 영역은 해커스잡 사이트 (ejob.Hackers.com)에서 제공하는 <빈출 핵심 개념집>을 학습하고, 틀리거나 풀지 못한 문제를 다시 풀어보면서 확실히 극복하세요.

학습 날짜	영역	맞힌 개수	틀린 문제 번호	풀지 못한 문제 번호
__월 __일	의사소통능력	/8		
	수리능력	/8		
	문제해결능력	/8		
	자원관리능력	/6		
	정보능력	/5		
	기술능력	/5		
	조직이해능력	/5		
	직업윤리	/5		

해설

01 의사소통능력 문제
정답 ④

이 글은 충청남도 태안에 위치한 가로림만 갯벌 일대는 개간 사업이 진행되지 않아 다양한 해양생물이 관찰되는 등 생태계적 가치가 높으며, 어민의 생업적 측면과 후손들을 위해서 체계적으로 관리될 필요가 있음을 설명하는 내용이므로 이 글의 중심 내용으로 가장 적절한 것은 ④이다.

오답 체크

① 글 후반부에서 가로림만 갯벌은 보존 가치가 매우 높아 미래 후손을 위해서라도 체계적으로 관리하여 보전되어야 한다고 하였으므로 적절하지 않은 내용이다.

② 글 중반부에서 가로림만 갯벌은 세계 5대 갯벌로 손꼽힌다고 하였으므로 적절하지 않은 내용이다.

③ 글 전체에서 가로림만 갯벌로 인한 어민들의 피해가 심각한지에 대해서는 서술하고 있지 않으므로 적절하지 않은 내용이다.

⑤ 글 중반부에서 가로림만 갯벌에는 수많은 해양생물이 관찰되어 가치가 높다고 하였으므로 적절하지 않은 내용이다.

02 문제해결능력 문제
정답 ⑤

창의적 사고는 일반적으로 교육훈련을 통해 개발될 수 있으며, 모험심, 호기심, 집념과 끈기, 자유분방함 등이 보장되면 높은 창의력을 보이기도 하므로 창의적 사고에 대해 잘못 이야기하고 있는 사람은 'E'이다.

03 자원관리능력 문제
정답 ②

ⓔ 색깔이 마음에 들지 않는다는 이유로 충전기를 재구매하는 것은 물적자원 낭비요인에 해당한다.

ⓗ 일회용 종이컵을 사용하는 것은 물적자원 낭비요인에 해당한다.
따라서 ㉠~㉺을 같은 종류의 자원 낭비요인끼리 바르게 연결한 것은 ②이다.

오답 체크

㉠ 늦잠을 자는 것은 시간 낭비요인에 해당한다.

㉡ 오늘 할 일을 다음으로 미루는 것은 시간 낭비요인에 해당한다.

㉢ 계획에 없던 태블릿 PC를 구입하는 것은 돈의 낭비요인에 해당한다.

㉣ 자신의 주변 사람에 대해 파악하지 못하는 것은 인적자원 낭비요인에 해당한다.

04 직업윤리 문제
정답 ③

제조업자 또는 공급업자가 당해 제조물을 공급하지 않았거나 제조물을 공급한 때의 과학기술 수준으로 결함의 존재를 알 수 없었던 경우 등을 입증한 때에는 손해배상책임을 면할 수 있으므로 가장 적절하지 않다.

오답 체크

② 제조물 책임을 통해 제조물의 안정성이 강화될 수 있고, 소비자 보호에 보다 충실할 수 있으며, 기업의 경쟁력이 강화될 수 있으므로 적절하다.

⑤ 제조물 책임은 제조원가 상승, 클레임 건수 증가, 인력 자원 낭비, 신제품 개발 지연, 기업 이미지 손상 위험 증가 등의 부정적인 영향이 있으므로 적절하다.

05 정보능력 문제
정답 ④

'동적정보'는 상황의 변화에 따라 시시각각 변하는 정보를 의미하며 ㉠, ㉡, ㉣, ㉤이 이에 해당한다. '정적정보'는 잡지나 책, USB 등에 수록되어 있는 영상정보 등 보존되어 멈추어 있는 정보를 의미하며 ㉢, ㉥이 이에 해당한다.
따라서 ㉠~㉥을 정보활용의 형태에 따라 바르게 분류한 것은 ④이다.

06 의사소통능력 문제
정답 ⑤

㉠ 소비자들이 이해하기 어려운 전문용어를 가급적 사용하지 않아야 하는 ㉠에는 상품이나 제품에 관해 설명하는 '설명서'가 들어가야 한다.

㉡ 핵심 내용을 효과적으로 전달하고자 내용에 적합한 표나 그래프를 활용함으로써 문서의 설득력을 높이는 ㉡에는 목적성을 띠고 상대가 채택하도록 하는 '기획서'가 들어가야 한다.

㉢ 누가, 언제, 어디서, 무엇을, 어떻게 혹은 왜가 드러나도록 작성해야 하는 ㉢에는 대외문서인 '공문서'가 들어가야 한다.
따라서 ㉠~㉢에 들어갈 문서의 종류를 바르게 연결한 것은 ⑤이다.

07 수리능력 문제
정답 ④

대전의 식품 접객업체가 위반한 전체 내역 건수에서 시설 내역을 위반한 건수가 차지하는 비중은 $(185 / 553) \times 100 ≒ 33.5\%$로 30% 이상이므로 적절하다.

오답 체크

① 기타 내역을 위반한 건수가 1,000건 이상인 지역은 서울과 경기 2개 지역이므로 적절하지 않다.

② 영업자 준수사항 내역을 위반한 건수가 1,645건으로 가장 많은 지역인 경기와 20건으로 가장 적은 지역인 세종의 영업자 준수사항 내역 위반 건수 차이는 1,645 − 20 = 1,625건이므로 적절하지 않다.

③ 광주에서 위생적 취급기준 내역을 위반한 건수는 인천에서 위생적 취급기준 내역을 위반한 건수의 155 / 107 ≒ 1.4배로 1.5배 미만이므로 적절하지 않다.

⑤ 개인위생 내역을 위반한 건수가 가장 많은 지역은 서울이지만, 보존 및 유통기준 내역을 위반한 건수가 가장 많은 지역은 경기이므로 적절하지 않다.

08 기술능력 문제
정답 ④

'1. 장소 선택'에 따르면 냉장고가 좁은 공간에 설치될 경우 통풍이 원활하지 않아 냉장 성능이 떨어지고, 전기료도 많이 나와 이를 방지하기 위해서는 냉장고를 설치할 공간의 벽과 냉장고 옆면·뒷면 간에는 10cm, 윗면 간에는 10cm 이상 간격을 두고 있는 장소에 설치해야 하므로 가장 적절하다.

오답 체크

① '5. 식품 보관'에 따르면 냉장고를 설치한 초기에는 냉장고 내부에서 플라스틱 고유의 냄새가 날 수 있으나, 냉장고를 가동시키고 문을 다수 여닫음에 따라 냉기 순환 작용에 의해 냄새가 사라지므로 적절하지 않다.

② '3. 접지'에 따르면 콘센트에 접지 단자가 있는 경우에는 별도의 접지가 필요하지 않으나, 콘센트에 접지 단자가 없는 경우에는 접지선을 이용하여 접지하기 위해서 접지선을 동판에 연결한 후 습기가 많은 땅속에 25cm 깊이로 묻어야 하므로 적절하지 않다.

③ '4. 전원 연결'에 따르면 110V 지역에서 냉장고에 전원을 연결하기 위해서는 변압기 등 별도의 장치를 이용하여 냉장고를 사용해야 하므로 적절하지 않다.

⑤ '1. 장소 선택'에 따르면 냉장고가 설치되는 바닥이 평평하지 않을 경우 냉장고의 문의 수평이 맞지 않는 원인이 될 수 있으므로 적절하지 않다.

09 조직이해능력 문제
정답 ①

제시된 글의 빈칸에 들어갈 용어로 적절한 것은 'PERT'이다.

오답 체크

② 책임분석표: WBS를 바탕으로 작성하며, 업무 책임을 명확히 할 때 이용하는 업무수행 시트

③ 간트 차트: 단계별로 업무를 시작하고 끝나는 데 걸리는 시간을 바 형식으로 표시하는 업무수행 시트

④ WBS: 목표를 이루는 데 필요한 업무를 결정할 때 이용하는 업무수행 시트

⑤ 워크 플로 시트: 일의 흐름을 동적으로 보여주는 데 효과적인 업무수행 시트

10 문제해결능력 문제
정답 ④

㉠ 문제해결은 고객이 불편함을 느끼는 부분을 찾아 개선하고, 고객 감동을 통해 고객 만족을 높이는 측면에서도 요구되므로 적절하다.

㉡ 문제해결은 목표와 현상을 분석하고 분석 결과를 토대로 주요과제를 도출한 뒤, 바람직한 상태나 기대되는 결과가 나타나도록 최적의 해결안을 찾아 실행, 평가해 가는 활동을 뜻하므로 적절하다.

㉣ 문제해결은 불필요한 업무를 제거하거나 단순화하여 업무를 효율적으로 처리함으로써 자신을 경쟁력 있는 사람으로 만들어 나가는 자기 자신 측면에서도 요구되므로 적절하다.

㉤ 문제해결을 위해서 개인은 사내외의 체계적인 교육훈련을 통해 문제해결을 위한 기본 지식뿐 아니라 본인이 담당하는 전문영역에 대한 지식을 바탕으로 문제를 조직 전체의 관점과 각 기능단위별 관점으로 구분해야 하므로 적절하다.

따라서 문제해결에 대한 설명으로 적절한 것의 개수는 '4개'이다.

오답 체크

㉢ 문제해결을 위해서는 체계적인 교육훈련을 통해 일정 수준 이상의 문제해결능력을 발휘할 수 있도록 조직과 각 실무자의 노력이 모두 필요하므로 적절하지 않다.

11 자원관리능력 문제
정답 ④

효과적인 시간계획을 위해서는 분명한 목표를 설정한 뒤 목표에 따라 일의 우선순위를 결정하고, 우선순위가 결정된 각각의 일에 대해 소요 시간을 결정한 뒤 개인의 성향에 따라 달력, 다이어리, 개인 휴대 단말기 등을 활용해 시간계획서를 작성해야 한다.

따라서 (가)~(라)를 효과적인 시간계획 순서에 따라 바르게 나열하면 '(다) − (가) − (라) − (나)'가 된다.

12 직업윤리 문제
정답 ③

에티켓은 '있다', '없다'로 표현하고, 매너는 '좋다', '나쁘다'로 표현하므로 가장 적절하지 않다.

13 정보능력 문제
정답 ③

실행 중인 프로그램 창을 순서대로 전환하는 Windows 단축키는 Alt + Esc 가 가장 적절하다.

오답 체크

① Alt + Tab : 활성화되어 있는 프로그램 창 전환

② Ctrl + Tab : 탭 간 이동

④ Ctrl + Esc : [시작] 메뉴 열기

⑤ Shift + F10 : 바로 가기 메뉴 표시

14 의사소통능력 문제

정답 ⑤

한글 맞춤법 제20항에 따라 명사 뒤에 '-이'가 붙어서 된 말은 그 말의 원형을 밝히어 적어야 하므로 '틈틈이'로 적는 것이 적절하다.

15 조직이해능력 문제

정답 ⑤

◇◇투자증권과 △△텔레콤의 미션과 비전이 반대로 정리되었으므로 미션과 비전이 잘못 분류된 것은 'ⓒ, ⓜ'이다.

> **🔍 더 알아보기**
>
> **기업의 미션과 비전**
> · 미션: 조직의 존재 이유로, 변하지 않는 전략목표
> · 비전: 경영전략을 통해 미래에 도달하고자 하는 미래의 모습으로, 오랜 기간 유지되지만 정기적으로 변하는 요소

16 기술능력 문제

정답 ④

지속 가능한 기술 중 풍력발전, 조력발전, 태양열발전과 같이 지금의 주된 발전 기술과 상당한 차이를 보이는 기술도 있으나, 대다수의 지속 가능한 기술들은 지금 우리가 가진 기술과 그 형태 측면에서 크게 다르지 않으므로 가장 적절하지 않다.

> **🔍 더 알아보기**
>
> **지속 가능한 발전 및 기술**
>
> | 지속 가능한 발전 | · 우리의 현재 욕구를 충족시키는 동시에 후속 세대의 욕구 충족을 침해하지 않는 발전을 의미함
· 경제적 활력, 사회적 평등, 환경의 보존을 동시에 충족시키는 발전을 의미함
· 지속 가능한 발전을 가능하게 하는 기술인 지속 가능한 기술에 관심을 둠 |
> | --- | --- |
> | 지속 가능한 기술 | · 이용 가능한 자원과 에너지를 고려함
· 자원이 사용되고 그것이 재생산되는 비율의 조화를 추구함
· 자원의 질을 고려함
· 자원이 생산적인 방식으로 사용되는가에 관심을 둠
· 고갈되지 않는 자연 에너지를 활용하며, 낭비적인 소비 행태를 지양하고, 기술적 효용만이 아닌 환경 효용까지 추구함 |

17 직업윤리 문제

정답 ④

ⓐ 근면은 사전상 '부지런히 일하며 힘씀'으로 풀이되므로 적절하다.
ⓑ 근면은 끊임없이 달성이 유예되는 가치 지향적인 목표 속에서 다시 만들어지므로 적절하다.
ⓓ 근면은 고난을 극복하고자 금전, 시간, 에너지를 이용할 수 있도록 준비하는 것이므로 적절하다.
따라서 근면에 대한 설명으로 적절한 것은 'ⓐ, ⓑ, ⓓ'이다.

> **오답 체크**
>
> ⓒ 근면성을 높이기 위해서는 능동적인 자세가 필요하므로 적절하지 않다.

18 자원관리능력 문제

정답 ②

수정: QR 코드는 기존 바코드가 용량 제한에 따라 한정된 정보만을 담을 수 있는 것에 비해 다양한 정보를 담을 수 있는 넉넉한 용량이 장점이므로 적절하지 않다.
따라서 바코드와 QR 코드의 특징에 대해 잘못 이야기하고 있는 사람은 '1명'이다.

19 문제해결능력 문제

정답 ⑤

ⓐ은 이슈 분석 단계, ⓑ은 데이터 분석 단계, ⓒ은 원인 파악 단계에 해당하며, '무엇을', '어떻게', '왜'라는 것을 고려하여 데이터를 분석하고 의미를 해석하는 것은 데이터 분석 단계에 해당하므로 가장 적절하지 않다.

20 수리능력 문제

정답 ⑤

2018년 전체 식중독 환자 수에서 서울의 식중독 환자 수가 차지하는 비중은 (2,142 / 11,343) × 100 ≒ 18.9%로 15% 이상이므로 적절하지 않다.

> **오답 체크**
>
> ① 2019년 식중독 환자 수가 작년 대비 가장 많이 감소한 지역은 식중독 환자 수가 4,551 - 705 = 3,846명 감소한 경기이므로 적절하다.
> ② 2018년 부산의 식중독 신고 건수 1건당 평균 환자 수는 637 / 19 ≒ 33.5명이므로 적절하다.
> ③ 2019년 충남의 식중독 신고 건수는 전년 대비 {(17 - 5) / 5} × 100 = 240% 증가하였으므로 적절하다.
> ④ 2019년 식중독 신고 건수가 전년 대비 증가한 지역은 대구, 광주, 대전, 강원, 충북, 충남 총 6개 지역이므로 적절하다.

21 의사소통능력 문제
정답 ③

'제4수칙-1'에서 창문을 계속 열지 못하는 경우는 매일 2회 이상 주기적으로 환기하며, 환기할 때는 가능하면 문과 창문을 동시에 열어 놓는다고 하였으므로 계속 창문을 열어 두지 못하는 장소에서 하루에 한 번씩 환기하는 것은 가장 적절하지 않다.

[오답 체크]

① '제3수칙-4'에서 기침이나 재채기를 할 때는 휴지 혹은 옷소매 안쪽으로 입과 코를 가린다고 하였으므로 적절하다.

② '제5수칙-4'에서 의심스러운 정보를 접했을 때 신뢰할 수 있는지 출처를 확인하고, 부정확한 소문은 공유하지 않으며 과도한 미디어 몰입을 삼간다고 하였으므로 적절하다.

④ '제1수칙-1'에서 열이 나거나 기침, 가래, 인후통, 코막힘 등 호흡기 증상이 있으면 집에 머물며 3~4일간 쉰다고 하였으며, '제1수칙-4'에서 병원 혹은 약국에 가거나 생필품을 사기 위해 어쩔 수 없이 외출해야 할 때는 마스크를 착용한다고 하였으므로 적절하다.

⑤ '제3수칙-1'에서 식사 전, 화장실 이용 후, 외출 후, 코를 풀거나 기침 또는 재채기를 한 후에는 흐르는 물과 비누로 30초 이상 손을 씻거나 손 소독제를 이용해 손을 깨끗이 한다고 하였으므로 적절하다.

22 수리능력 문제
정답 ②

2017년 유치원 학급 수는 365백 개로 370백 개 미만이지만, 그래프에서는 370백 개보다 크게 나타나므로 적절하지 않은 그래프는 ②이다.

23 정보능력 문제
정답 ④

제시된 글의 빈칸에 들어갈 용어는 '클라우드'이다.

24 문제해결능력 문제
정답 ③

'5. 선발 일정'에 따르면 대상자 선발은 10월에 진행되며, 11월에 대상자가 확정된다고 하였으므로 적절하다.

[오답 체크]

① '2. 장학금 지급액'에 따르면 장학생으로 선발된 일반 고등학생은 200만 원의 장학금을 지급받으므로 적절하지 않다.

② '4. 제출 서류'에서 재적증명서와 1학기 등록금 납입 영수증은 휴학생에 한해 제출해야 하므로 적절하지 않다.

④ '1. 신청자격'에 따르면 음주 및 불법으로 인한 교통사고의 원인제공자 및 그의 자녀는 고속도로 장학생 신청 대상자에서 제외한다고 하였으나 피해자는 제외하지 않으므로 적절하지 않다.

⑤ '3. 장학금 지급액'에 따르면 장학금은 1가구 1자녀 신청을 원칙으로 하지만, 기초생활수급자와 차상위계층에 한해 1가구 2자녀 신청이 가능하므로 적절하지 않다.

25 의사소통능력 문제
정답 ①

대화 도중에 끼어든 제3자가 있다고 가정할 때, 제3자가 대화에 합류하는 것이 반갑지 않을 경우 그에게서 살짝 몸을 돌림으로써 의사를 표현할 수 있으므로 대화 도중에 제3자가 갑자기 끼어들었을 경우 제3자를 쳐다보는 행동을 통해 그의 대화 합류가 반갑지 않음을 표시할 수 있는 것은 아님을 알 수 있다.

따라서 의사표현에 영향을 미치는 비언어적 요소에 대해 잘못 이해한 사람은 '진영'이다.

[오답 체크]

② 발표할 때 기본적인 말의 보통 속도는 10분에 200자 원고지 15장 정도이며, 이 기준보다 빠르게 말할 경우 청중은 발표 내용에 대해 생각할 시간이 부족하고 놓친 메시지가 있다고 느낄 수 있으므로 적절하다.

③ 엄지를 들어 올림으로써 최고라는 긍정적 신호를 보내는 상징적 동작은 말을 동반하지 않아도 의사표현이 가능한 몸짓이지만, 상징적 동작은 문화권에 따라 전달하는 의미가 다를 수 있으므로 적절하다.

④ 발음을 바르게 내는 기본요령은 호흡을 충분히 하고, 목에 힘을 주지 않으며, 입술과 혀와 턱을 빨리 움직이는 것이므로 적절하다.

⑤ 대화 도중에 잠시 침묵하는 쉼은 의도적인 경우와 비의도적인 경우로 구분되며, 의도적으로 쉼을 잘 활용할 경우 논리성, 감정제고, 동질감 등을 확보할 수 있으므로 적절하다.

26 자원관리능력 문제
정답 ④

K 사원은 사수에게 지적을 많이 받았던 입사 초반과 달리 본인의 꼼꼼한 성격을 바탕으로 실수를 줄이고 업무 능력의 향상을 보이고 있으므로 '개발 가능성'이 적절하다.

🔍 **더 알아보기**

기업적 차원에서의 인적자원의 특성

능동성	인적자원으로부터의 성과는 인적자원의 욕구와 동기, 태도와 행동, 만족감 여하에 따라 결정되고, 인적자원의 행동 동기와 만족감은 경영관리에 의해 조건화됨
개발 가능성	인적자원은 자연적인 성장과 성숙은 물론, 잠재능력과 자질을 보유하고 있음
전략적 자원	조직의 성과는 인간이 인적자원과 물적자원을 얼마나 효과적이고 능률적으로 활용하는지에 달려 있으므로 다른 어떤 자원보다도 전략적 중요성이 강조됨

27 수리능력 문제   정답 ④

시간 $=\dfrac{거리}{속력}$임을 적용하여 구한다.

먼저 선미가 20km/h로 달리는 버스로 15분 동안 이동한 거리는 $20 \times \dfrac{15}{60} = 5$km이므로 나머지 $13 - 5 = 8$km를 걸어간 시간과 택시로 이동한 시간을 합하여 $39 - 15 = 24$분 내에 도착해야 한다.

30km/h로 달리는 택시를 타고 이동한 거리를 x라고 하면 5km/h로 걸어간 거리는 $8 - x$이므로

$\dfrac{8-x}{5} + \dfrac{x}{30} = \dfrac{24}{60} \rightarrow 6(8-x) + x = 12 \rightarrow x = 7.2$

따라서 선미가 택시를 타고 이동한 거리는 7.2km이다.

28 조직이해능력 문제   정답 ③

제시된 조직구조는 기능별 조직구조이다.

ⓒ 안정적인 환경하에서 일상적인 기술과 조직 내부의 효율성을 중시하며, 관련 있는 업무들을 결합한 조직구조는 기능별 조직구조이므로 적절하다.

ⓒ 기업의 규모가 작을 때 유용한 조직구조는 기능별 조직구조이므로 적절하다.

따라서 제시된 조직구조에 대한 설명으로 적절한 것은 'ⓒ, ⓒ'이다.

오답 체크

㉠ 개별 제품, 서비스, 제품그룹, 주요 프로젝트, 프로그램 등에 따라 조직화되며, 급변하는 환경에 효과적으로 대응할 수 있는 조직구조는 사업별 조직구조이므로 적절하지 않다.

㉣ 분권화된 의사결정으로 제품, 지역, 고객별 차이에 신속하게 적응할 수 있는 조직구조는 사업별 조직구조이므로 적절하지 않다.

29 문제해결능력 문제   정답 ②

기존 시장의 경쟁 정도나 활발성 등 현 시장의 경쟁 강도가 적절한지 분석하는 것은 경쟁사(Competitor) 분석에 해당하는 질문이므로 적절하지 않다.

🔍 더 알아보기

3C 분석

3C는 사업환경의 구성요소인 자사(Company), 경쟁사(Competitor), 고객(Customer)을 의미하며, 3C에 대한 체계적인 분석을 통해서 환경 분석을 수행하는 것을 의미한다.

자사 (Company)	자사가 세운 달성 목표와 현상 간에 차이가 없는지를 분석함
경쟁사 (Competitor)	경쟁기업의 우수한 점과 자사의 현상 간에 차이와 시장의 경쟁 수준 등이 적절한지를 분석함
고객 (Customer)	고객이 자사의 상품이나 서비스에 만족하고 있는지, 진입할 시장의 규모나 성장 가능성이 적절한지를 분석함

30 기술능력 문제   정답 ②

기술개발의 실무를 담당하는 기술자들의 흥미를 유발하고 창의적인 아이디어를 활용할 수 있는 것은 상향식 기술선택의 장점이므로 상향식 기술선택에 대해 이야기하고 있는 사람은 '상훈'이다.

🔍 더 알아보기

기술선택의 의사결정 방법

상향식 기술선택	· 의미: 기업 전체 차원에서 필요한 기술에 대한 체계적인 분석이나 검토 없이 연구자나 엔지니어가 자율적으로 선택하는 것 · 장점: 기술개발의 실무를 담당하는 기술자들의 흥미를 유발하고 창의적인 아이디어를 활용할 수 있음 · 단점: 기술자들의 흥미만을 고려할 경우 고객들이 요구하는 제품이나 서비스 개발에 부적합한 기술이 선택되거나 경쟁기업과의 경쟁에서 승리할 수 없는 기술이 선택될 수 있음

하향식
기술선택
	· 의미: 기술경영진과 기술기획담당자들에 의한 체계적인 분석을 통해 기업이 획득해야 하는 대상 기술과 목표 기술 수준을 결정하는 것
	· 절차
	  - 기업이 직면한 외부 환경과 기업의 보유 자원에 대한 분석을 통해 중장기적인 사업 목표를 설정함
	  - 사업 목표를 달성하기 위해 확보해야 하는 핵심 고객층과 제품 및 서비스를 결정함
	  - 사업 전략의 성공을 위해 필요한 기술들을 열거하고 각 기술에 대한 우선순위를 결정함

31 수리능력 문제   정답 ③

평균은 변량의 총합을 변량의 개수로 나눈 값이고, 분산은 각 변량과 평균의 차이의 제곱합을 변량의 개수로 나눈 값임을 적용하여 구한다.

항목별 면접 평가 점수의 평균은 $\dfrac{85+74+92+81+73}{5} = 81$점이고,

분산은 $\dfrac{(85-81)^2 + (74-81)^2 + (92-81)^2 + (81-81)^2 + (73-81)^2}{5} = \dfrac{250}{5} = 50$이다.

따라서 지현이가 받은 항목별 면접 평가 점수의 평균과 분산을 바르게 연결한 것은 ③이다.

32 직업윤리 문제   정답 ①

㉠ 제시된 설명에 해당하는 직업이 갖추어야 할 속성은 계속성이다.

ⓒ 제시된 설명에 해당하는 직업이 갖추어야 할 속성은 윤리성이다.

ⓒ 제시된 설명에 해당하는 직업이 갖추어야 할 속성은 사회성이다.

따라서 ㉠~ⓒ의 설명에 해당하는 직업이 갖추어야 할 속성을 바르게 연결한 것은 ①이다.

33 정보능력 문제 정답 ④

제시된 글에서 설명하고 있는 용어로 적절한 것은 '지식'이다.

🔍 더 알아보기

자료와 정보 및 지식의 구분

자료 (Data)	정보 작성을 위하여 필요한 데이터를 말하는 것으로, 이는 '아직 특정의 목적에 대하여 평가되지 않은 상태의 숫자나 문자들의 단순한 나열'을 의미함
정보 (Information)	정보란 자료를 일정한 프로그램에 따라 컴퓨터가 처리·가공함으로써 '특정한 목적을 달성하는 데 필요하거나, 특정한 의미를 가진 것으로 다시 생산된 것'을 의미함
지식 (Knowledge)	'어떤 특정의 목적을 달성하기 위해 과학적 또는 이론적으로 추상화되거나 정립되어 있는 일반화된 정보'를 의미하며, 어떤 대상에 대하여 원리적·통일적으로 조직되어 객관적 타당성을 요구할 수 있는 판단의 체계를 제시함
정보처리 (Information processing)	자료를 가공하여 이용 가능한 정보로 만드는 과정으로, 자료처리(Data processing)라고도 하며 일반적으로 컴퓨터가 담당함

34 문제해결능력 문제 정답 ②

주어진 명제가 참일 때, 그 명제의 대우가 참인 것을 이용한다.
세 번째 명제의 대우와 네 번째 명제의 대우를 차례로 결합한 결론은 다음과 같다.
· 세 번째 명제(대우): 글쓰기를 좋아하는 모든 사람은 운동을 즐기지 않는다.
· 네 번째 명제(대우): 운동을 즐기지 않는 모든 사람은 활동적이지 않다.
· 결론: 글쓰기를 좋아하는 모든 사람은 활동적이지 않다.
따라서 글쓰기를 좋아하는 모든 사람은 활동적이지 않으므로 항상 참인 설명이다.

오답 체크

① 활동적이지 않은 어떤 사람이 운동을 즐길 수도 있으므로 항상 참인 설명은 아니다.
③ 운동을 즐기지 않는 어떤 사람이 책을 읽을 수도 있으므로 항상 참인 설명은 아니다.
④ 활동적이지 않고 글쓰기를 좋아하는 모든 사람이 책을 읽을 수도 있으므로 항상 참인 설명은 아니다.
⑤ 책을 읽는 어떤 사람이 글쓰기를 좋아하지 않을 수도 있으므로 항상 참인 설명은 아니다.

35 자원관리능력 문제 정답 ⑤

3사분면에 해당하는 업무는 긴급하지만 중요하지 않은 일에 해당하므로 기업의 상위 책임자가 시간을 투자하여 해결하기보다는 하급자에게 위임하여 해결해야 하므로 가장 적절하지 않다.

오답 체크

① 중장기 계획은 긴급하지는 않지만 중요한 일이므로 2사분면에 해당한다.
② 기한이 정해진 프로젝트는 긴급하면서 중요한 일이므로 1사분면에 해당한다.
③ 발전 가능성은 없지만 단기적인 성과를 위한 업무들은 긴급하지만 중요하지 않은 일이므로 3사분면에 해당한다.
④ 4사분면에 해당하는 업무는 하찮은 일, 시간 낭비 거리, 즐거운 활동 등 긴급하지 않고 중요하지 않은 일이므로 시간을 최소로 투자해야 한다.

36 직업윤리 문제 정답 ①

A: 담당자에게 뇌물을 전달하는 것이 경쟁의 공정성을 해친다는 사실을 알고 있지만 모든 기업에서 하는 관행이라고 생각하고 있으므로 자신의 행동이 비윤리적이라는 것을 알고 있지만 윤리적인 기준에 따라 행동해야 한다는 것을 중요하게 여기지 않기 때문에 비윤리적 행위를 저지르는 '무관심'에 해당한다.
B: 고객들이 적립하지 않은 멤버십 포인트를 본인의 번호로 적립하는 것이 문제가 될지 몰랐다고 하였으므로 무엇이 옳고, 무엇이 그른지 모르기 때문에 비윤리적 행위를 저지르는 '무지'에 해당한다.
C: 학벌과 업무 능력은 별개라고 생각하고 승진 대상자로 선정된 이후에도 실력으로 인정받고자 최선을 다했으며 학연을 중시하는 같은 U 대 출신 상급자 덕분에 승진했다는 사실을 몰랐다고 하였으므로 학벌이 인사 고과에 영향을 미치는 행위가 잘못이라는 것을 알고 그러한 행동을 하지 않으려고 함에도 자신의 통제를 벗어나는 어떤 요인으로 인한 비윤리적 행위를 저지르는 '무절제'에 해당한다.
따라서 A~C가 비윤리적 행위를 저지른 원인을 바르게 연결한 것은 ①이다.

37 의사소통능력 문제 정답 ④

ⓒ 적극적 경청을 위해서는 본인이 가지고 있는 고정 관념에서 벗어나 상대방의 태도를 수용하는 자세가 필요하다고 하였으므로 적절하지 않은 내용이다.
ⓔ 적극적 경청을 위해서는 대화를 할 때 상대방을 속이지 않고 자신의 감정을 솔직하게 전달하는 성실함이 요구된다고 하였으므로 적절하지 않은 내용이다.
따라서 적극적 경청을 위한 방법으로 적절하지 않은 것은 'ⓒ, ⓔ'이다.

8 온/오프라인 취업강의·무료 취업자료 ejob.Hackers.com

㉠ 적극적 경청이 공감적 경청이라고 불리는 만큼 상대방이 무엇을 느끼고 있는지 상대방의 입장에서 받아들이는 공감적 이해가 중요하다고 하였으므로 적절한 내용이다.

㉢ 대화의 주체들이 적극적 경청의 태도를 견지하면 대화 과정에서 서로의 진실된 생각과 감정, 입장 등을 이해할 수 있다고 하였으므로 적절한 내용이다.

🔍 더 알아보기
적극적 경청을 위한 방법
· 비판적·충고적 태도를 버림
· 상대방이 말하고 있는 의미 전체를 이해함
· 단어 이외의 표현에도 신경을 씀
· 상대방이 말하고 있는 것에 반응함
· 감정을 흥분시키지 않음

38 수리능력 문제　　　　　　　　정답 ④

시간당 작업량 $= \dfrac{\text{작업량}}{\text{시간}}$ 임을 적용하여 구한다.

A가 혼자 포스터 50장을 부착하는 데 소요되는 시간은 2시간 30분이므로 A가 한 시간 동안 부착할 수 있는 포스터의 양은 $\dfrac{50}{2.5} = 20$장이고, B가 혼자 포스터 60장을 부착하는 데 소요되는 시간은 4시간이므로 B가 한 시간 동안 부착할 수 있는 포스터의 양은 $\dfrac{60}{4} = 15$장이다.

A, B가 함께 포스터를 부착하는 데 소요되는 시간을 x라고 하면,
$(20 + 15) \times x = 175 \rightarrow x = 5$

따라서 A, B 둘이 함께 포스터 175장을 부착하는 데 소요되는 시간은 5시간이다.

39 문제해결능력 문제　　　　　　　정답 ⑤

주어진 명제가 참일 때, 그 명제의 대우가 참인 것을 이용한다.

세 번째 명제의 대우와 첫 번째 명제의 대우를 차례로 결합한 결론은 다음과 같다.
· 세 번째 명제(대우): 속독이 가능하면 정보력이 뛰어나다.
· 첫 번째 명제(대우): 정보력이 뛰어나면 신문을 읽는다.
· 결론: 속독이 가능하면 신문을 읽는다.

따라서 속독이 가능하면 신문을 읽으므로 항상 참인 설명이다.

① 기억력이 뛰어나지 않으면 신문을 읽지 않는지는 알 수 없으므로 항상 참인 설명은 아니다.

② 게임을 즐기지 않으면 속독이 가능한지는 알 수 없으므로 항상 참인 설명은 아니다.

③ 정보력이 뛰어나면 기억력이 뛰어난지는 알 수 없으므로 항상 참인 설명은 아니다.

④ 신문을 읽으면 게임을 즐기지 않는지는 알 수 없으므로 항상 참인 설명은 아니다.

40 조직이해능력 문제　　　　　　　정답 ②

강점 요소인 신뢰할 수 있는 브랜드 이미지로, 위협 요소인 수많은 경쟁 업체와의 치열한 경쟁에 대응하는 전략이므로 ST(강점-위협) 전략에 해당한다.

① 강점 요소인 빠르고 혁신적인 제품 개발 능력으로, 기회 요소인 청결 유지 제품에 대한 전 세계 신규 수요 확대를 활용하는 SO(강점-기회) 전략에 해당한다.

③ 기회 요소인 높은 고객 충성도를 활용하기 위해 약점 요소인 모방이 쉬운 주력 제품 라인에 당사 고유의 독특한 디자인을 적용하여 차별성을 부여하고 당사 제품을 한 번도 사용해 보지 않은 소비자에게 무료 샘플을 제공하는 WO(약점-기회) 전략에 해당한다.

④ 강점 요소인 효율적인 제품 유통 네트워크로, 위협 요소인 원자재 및 임금 인상으로 인한 제품 생산 비용 증가를 해결하는 ST(강점-위협) 전략에 해당한다.

⑤ 약점 요소인 20~30대 남성으로 한정된 주요 소비자층을 고객 세분화 전략을 통해 다양한 소비자층을 대상으로 홍보를 강화하여 해결하고, 궁극적으로 시장점유율을 높이고 생활용품 시장에서 점차 경쟁력을 갖춤으로써 위협 요소인 압도적인 경쟁력을 가질 수 없는 생활용품 시장 구조에 대응하는 WT(약점-위협) 전략에 해당한다.

41 수리능력 문제　　　　　　　　정답 ④

기계 A에서 제품을 생산하였을 때 불량품이 발생할 확률은 $0.7 \times 0.04 = 0.028$이고, 기계 B에서 제품을 생산하였을 때 불량품이 발생할 확률은 $0.3 \times 0.06 = 0.018$이다.

따라서 이 공장에서 생산된 제품 중 임의로 뽑은 한 개가 불량품이었을 때, 기계 A에서 생산된 제품일 확률은 $\dfrac{0.028}{0.028 + 0.018} = \dfrac{14}{23}$이다.

42 기술능력 문제

필수사항에서 점심시간 및 정기 퇴근 1시간 전에는 냉방기 가동을 중지한다고 하였으므로 점심시간에는 냉방기 가동을 중지하는 것이 적절하나, 점심시간 및 정기 퇴근 시간 이후에는 전체 조명을 일괄 소등한 뒤 필요한 곳에만 부분 점등한다고 하였으므로 점등된 곳이 없도록 하는 것은 적절하지 않다.

[오답 체크]

① 권장사항에서 건물 적정 온도를 유지할 수 있도록 단열을 강화한다고 하였으므로 냉방효율을 높이기 위해 자산팀에 요청하여 문풍지를 지급받는 것은 적절하다.

② 권장사항에서 주간에는 창 측 조명을 소등하고 자연 채광을 이용한다고 하였으며, 저효율 조명은 고효율 조명으로 교체한다고 하였으므로 층수가 낮아서 자연 채광이 들지 않기 때문에 창 측 조명을 소등하기 어려운 대신 저효율 조명을 고효율 조명으로 교체하는 것은 적절하다.

③ 필수사항에서 사용하지 않는 전기 제품의 플러그는 뽑는다고 하였으므로 퇴근 시 사용하지 않는 전기 제품의 플러그는 뽑았는지 확인할 수 있도록 사무실 문에 확인 문구를 부착하는 것은 적절하다.

④ 필수사항에서 실내 온도는 26℃ 이상으로 유지한다고 하였으므로 적정 온도가 잘 유지되고 있는지 확인할 수 있도록 눈에 띄는 곳에 온도계를 설치하는 것은 적절하다.

43 문제해결능력 문제

제시된 조건에 따르면 5명의 신입사원은 모두 다른 요일에 1명씩 휴가를 가며, 갑은 화요일 또는 목요일에 휴가를 간다. 또한, 병은 갑보다 먼저 휴가를 가고, 을은 금요일에 휴가를 가지 않으므로 갑이 목요일에 휴가를 가는 경우, 을과 병은 갑보다 먼저 휴가를 가게 되지만 이는 정과 무가 휴가를 가는 요일이 하루 차이가 난다는 조건에 모순되므로 갑은 화요일에 휴가를 가는 것을 알 수 있다. 이에 따라 병은 월요일에 휴가를 가고, 을은 수요일에 휴가를 가며, 정과 무는 각각 목요일 또는 금요일에 휴가를 간다.

월요일	화요일	수요일	목요일	금요일
병	갑	을	정 또는 무	정 또는 무

따라서 수요일에 휴가를 가는 사람은 '을' 이다.

44 의사소통능력 문제

이 글은 인공 폐, 인공 심장 역할을 하는 에크모를 치료에 활용하는 과정과 활용 시 위험성에 대해 설명하는 글이다.

따라서 '(가) 폐 기능 자체에 문제가 있는 환자의 치료를 위해 개발된 에크모 – (다) 에크모의 개념과 역할 – (라) 에크모를 활용하기 위한 캐뉼라의 삽입 방식 – (나) 에크모를 VA 방식으로 활용한 예 – (마) 에크모의 위험성과 한계' 순으로 연결되어야 한다.

45 수리능력 문제

직각삼각형의 빗변의 길이가 c이고, 밑변의 길이와 높이를 각각 a, b라고 하면 $a^2 + b^2 = c^2$임을 적용하여 구한다.

밑변의 길이가 30cm, 높이가 40cm인 직각삼각형 모양 선반의 빗변의 길이를 x라고 하면

$30^2 + 40^2 = x^2 \rightarrow x = \sqrt{900 + 1600} = 50$

이에 따라 선반의 빗변의 길이는 50cm이다.

따라서 50cm인 빗변의 시작점과 끝점을 포함하여 5cm 간격으로 장식을 달고자 할 때, 필요한 장식의 개수는 11개이다.

46 정보능력 문제

엑셀에서 현재 날짜를 입력하는 단축키는 '[Ctrl] + [;]'이므로 가장 적절하지 않다.

[오답 체크]

① 슬래시(/)와 숫자를 함께 삽입하였을 때 날짜 형식으로 자동 변환되지 않게 하려면 입력값 앞에 작은따옴표를 붙이면 되므로 적절하다.

③ 날짜의 연도를 두 자리로 입력할 경우, 연도가 30 이상이면 1900년대로, 29 이하이면 2000년대로 인식하므로 적절하다.

④ 날짜 데이터는 하이픈(-)이나 슬래시(/)를 이용하여 년, 월, 일을 구분하므로 적절하다.

⑤ 날짜의 연도를 생략하고 월과 일만 입력하여도 수식 입력줄에는 자동으로 현재 연도가 추가되므로 적절하다.

47 조직이해능력 문제

ⓒ 조직이 투입요소를 산출물로 전환하는 지식과 기계, 절차 등을 기술이라 하는데, 이때 소량생산기술을 가진 조직은 유기적 조직구조가, 대량생산기술을 가진 조직은 기계적 조직구조가 적합하므로 적절하지 않다.

ⓔ 조직 규모에 따라서도 조직구조가 달라질 수 있으며, 이때 대규모조직은 소규모조직에 비해 업무가 전문화, 세분화되어 있고 많은 규칙과 규정이 존재하므로 적절하지 않다.

따라서 조직구조의 결정요인에 대한 설명으로 적절하지 않은 것은 'ⓒ, ⓔ'이다.

[오답 체크]

ⓐ 조직은 환경의 변화에 적절하게 대응해야 하기 때문에 환경에 따라 조직의 구조를 달리 하는데, 안정적이고 확실한 환경에서는 기계적 조직구조가, 급변하는 환경에서는 유기적 조직구조가 적합하므로 적절하다.

ⓑ 조직구조 결정요인으로서 조직의 목적을 달성하기 위하여 수립한 계획인 조직전략은 조직이 자원을 배분하고 경쟁적 우위를 달성하기 위한 주요 방침으로, 조직의 전략이 변하면 이에 따라 조직의 구조도 바뀌므로 적절하다.

48 기술능력 문제 정답 ⑤

경쟁 우위 확보 방안을 수립하는 것은 '사업전략 수립' 단계에서 하는 업무이므로 가장 적절하지 않다.

'내부 역량 분석' 단계는 자사의 역량을 분석하는 단계로, 자사의 기술능력, 생산능력, 마케팅 및 영업능력, 재무능력 등을 분석하는 업무를 한다.

오답 체크

④ '핵심기술 선택' 단계에서 핵심기술을 선택할 때는 기술선택을 위한 우선순위 결정 요소에 따라 기술이 제품의 성능이나 원가에 미치는 영향력을 고려하여 결정해야 하므로 적절하다.

49 의사소통능력 문제 정답 ④

ⓒ 얼굴을 맞대고 하는 언어적인 의사소통을 할 때는 사후검토와 피드백을 직접 말로 물어볼 수 있으며, 상대방의 표정, 몸짓, 기타 표시 등으로 정확한 반응을 얻을 수 있으므로 적절하지 않은 내용이다.

ⓓ 감정적으로 불안정할 때 어느 정도 평정을 찾을 때까지 의사소통을 연기하는 것이 좋지만, 조직 내에서 의사소통을 무한정으로 연기할 수는 없기 때문에 먼저 자신과 조직의 분위기를 개선하기 위해 노력하는 자세를 가져야 하므로 적절하지 않은 내용이다.

오답 체크

㉠ 의사소통의 왜곡에서 오는 오해와 부정확성을 줄이기 위해 말하는 사람 또는 전달자는 사후검토와 피드백을 이용하여 메시지의 내용이 실제로 어떻게 해석되고 있는지 조사할 수 있으므로 적절한 내용이다.

ⓒ 의사소통에서는 필요한 상황에 따라서 용어의 선택이 달라질 수 있으므로 적절한 내용이다.

ⓔ 다른 사람과 대화할 때 상대방이 말하는 내용에 관심을 보이지 않으면 의미 있는 대화를 나누기 어려우며, 적극적인 경청을 위해서는 상대방의 입장에서 생각하기 위해 노력하면서 감정을 이입해야 하므로 적절한 내용이다.

🔍 더 알아보기

의사소통능력 개발 방법

사후검토와 피드백의 활용	의사소통의 왜곡에서 오는 오해를 줄이기 위해 직접 말로 물어보거나 상대방의 표정이나 몸짓, 기타 표시 등으로 정확한 반응을 살핌
언어의 단순화	메시지를 받아들이는 사람을 고려하여 명확하고 쉽게 이해되는 단어를 선택해 이해를 높임
적극적인 경청	감정을 이입하여 능동적으로 집중하여 경청하며, 상대방의 입장에서 생각하려고 노력할 때 적극적인 경청이 가능해짐
감정의 억제	감정적으로 메시지를 곡해하지 않도록 의사소통하며, 감정적으로 좋지 못한 상황에서는 침착하게 마음을 비우거나 평정을 찾을 때까지 의사소통을 연기하는 것도 하나의 방법이지만 무한정 연기하기 어려운 조직 내에서는 자신 또는 조직의 분위기를 개선하도록 노력함

50 자원관리능력 문제 정답 ④

효과적인 자원관리의 과정은 '필요한 자원의 종류와 양 확인 – 이용 가능한 자원 수집 – 자원 활용 계획 수립 – 계획에 따른 수행' 순으로 이루어진다.

(라) 업무를 진행하는 데 필요한 자원의 종류와 양을 파악하는 단계는 '필요한 자원의 종류와 양 확인'에 해당한다.

(나) 필요한 자원의 종류와 양을 파악한 후, 실제 자원을 수집하는 단계는 '이용 가능한 자원 수집'에 해당한다.

(다) 필요한 자원을 수집한 뒤, 자원을 실제로 필요한 업무에 분배하여 계획을 세우는 단계는 '자원 활용 계획 수립'에 해당한다.

(가) 자원 활용 계획에 맞추어 업무를 수행하는 단계는 '계획에 따른 수행'에 해당한다.

따라서 효과적인 자원관리의 과정에 따라 (가)~(라)를 순서대로 바르게 나열하면 '(라) – (나) – (다) – (가)'가 된다.

실전모의고사 2회 [50문항형]

정답

01 의사소통	02 의사소통	03 의사소통	04 의사소통	05 의사소통	06 의사소통	07 의사소통	08 의사소통	09 의사소통	10 의사소통
②	①	②	③	④	②	③	②	③	⑤
11 수리	**12 수리**	**13 수리**	**14 수리**	**15 수리**	**16 수리**	**17 수리**	**18 수리**	**19 수리**	**20 수리**
②	①	③	⑤	⑤	⑤	③	③	④	②
21 문제해결	**22 문제해결**	**23 문제해결**	**24 문제해결**	**25 문제해결**	**26 문제해결**	**27 문제해결**	**28 문제해결**	**29 문제해결**	**30 문제해결**
④	⑤	②	④	④	①	⑤	①	⑤	④
31 자원관리	**32 자원관리**	**33 자원관리**	**34 자원관리**	**35 자원관리**	**36 자원관리**	**37 자원관리**	**38 자원관리**	**39 자원관리**	**40 자원관리**
③	②	⑤	②	②	②	⑤	③	②	③
41 정보	**42 정보**	**43 정보**	**44 정보**	**45 정보**	**46 정보**	**47 정보**	**48 정보**	**49 정보**	**50 정보**
②	③	③	②	①	③	③	②	①	④

취약 영역 분석표

영역별로 맞힌 개수, 틀린 문제 번호와 풀지 못한 문제 번호를 적고 나서 취약한 영역이 무엇인지 파악해보세요. 취약한 영역은 해커스잡 사이트 (ejob.Hackers.com)에서 제공하는 <빈출 핵심 개념집>을 학습하고, 틀리거나 풀지 못한 문제를 다시 풀어보면서 확실히 극복하세요.

학습 날짜	영역	맞힌 개수	틀린 문제 번호	풀지 못한 문제 번호
__월 __일	의사소통능력	/10		
	수리능력	/10		
	문제해결능력	/10		
	자원관리능력	/10		
	정보능력	/10		

해설

01 의사소통능력 문제 정답 ②

이 글은 포퓰리즘의 의미를 설명하고 포퓰리즘 정책을 활용해 국민 빈곤율을 낮춘 룰라 대통령과 일부 정치인들이 포퓰리즘을 악의적인 의도를 갖고 적용한 사례에 대해 설명하는 내용이므로 이 글의 제목으로 가장 적절한 것은 ②이다.

오답 체크

① 글의 중반부에서 룰라 대통령이 포퓰리즘을 통해 국민 빈곤율을 감소시켰다고 하였으므로 적절하지 않은 내용이다.

③ 글 전체에서 포퓰리즘을 현대 정치에 적용해야 할 필요가 있는지에 대해서는 서술하고 있지 않으므로 적절하지 않은 내용이다.

④ 글 전체에서 포퓰리즘의 시대별 의미 변천 과정에 대해서는 서술하고 있지 않으므로 적절하지 않은 내용이다.

⑤ 글 전체에서 포퓰리즘 정책 시행에 따라 엘리트주의가 붕괴되었는지에 대해서는 서술하고 있지 않으므로 적절하지 않은 내용이다.

02 의사소통능력 문제 정답 ①

㉠은 실제로 행한다는 의미로 쓰였으므로 '施行(베풀 시, 다닐 행)'으로 표기하는 것이 적절하다.

'試鍊(시험 시, 불릴 련)'은 겪기 어려운 단련이나 고비를 의미한다.

오답 체크

② 支給(지탱할 지, 줄 급): 돈이나 물품 따위를 정하여진 몫만큼 내줌

③ 導入(인도할 도, 들 입): 기술, 방법, 물자 따위를 끌어들임

④ 內容(안 내, 얼굴 용): 말, 글, 그림, 연출 따위의 모든 표현 매체 속에 들어 있는 것 또는 그런 것들로 전하고자 하는 것

⑤ 講究(외울 강, 연구할 구): 좋은 대책과 방법을 궁리하여 찾아내거나 좋은 대책을 세움

03 의사소통능력 문제 정답 ②

㉡의 앞 문장에서는 산림청이 몽골 환경관광부와 '한-몽 사막화·황사 방지 협력 양해각서'를 체결했다는 내용을 말하고 있으므로 양해각서 체결의 목적을 설명하고 있는 ㉡을 삭제하는 것은 가장 적절하지 않다.

04 의사소통능력 문제 정답 ③

연단공포증은 사람마다 정도의 차이는 있지만, 소수가 경험하는 심리상태가 아닌 90% 이상의 사람들이 호소하는 불안에 해당하므로 가장 적절하지 않은 내용이다.

05 의사소통능력 문제 정답 ④

㉠ 짐작하기는 상대방이 하는 '말'보다 상대방의 '목소리 톤'이나 '표정' 등을 더 중요하게 생각하여 자신의 생각이 옳다는 것만 확인하려 하는 방해요인이므로 수정되어야 한다.

㉡ 상대방을 위로하기 위해 혹은 비위를 맞추기 위해 너무 빨리 동의하는 것은 '비위 맞추기'에 해당하므로 수정되어야 한다.

㉢ 상대방을 비판하기 위해 상대방의 말을 듣지 않고 부정적으로 인식하는 상대방의 말을 경청하지 않는 것은 '판단하기'에 해당하므로 수정되어야 한다.

따라서 ㉠~㉢ 중 수정이 필요한 부분은 '㉠, ㉡, ㉢'이다.

🔍 더 알아보기

올바른 경청의 방해요인

짐작하기	· 상대방의 말을 듣고 받아들이기보다 자신의 생각에 들어맞는 단서를 찾는 것 · 짐작하고 넘겨짚는 사람들은 상대방이 하는 말보다 상대방의 목소리 톤이나 표정 등을 더 중요하게 생각하여 자신의 생각이 옳다는 것만 확인하려 함
대답할 말 준비하기	· 상대방의 말을 듣고 곧 자신이 다음에 할 말만을 생각해 상대방이 하는 말을 잘 듣지 않는 것 · 자기 생각에만 빠져 상대방의 말에 제대로 반응하거나 대답할 수 없음
걸러내기	· 상대방의 말을 듣기는 하지만 상대방의 메시지를 온전하게 듣지 않는 것 · 분노나 슬픔 등 상대방에게서 듣고 싶지 않은 것들을 회피하기 위해 걸러냄
판단하기	· 상대방에 대한 부정적인 판단 때문에 또는 상대방을 비판하기 위해 상대방의 말을 듣지 않는 것 · 부정적으로 인식하는 상대방의 말을 경청하지 않음
다른 생각하기	· 상대방에게 관심을 기울이지 못하고 상대방이 말을 할 때 자꾸 다른 생각을 하게 되는 것 · 불만족스러운 상황을 회피하고 있다는 신호
조언하기	· 지나치게 다른 사람의 문제를 본인이 해결해 주고자 하여 말끝마다 끼어들어 해결책을 제시하려고 하는 것 · 매번 조언을 반복할 경우 상대방은 이해받지 못한다고 느껴 마음의 문을 닫을 수 있음
언쟁하기	· 단지 반대하고 논쟁하기 위해서만 상대방의 말에 귀를 기울이고 상대방이 무슨 말을 하든 자신의 입장을 확고히 한 채 방어하는 것 · 지나치게 논쟁적인 사람은 상대방의 말을 경청할 수 없음
옳아야만 하기	· 자존심이 강한 사람은 자신의 부족한 점에 대한 상대방의 말을 받아들이지 않기 위해 거짓말하고, 고함을 지르고, 주제를 바꾸고, 변명하며 자존심을 세움

슬쩍 넘어가기	· 대화가 너무 사적이거나 위협적이면 주제를 바꾸거나 농담으로 넘기려 하는 것 · 상황이 어긋날 경우 상대방의 진정한 고민을 놓칠 수 있음
비위 맞추기	· 상대방을 위로하기 위해 혹은 비위를 맞추기 위해 너무 빨리 동의하는 것 · 지지하고 동의하는 데 치중하다 보면 자신의 생각이나 감정을 충분히 표현할 수 없음

06 의사소통능력 문제   정답 ②

여타 채소의 비타민C가 조리 과정에서 대부분 파괴되는 것과 다르게 감자의 비타민C는 전분의 보호를 받아서 가열해도 쉽게 손실되지 않는다고 하였으므로 감자에 포함된 비타민C가 전분 덕분에 다른 채소와는 달리 열을 가해도 쉽게 파괴되지 않음을 알 수 있다.

오답 체크

① 감자는 열량이 낮다고 하였으므로 적절하지 않은 내용이다.
③ 감자는 쌀, 밀, 옥수수와 더불어 세계 4대 식량 작물의 하나로 손꼽힌다고 하였으므로 적절하지 않은 내용이다.
④ 나트륨의 배출에 효과적인 칼륨은 수박, 사과보다 감자에 약 4배 이상 많다고 하였으므로 적절하지 않은 내용이다.
⑤ 감자에 함유된 펙틴은 대장의 유익균 생장에 필요한 영양원으로 작용한다고 하였으므로 적절하지 않은 내용이다.

07 의사소통능력 문제   정답 ③

이 글은 LPG의 개념을 제조 방법을 기반으로 제시하고, LPG의 특성에 따른 주의사항과 장점을 설명하는 글이다.
따라서 '(다) LPG의 개념과 주성분의 성질 - (가) LPG에 냄새를 첨가하는 이유와 LPG 사용 시 주의사항 - (라) LPG의 장점(1): 높은 연소 효율과 낮은 일산화탄소 배출량 - (나) LPG의 장점(2): 저장과 운송의 편리함' 순으로 연결되어야 한다.

08 의사소통능력 문제   정답 ②

A 사원 : 이성적이고 의지력이 강하지만 다른 사람의 감정에 관심이 없어서 피상적인 대인관계를 유지하는 유형으로, 타인의 감정 상태에 관심을 가지고 긍정적인 감정을 표현하는 자세가 필요한 '냉담형'에 해당한다.
B 사원 : 수동적이고 의존적이며 자신감이 없는 유형으로, 적극적으로 자기를 표현하고 주장하는 자세가 필요한 '복종형'에 해당한다.
C 사원 : 따뜻하고 인정이 많고 자기희생적이지만 타인의 요구를 거절하지 못하는 유형으로, 다른 사람과의 정서적인 거리를 유지하려는 자세가 필요한 '친화형'에 해당한다.

D 사원 : 혼자 있는 것을 선호하고 사회적 상황을 회피하거나 지나치게 자신의 감정을 억제하는 유형으로, 대인관계의 중요성을 인지하고 타인에 대한 비현실적인 두려움의 근원을 성찰하려는 자세가 필요한 '고립형'에 해당한다.
따라서 A~D 사원의 대인관계 의사소통 유형을 바르게 연결한 것은 ②이다.

09 의사소통능력 문제   정답 ③

공문서 작성 시 십 미만의 시, 분, 초는 0을 생략하지 않고 '07:00, 09:05'과 같이 0을 넣어서 표기해야 하므로 ③이 수정되어야 한다.

오답 체크

① 날짜에서 기간은 '20XX. 03. 14.~20XX. 03. 16.' 또는 '20XX. 03. 14.-20XX. 03. 16.'과 같이 물결표 혹은 붙임표로 나타낸다.
② 시간은 '15:20', '18:10'과 같이 24시각제에 따라 아라비아 숫자로 표기한다.
④ 금액은 아라비아 숫자로 표기하되, 위조·변조의 우려가 있을 시에는 '금12,345,000원(금일천이백삼십사만오천원)'과 같이 숫자 다음에 괄호를 하고 숫자에 해당하는 한글을 병기한다.
⑤ 단위에서 어떤 양을 수치와 단위 기호로 나타낼 때는 '30 %', '10 kg'과 같이 사이를 한 칸 띄어 쓴다.

10 의사소통능력 문제   정답 ⑤

㉠ 사람들은 사소한 일에 대하여 그 일의 중요성보다 훨씬 큰 시간과 노력을 들인다고 하였으므로 소중한 시간, 돈, 공간 따위를 아깝게 여기지 아니하고 선뜻 내어 준다는 의미의 '할애(割愛)'가 적절하다.
㉡ 잘 알지 못하는 일에 대해서는 중요도와 상관없이 상황을 벗어나기 위해 급하게 결정해 버린다고 하였으므로 꾀를 부려 마땅히 져야 할 책임을 지지 아니한다는 의미의 '회피(回避)'가 적절하다.
㉢ 신축 기숙사의 설립 여부가 회의 시작 10분 만에 설립하는 것으로 정해졌다고 하였으므로 의논하여 결정한다는 의미의 '결의(決議)'가 적절하다.
㉣ 회의 참가자들이 자신들은 전문가가 아니기 때문에 무작정 의견을 내세울 수 없다고 여겨 타인에게 결정을 미루었다고 하였으므로 말을 꺼내어 의견을 나타낸다는 의미의 '발언(發言)'이 적절하다.

오답 체크

· 요구(要求): 받아야 할 것을 필요에 의하여 달라고 청함
· 고집(固執): 자기의 의견을 바꾸거나 고치지 않고 굳게 버팀
· 유보(留保): 어떤 일을 당장 처리하지 아니하고 나중으로 미루어 둠
· 변호(辯護): 남의 이익을 위하여 변명하고 감싸서 도와줌

11 수리능력 문제   정답 ②

ⓒ 2020년 임금총액은 5년 전 대비 3,527 - 2,991 = 536천 원 증가하였으므로 적절하다.

ⓒ 2016년 이후 근로일수가 전년 대비 감소하지 않은 해는 전년 대비 근로일수가 동일한 2019년뿐이므로 적절하다.

㉠ 2015년에 근로시간은 171.5시간이고, 전년 대비 근로시간 증감률은 0.5%임에 따라 2014년 근로시간은 171.5 / 1.005 ≒ 170.6시간으로 170시간 초과이므로 적절하지 않다.

㉣ 2018년 근로일수 1일 대비 임금총액은 3,376 / 20 = 168.8천 원이므로 적절하지 않다.

12 수리능력 문제   정답 ①

길이가 서로 다른 가로와 세로에 같은 간격으로 나무를 최대한 적게 심으려고 할 때, 나무 사이의 간격은 가로 길이와 세로 길이의 최대공약수임을 적용하여 구한다.

직사각형 모양 정원의 가로 길이는 1,320m = $2^3 \times 3 \times 5 \times 11$m, 세로 길이는 770m = $2 \times 5 \times 7 \times 11$m이므로 직사각형 모양 정원의 둘레에 같은 간격으로 나무를 최대한 적게 심기 위한 나무 사이의 간격은 가로 길이와 세로 길이의 최대공약수인 $2 \times 5 \times 11 = 110$m이다. 이에 따라 110m 간격으로 나무를 심어야 하므로 가로 길이에 필요한 나무의 개수는 1,320 / 110 = 12개이고, 세로 길이에 필요한 나무의 개수는 770 / 110 = 7개이다.

따라서 필요한 나무의 개수는 (12 + 7) × 2 = 38개이다.

13 수리능력 문제   정답 ③

제시된 각 숫자 간의 값이 +2, +3, +5, +7, +11, …와 같이 가장 작은 소수부터 더해지는 규칙이 적용되므로 빈칸에 들어갈 알맞은 숫자는 '31'이다.

14 수리능력 문제   정답 ⑤

[성별 이러닝 이용매체 이용 비율]에서 이러닝 이용매체별로 전체 이용 비율과 남자의 이용 비율의 차이가 전체 이용 비율과 여자의 이용 비율의 차이와 같은 것을 통해 남자와 여자의 응답 비율이 같고, 남자 응답자 수와 여자 응답자 수도 같음을 파악할 수 있다. 남자 응답자 수와 여자 응답자 수가 같아 CD 및 DVD 등 저장매체를 이용한다고 응답한 여자 응답자의 비율은 전체의 3.7/2 = 1.85%이지만, 40대 중 CD 및 DVD 등 저장매체를 이용한다고 응답한 비율은 2.8%로 제시된 자료만으로는 전체에서 연령별 응답자의 비중을 알 수 없기 때문에 CD 및 DVD 등 저장매체를 이용한다고 응답한 여자 응답자 수와 40대 응답자 수를 비교할 수 없으므로 가장 적절하지 않다.

① 인터넷 사이트를 이용한다고 응답한 비율은 3~9세를 제외한 모든 응답 연령에서 50% 이상으로 이용매체 중 비율이 가장 높으므로 적절하다.

② 남자 중 인터넷 사이트를 이용한다고 응답한 비율인 67.5%는 여자 중 교육방송을 이용한다고 응답한 비율인 20.9%의 세 배 이상이므로 적절하다.

③ 전체에서 핸드폰 등 모바일기기를 이용한다고 응답한 비율이 CD 및 DVD 등 저장매체를 이용한다고 응답한 비율보다 높아 응답자 수도 많으므로 적절하다.

④ 남자 응답자 수와 여자 응답자 수가 같아 교육방송을 이용한다고 응답한 남자 응답자의 비율은 전체의 20.3/2 = 10.15%이고, 30대 중 핸드폰 등 모바일기기를 이용한다고 응답한 비율은 9.9%로 30대 중 핸드폰 등 모바일기기를 이용한다고 응답한 비율이 전체의 9.9%를 넘을 수 없으므로 적절하다.

15 수리능력 문제   정답 ⑤

원가가 12,000원인 물건에 x원의 이익을 붙여 책정한 정가는 $12,000 + x$원이다. 또한, 판매량이 저조하여 정가의 20%를 할인하였으므로 판매 가격은 $(12,000 + x) \times (1 - 0.2)$이다. 할인가로 판매한 결과, 물건 한 개당 원가에 대해 8%의 수익이 발생하였으므로 할인가로 판매한 물건의 판매 가격은 원가 12,000원보다 12,000 × 0.08 = 960원 높은 가격으로 판매된 12,000 + 960 = 12,960원임을 알 수 있다.

$(12,000 + x) \times (1 - 0.2) = 12,960$

→ $(12,000 + x) \times 0.8 = 12,960$ → $x = 4,200$

따라서 원가에 붙인 이익 x의 값은 4,200원이다.

16 수리능력 문제   정답 ⑤

제시된 도표는 원 그래프이며, 광고비 변화에 따른 산업별 매출액의 추이와 같이 다양한 요소를 비교하거나 각 요소의 관계를 나타내는 데 적합한 그래프는 방사형 그래프(레이더 차트)이므로 적절하지 않다.

① 원 그래프는 원에 내역이나 내용의 구성비에 따라 분할하여 나타낼 때 활용할 수 있는 그래프이므로 적절하다.

② 원 그래프를 작성할 때는 정각 12시의 선을 시작선으로 하며, 이를 기점으로 하여 구성 비율이 높은 순서로 오른쪽으로 그려야 하므로 적절하다.

③ 원 그래프는 각 내역이나 내용의 구성비에 따라 원을 분할하여 나타내는 그래프로, 정교하게 작성하기 위해서는 수치를 각도로 환산해야 하는 단점이 있으므로 적절하다.

④ 원 그래프는 원의 중심각에서 반지름으로 나누어 만들어지는 부채꼴의 넓이로 각 내역이나 내용의 크기를 나타내는 면적 그래프의 일종이므로 적절하다.

17 수리능력 문제

어떤 사건 A가 일어날 확률을 p라고 할 때, 사건 A가 일어나지 않을 확률은 $1-p$임을 적용하여 구한다.

눈이 내린 다음 날 눈이 내릴 확률은 $\frac{2}{3}$이므로 눈이 내린 다음 날 눈이 내리지 않을 확률은 $\frac{1}{3}$이고, 눈이 내리지 않은 다음 날 눈이 내릴 확률은 $\frac{1}{6}$이므로 눈이 내리지 않은 다음 날 눈이 내리지 않을 확률은 $\frac{5}{6}$이다.

오늘 눈이 내리지 않았을 때, 2일 뒤 눈이 내리지 않을 확률은 다음과 같이 2가지 경우가 있으며, 다음 날 눈이 내리고, 2일 뒤 눈이 내리지 않을 확률은 $\frac{1}{6} \times \frac{1}{3} = \frac{1}{18} = \frac{2}{36}$, 다음 날 눈이 내리지 않고, 2일 뒤 눈이 내리지 않을 확률은 $\frac{5}{6} \times \frac{5}{6} = \frac{25}{36}$이다.

따라서 오늘 눈이 내리지 않았을 때, 2일 뒤 눈이 내리지 않을 확률은 $\frac{2}{36} + \frac{25}{36} = \frac{27}{36} = \frac{3}{4}$이다.

18 수리능력 문제

n개 중 같은 것이 각각 p개, q개 있을 때, n개를 모두 사용하여 한 줄로 배열하는 경우의 수는 $\frac{n!}{p!q!}$(단, $p+q=n$)임을 적용하여 구한다.

회사에서 G 사까지 오른쪽으로 이동한 칸의 수를 p, 위쪽으로 이동한 칸의 수를 q라고 하면 회사에서 G 사까지 최단 거리로 이동하려면 오른쪽으로 5칸, 위쪽으로 4칸 움직여야 하므로 회사에서 출발하여 G 사까지 최단 거리로 이동하는 모든 경우의 수는 $\frac{9!}{5!4!} = 126$가지이고, 회사에서 출발하여 H 사에 들렀다가 G 사까지 최단 거리로 이동하는 모든 경우의 수는 $\frac{4!}{3!1!} \times \frac{5!}{2!3!} = 40$가지이다.

따라서 회사에서 출발하여 H 사에 들르지 않고 G 사까지 이동하는 경우의 수는 $126 - 40 = 86$가지이다.

19 수리능력 문제

여학생의 경우 초등학교 2학년과 초등학교 5학년의 평균 키 차이는 $145.1 - 127.2 = 17.9$cm이므로 적절하지 않다.

오답 체크

① 제시된 그래프는 비교하고자 하는 수량을 막대 길이로 표시하고, 길이를 비교하여 각 수량 간의 대소관계를 나타낼 때 활용할 수 있으며, 막대를 수직으로 나타낸 수직 막대 그래프이므로 적절하다.

② 남학생의 경우 초등학교 1학년 대비 초등학교 6학년 평균 키의 증가율은 $\{(151.8 - 121.3) / 121.3\} \times 100 ≒ 25.1\%$이므로 적절하다.

③ 중학교에서 학년이 올라갈수록 남녀 학생 간의 평균 키 차이가 1학년은 $160.3 - 157.8 = 2.5$cm, 2학년은 $165.7 - 158.9 = 6.8$cm, 3학년은 $170.5 - 160.4 = 10.1$cm로 벌어지므로 적절하다.

⑤ 초등학교 5학년 여학생의 평균 키가 남학생의 평균 키보다 크므로 적절하다.

> 🕐 **빠른 문제 풀이 Tip**
> ② 평균 키의 증가율은 일의 자리에서 반올림한 근삿값으로 계산한다.
> 초등학교 1학년 남학생의 평균 키가 20% 증가한 수치인 $120 \times 1.2 = 144$cm는 초등학교 6학년 남학생의 평균 키인 151.8cm보다 작으므로 평균 키의 증가율은 20% 이상임을 알 수 있다.

20 수리능력 문제

작년에 근무한 남자 사원 수를 x, 여자 사원 수를 y라고 하면 현재 근무하고 있는 남자 사원 수는 작년 대비 3% 감소하였으므로 $0.97x$이고, 현재 여자 사원 수는 작년 대비 2% 증가하였으므로 $1.02y$가 된다.

$x + y = 2,000 \rightarrow 1.02x + 1.02y = 2,040$ ⋯ ⓐ
$0.97x + 1.02y = 1,990$ ⋯ ⓑ
ⓐ - ⓑ에서 $0.05x = 50 \rightarrow x = 1,000$, $y = 1,000$

따라서 작년 남자 사원 수는 1,000명, 작년 여자 사원 수는 1,000명이므로 현재 근무하고 있는 남자 사원의 수는 $0.97 \times 1,000 = 970$명이다.

21 문제해결능력 문제

ⓒ 비교발상법은 주제와 본질적으로 닮은 것을 힌트로 새로운 아이디어를 얻으므로 적절하다.

ⓜ 비교발상법의 구체적인 시행 방법으로는 대상과 비슷한 것을 찾아내 그것을 힌트로 새로운 아이디어를 생각해 내는 NM법과 서로 관련이 없어 보이는 것들을 조합하여 새로운 것을 도출해내는 집단 아이디어 발상법인 시네틱스가 있으므로 적절하다.

따라서 창의적 사고 개발 방법 중 비교발상법에 대한 설명으로 적절한 것은 'ⓒ, ⓜ'이다.

오답 체크

ⓞ 브레인스토밍은 자유연상법의 구체적인 시행 방법 중 하나이므로 적절하지 않다.

ⓛ 각종 힌트를 통해 사고 방향을 미리 정하는 방법은 강제연상법이므로 적절하지 않다.

ⓔ 어떤 주제에서 다른 생각을 계속해서 떠올려 확장시키는 사고 방법은 자유연상법이므로 적절하지 않다.

22 문제해결능력 문제

주어진 명제가 참일 때, 그 명제의 대우가 참인 것을 이용한다.
두 번째 명제와 세 번째 명제의 대우, 첫 번째 명제의 대우를 차례로 결합한 결론은 다음과 같다.

- 두 번째 명제: 동물을 무서워하면 마음씨가 곱지 않다.
- 세 번째 명제(대우): 마음씨가 곱지 않으면 꽃을 좋아하지 않는다.
- 첫 번째 명제(대우): 꽃을 좋아하지 않으면 꿀벌이 아니다.
- 결론: 동물을 무서워하면 꿀벌이 아니다.

따라서 동물을 무서워하면 꿀벌이 아니므로 항상 참인 설명이다.

오답 체크
① 마음씨가 고우면 꿀벌인지는 알 수 없으므로 항상 참인 설명은 아니다.
② 동물을 무서워하지 않으면 꿀벌인지는 알 수 없으므로 항상 참인 설명은 아니다.
③ 꽃을 좋아하면 동물을 무서워하지 않으므로 항상 거짓인 설명이다.
④ 마음씨가 곱지 않으면 동물을 무서워하는지는 알 수 없으므로 항상 참인 설명은 아니다.

23 문제해결능력 문제 정답 ②

문제는 원활한 업무수행을 위해 해결되어야 하는 질문이나 의논 대상으로, 문제의 근본 원인이 되는 사항으로써 문제해결을 위해서 손을 써야 할 대상을 일컫는 문제점과 구분된다. 부실공사로 인해 건물의 붕괴 사고가 일어났을 때, '문제'는 사고의 발생이며, '문제점'은 사고의 근본 원인인 부실공사이므로 가장 적절하지 않다.

24 문제해결능력 문제 정답 ④

쇼핑몰별 고객 만족도 점수는 다음과 같다.

구분	제품 다양성	이용 편리성	배송 신속성	고객 만족도
A 쇼핑몰	2×0.5 =1점	4×0.3 =1.2점	2×0.2 =0.4점	(1+1.2+0.4)+0.5 =3.1점
B 쇼핑몰	3×0.5 =1.5점	3×0.3 =0.9점	4×0.2 =0.8점	1.5+0.9+0.8 =3.2점
C 쇼핑몰	5×0.5 =2.5점	2×0.3 =0.6점	2×0.2 =0.4점	(2.5+0.6+0.4)+0.5 =4.0점
D 쇼핑몰	4×0.5 =2점	3×0.3 =0.9점	4×0.2 =0.8점	2+0.9+0.8 =3.7점

따라서 D 쇼핑몰이 도서산간지역 배송이 가능해지면 고객 만족도 점수는 3.7+0.5=4.2점이 되므로 가장 적절하지 않다.

25 문제해결능력 문제 정답 ④

'객관성'은 결론에 도달하는 데 감정적, 주관적인 요소를 배제하고 경험적 증거나 타당한 논증을 근거로 하는 태도이며, 다양한 신념들을 인정하고 편견이나 선입견에 의하여 결정을 내리지 않는 태도는 '개방성'이므로 적절하지 않다.

26 문제해결능력 문제 정답 ①

업무 수행 과정에서 발생하는 문제 유형은 발생형 문제, 탐색형 문제, 설정형 문제로 분류된다.
㉠ 현재의 상황을 개선하거나 효율을 높이기 위한 문제는 '탐색형' 문제이다.
㉡ 현재 직면하여 걱정하고 해결하기 위해 고민하는 문제는 '발생형' 문제이다.
㉢ 장래의 경영 전략을 생각하는 문제로 앞으로 어떻게 할 것인가 하는 문제는 '설정형' 문제이다.
따라서 ㉠~㉢에 들어갈 용어를 바르게 연결한 것은 ①이다.

27 문제해결능력 문제 정답 ⑤

제시된 조건에 따르면 다섯 명 중 한 명은 피자를 몰래 먹었으며, 한 명만이 거짓을 말하고 있으므로 피자를 먹은 사람에 대해 상반된 진술을 하는 B와 D 중 한 명은 거짓을 말하고 있다. 먼저 B의 진술이 거짓이라고 가정하면 C 또는 D가 피자를 먹었고, D의 진술은 진실이 되어 C가 피자를 먹었지만 이는 A 또는 E가 피자를 먹었다는 C의 말에 모순되므로 B의 진술은 진실이다. B의 진술이 진실이고 D의 진술이 거짓이라고 가정하면 C와 D는 피자를 먹지 않았고, 진실을 말하는 A와 C의 진술에 의해 피자를 먹은 사람은 E가 된다. 이때 자신과 D 중 적어도 한 명은 피자를 먹지 않았다는 E의 진술도 진실이 되므로 거짓을 말한 사람은 D가 된다.
따라서 피자를 먹은 사람은 E이다.

28 문제해결능력 문제 정답 ①

'2. 지원 내용'에서 지원금은 즉시 결제 가능한 체크카드에 포인트로 지급되며, 현금 인출 및 현금 사용은 불가하다고 하였으므로 카드 결제기를 구비해놓지 않아 현금 결제만 가능한 학원은 지원금으로 결제할 수 없다는 내용은 적절하다.

오답 체크
② '1. 지원 자격'에서 병역 기간은 졸업·중퇴 후 기간 산정에서 최대 5년까지 제외된다고 하였으며 대학교 졸업 후 장교로 군대에 입대하여 6년간 근무하고 제대한 신청자는 대학교 졸업 후 2년 이내 지원이라는 지원 조건에 부합하므로 적절하지 않다.
③ '1. 지원 자격'에서 가구원 모두의 최근 3개월 월평균 건강보험료 본인부담금으로 산정한 가구소득이 기준 중위 120% 이하여야 한다고 하였으며, [2020년 건강보험료 본인부담금에 따른 소득 기준]에서 가구원 수 4인 직장가입자의 기준 중위소득 120%는 192,080원이기 때문에 4인 가구 직장가입자인 민수네 가구원의 건강보험료 본인부담금이 최근 3개월간 월평균 194,000원이었다면 소득 수준이 지원 조건을 충족하지 못하였으므로 적절하지 않다.
④ '3. 신청 절차'에서 지원 자격을 만족하는 신청자 중 우선순위를 고려하여 예산 금액 내에서 선정한다고 하였으므로 적절하지 않다.

⑤ '2. 지원 내용'에서 구직활동지원금은 월 50만 원씩 최대 6개월간 지급되며 6개월 지원금을 모두 수령 후 취업한 경우 취업성공금은 추가로 지급되지 않는다고 하였으므로 적절하지 않다.

29 문제해결능력 문제　　　　　정답 ⑤

초등학생인 보현이와 경로우대가 적용되지 않는 부모님이 박물관을 관람할 때 필요한 요금은 (9,000 × 2) + 7,000 = 25,000원이다. 이때 보현이의 가족이 모두 S 도시 거주민이므로 관람료의 20%를 할인받을 수 있다.

따라서 보현이의 가족이 할인받는 요금의 총액은 25,000 × 0.2 = 5,000원이다.

30 문제해결능력 문제　　　　　정답 ④

상대가 의도하지 않은 것을 강조하거나 허점을 비판하여 자신의 주장을 내세우는 오류는 자신의 주장이 빈약할 때 엉뚱한 문제를 공격해 이익을 취하는 '허수아비 공격의 오류'이다.

오답 체크

① 인과의 오류: 인과의 원인이 아닌 것을 원인이라고 주장하는 오류
② 잘못된 유비추리의 오류: 유사하지 않은 두 관계를 동등한 관계로 비유해 추리하는 오류
③ 성급한 일반화의 오류: 대표성이 결여된 한정적인 정보만으로 성급하게 일반 원칙을 도출할 때 발생하는 오류
⑤ 논점 일탈의 오류: 서로 연관이 없는 사안이나 망상을 인용하면서 핵심으로부터 주위를 돌리는 오류

🔎 더 알아보기

논리적 오류의 대표 유형

권위나 인신공격에 의존한 논증	다른 사람의 권위를 빌려 자신의 논리적 취약점을 가리거나 상대방의 주장이 아니라 상대방의 인격을 공격하는 오류
무지의 오류	증명할 수 없거나 증명이 어려운 주장이 증명되지 않았다는 이유로 그 반대의 주장이 참이라고 생각하는 오류
결합·분리의 오류	집합의 부분이 가지는 속성을 전체 집합도 가지고 있다고 여기거나 반대로 전체 집합이 가지는 속성을 그 집합의 부분들도 가지고 있다고 여길 때 발생하는 오류
복합 질문의 오류	사실상 두 가지 이상의 내용이 합쳐진 하나의 질문을 함으로써 답변자가 어떻게 대답하든 숨겨진 질문에 수긍하게 만드는 질문을 할 때 발생하는 오류
과대 해석의 오류	의도하지 않은 행위의 결과에 대해 의도가 있었다고 확대 해석할 때 발생하는 오류
애매성의 오류	애매한 언어를 사용하여 발생하는 오류
연역법의 오류	'A는 B이다, B는 C이다, 따라서 A는 C이다.'와 같은 삼단논법에서 발생하는 오류

31 자원관리능력 문제　　　　　정답 ③

이동 시간이 표기되어있지 않은 가와 다, 가와 마 지역 간 이동을 위해서는 다른 지역을 경유해야 하므로 S 씨가 가 지역에서 출발하여 모든 지역을 들르는 데 걸리는 시간은 다음과 같다.

배송 경로	소요 시간
가 → 나 → 다 → 마 → 라	30 + 40 + 60 + 20 = 150분
가 → 나 → 라 → 마 → 다	30 + 35 + 20 + 60 = 145분
가 → 라 → 나 → 다 → 마	50 + 35 + 40 + 60 = 185분
가 → 라 → 마 → 다 → 나	50 + 20 + 60 + 40 = 170분

따라서 S 씨가 가 지역에서 출발하여 모든 지역을 들르는 데 걸리는 최소 이동 시간은 145분이고, 이때 마지막으로 들르는 지역은 다 지역이다.

32 자원관리능력 문제　　　　　정답 ⑤

현대사회는 정보통신기술의 발달로 인해 사람, 정보, 사물 등을 네트워크로 촘촘하게 연결한 초연결사회로, 사람을 직접 대면하지 않고 시·공간을 초월하여 네트워크상(SNS)에서 인맥 관리를 효율적으로 할 수 있으므로 가장 적절하지 않다.

33 자원관리능력 문제　　　　　정답 ⑤

1순위 조건을 고려하여 워크숍 참가 인원 30명 모두 수용 가능한 호텔은 A, C, E 호텔이다. 이 세 가지의 호텔에서 2순위 조건을 고려하여 30명이 묵는 객실 금액의 총합을 계산하면 A 호텔이 57,000 × 15 = 855,000원, C 호텔이 126,000 × 5 = 630,000원, E 호텔이 126,000 × 5 = 630,000원으로 객실 금액의 총합이 80만 원 미만인 호텔은 C, E 호텔이다. 마지막으로 이 두 가지의 호텔에서 3순위 조건을 고려하면 직원 선호도 순위가 더 높은 E 호텔을 예약해야 한다.

따라서 김 대리가 예약할 호텔은 E 호텔이다.

34 자원관리능력 문제　　　　　정답 ②

제시된 자료에 따르면 제작해야 할 홍보 책자는 650권이고, 9/11 (목)에 제작 의뢰하여 9/16(화)까지 제작 완료해야 하므로 각 인쇄소는 9/12(금)부터 9/16(화)까지 제작을 진행한다. A 인쇄소는 매주 토요일 휴무이므로 12일, 14일, 15일, 16일 총 4일 동안 제작이 가능하여 170 × 4 = 680권을 제작할 수 있다. B 인쇄소는 매주 토요일, 일요일 휴무이므로 12일, 15일, 16일 총 3일 동안 제작이 가능하여 180 × 3 = 540권을 제작할 수 있다. C 인쇄소는 휴무일이 없으므로 12일, 13일, 14일, 15일, 16일 총 5일 동안 제작이 가능하여 135 × 5 = 675권을 제작할 수 있다. D 인쇄소는 매주 일요일 휴무이므로 160 × 4 = 640권을 제작할 수 있다. E 인쇄소는 매주 토

요일 휴무이므로 175 × 4 = 670권을 제작할 수 있다. 이에 따라 일정 내에 홍보 책자를 제작할 수 있는 인쇄소는 A 인쇄소, C 인쇄소, E 인쇄소이고, 일정 내에 제작이 가능한 인쇄소 중에서 비용이 가장 적게 드는 인쇄소를 선정해야 하므로 권당 단가가 가장 저렴한 E 인쇄소를 선정해야 한다.

따라서 E 인쇄소에 지불할 총비용은 650 × 110 = 71,500원이다.

35 자원관리능력 문제　　　　　　　정답 ③

ⓒ 개별 물품의 특성을 고려하여 보관 장소를 선정하는 것은 '물품 특성에 맞는 보관 장소 선정'에 해당하는 내용이며, '사용 물품과 보관 물품의 구분'에는 물품을 정리하고 보관할 때 해당 물품을 앞으로도 계속 사용할지 그렇지 않을지 구분하여 물품 활용의 편리성을 키워야 한다는 내용이 포함되어야 하므로 적절하지 않다.

ⓔ 물품의 활용 빈도가 높은 품목은 낮은 위치가 아닌 가져다 쓰기 쉬운 위치에 보관해야 하므로 적절하지 않다.

36 자원관리능력 문제　　　　　　　정답 ②

A는 시간의 여유가 충분한 상황에서도 가깝다는 이유만으로 거리가 먼 할인 마트보다 옆 건물에 위치한 편의점에서 물품을 구매하고 있으므로 '편리성 추구'가 가장 적절하다.

🔎 더 알아보기
자원 낭비요인

비계획적 행동	계획 없이 충동적이고 즉흥적으로 행동하는 것으로, 목표치가 없기 때문에 자원을 얼마나 낭비하는지 파악하지 못함
편리성 추구	자신이 편한 방향으로만 자원을 활용하는 것으로, 시간 및 물적자원의 낭비뿐만 아니라 주위의 인맥도 줄어드는 문제가 발생함
자원에 대한 인식 부재	자신이 가지고 있는 중요한 자원을 인식하지 못하는 것으로, 물적 자원만을 자원이라고 인식한 경우 무의식적으로 중요 자원을 낭비할 수 있음
노하우 부족	자원관리의 중요성을 인식하면서도 효과적인 방법을 활용할 줄 모르는 것으로, 경험이나 학습을 통해 극복할 수 있음

37 자원관리능력 문제　　　　　　　정답 ⑤

필요한 모든 일을 중요한 범주에 따라 체계화시켜 구분해 놓은 그래프인 과업세부도는 파악된 활동이나 과업을 비용과 연결하여 어떤 항목에 얼마의 비용이 필요한지 정확하게 확인할 수 있어서 전체 예산을 정확하게 분배할 수 있으므로 가장 적절하다.

오답 체크

① 예산은 필요한 비용을 미리 계산하는 것이나 그 비용을 의미하며, 넓은 범위에서 민간기업, 공공단체 및 기타 조직체는 물론이고 개인의 수입·지출에 관한 것도 포함되므로 적절하지 않다.

② 예산관리를 해야 하는 이유는 예산의 유한성 때문이므로 적절하지 않다.

③ 가장 바람직한 예산관리 방법은 무조건 비용을 적게 들이는 것이 아니라 책정 비용과 실제 비용의 차이를 줄이고, 비슷한 상태를 유지하는 것이므로 적절하지 않다.

④ 예산을 정확하게 수립하였다 하더라도 활동이나 사업을 진행하는 과정에서 계획에 따라 적절히 관리하지 않으면 아무런 효과가 없으므로 적절하지 않다.

38 자원관리능력 문제　　　　　　　정답 ③

A 사원은 분명한 목적 없이 자신의 주관적인 판단으로 핑킹가위를 구매하였고, 이에 대한 관리를 소홀히 하다가 핑킹가위를 분실하였다.

따라서 물품을 분명한 목적 없이 구입하여 관리를 소홀히 한 '분명한 목적 없이 물건을 구입한 경우'에 해당한다.

오답 체크

② 핑킹가위를 업무에 사용하는 직원이 없었다고 하였으므로 물적자원을 분실하여 해당 물품을 다시 구입해야 하는 '물적자원을 분실한 경우'에는 해당하지 않는다.

🔎 더 알아보기
물적자원 활용의 방해요인

물적자원의 보관 장소를 파악하지 못하는 경우	물적자원이 필요한 상황에 즉시 공급하기 어려워지고, 이에 따라 시간이 지체될 경우 물적자원의 사용으로 인한 효과를 거둘 수 없게 되므로 물적자원을 보관하고 있는 위치를 정확하게 파악하는 것이 중요함
물적자원이 훼손된 경우	물적자원의 사용 기간은 한정되어 있기 때문에 물적자원이 고장 나거나 훼손되어 경제적 손실이 발생하지 않도록 적절히 관리해야 함
물적자원을 분실한 경우	물적자원을 분실하여 다시 해당 물품을 구입해야 하는 일이 발생하지 않도록 적절히 관리해야 함
분명한 목적 없이 물건을 구입한 경우	분명한 목적 없이 구입한 물품은 관리에 소홀하게 되고, 필요 시 보관 장소 파악이 어려워 적재적소에 활용하기 쉽지 않음

39 자원관리능력 문제 정답 ②

김 과장의 직급은 과장이므로 출장 일자별로 과장 직급의 출장 수당과 편도 교통비를 확인한다. 1월 17일에 다녀온 출장 지역은 경기도이고, 출장 기간은 당일 4시간이며 개인 차량을 이용하였으므로 출장비는 (50,000 × 0.5) + (30,000 × 2 × 0.7) = 67,000원 지급된다. 2월 12일부터 2월 14일 기간에 다녀온 출장 지역은 경상남도이고, 출장 기간은 2박 3일이므로 출장비는 (80,000 × 3) + (60,000 × 2) = 360,000원 지급된다. 또한, 3월 5일부터 3월 6일 기간에 다녀온 출장 지역은 전라북도이고, 출장 기간은 1박 2일이며 개인 차량을 이용하였으므로 출장비는 (80,000 × 2) + (60,000 × 2 × 0.7) = 244,000원 지급된다. 4월 9일부터 4월 10일 기간에 다녀온 출장 지역은 강원도이고, 출장 기간은 1박 2일이므로 출장비는 (80,000 × 2) + (60,000 × 2) = 280,000원 지급된다.
따라서 김 과장이 지급받을 출장비의 총액은 67,000 + 360,000 + 244,000 + 280,000 = 951,000원이다.

40 자원관리능력 문제 정답 ③

능력주의는 신입사원들이 자신의 능력을 발휘할 수 있는 기회가 주어지도록 하는 것이므로 능력주의에 대해 이야기하고 있는 사람은 '병'이다.

오답 체크

① 신입사원들을 포함한 모든 조직 구성원들이 평등하게 느끼는 적재적소를 고려하는 것은 균형주의에 대한 설명이므로 적절하지 않다.
② 신입사원들의 성격을 고려하여 부서 배치를 하는 것은 적재적소주의에 대한 설명이므로 적절하지 않다.
④ 신입사원들의 학력과 개인의 목표보다는 개인의 현재 능력과 팀 전체의 능력 향상을 더 고려하여야 하므로 적절하지 않다.
⑤ 팀의 효율성을 높이기 위해서는 적재적소주의에 따라 팀원의 능력이나 성격에 적합한 위치에 배치하여 팀원 개개인의 능력을 최대로 발휘할 수 있도록 해야 하므로 적절하지 않다.

[41-43]
41 정보능력 문제 정답 ②

num1의 값은 0, num2의 값은 3, SUM의 값은 0으로 초깃값이 설정되어 있다. 첫 번째 테스트에서 입력한 num1의 값이 17일 때, num1의 값은 소수이므로 True로 이동하고, num1 + num2 = 17 + 3 = 20이므로 num2의 값은 20으로 설정한다. 이때, num2 - 7 = 20 - 7 = 13이므로 SUM의 값은 13으로 출력된다. 두 번째 테스트에서 입력한 num1의 값이 15일 때, num1의 값은 소수가 아니므로 False로 이동하고, num1 - num2 = 15 - 3 = 12이므로 num2의 값은 12로 설정한다. 이때, num2 + 5 = 12 + 5 = 17이므로 SUM의 값은 17로 출력된다.

따라서 두 번의 테스트에서 결괏값으로 출력된 SUM의 값의 차이는 17 - 13 = 4이다.

42 정보능력 문제 정답 ③

㉠에 해당하는 순서도의 기호에는 조건을 비교하여 True/False를 판단하는 조건문이 작성되어야 한다.
따라서 ㉠에 들어갈 문장은 'max의 값이 음수인가요?'가 가장 적절하다.

오답 체크

①, ④ 값을 서로 교환하거나 덧셈 연산을 통해 데이터의 연산, 이동 등을 처리하는 문장이므로 적절하지 않다.
② 결괏값을 문서로 출력하는 문장이므로 적절하지 않다.
⑤ 조건을 비교하여 True/False를 판단하는 조건문이지만, count의 초깃값은 설정되지 않아 확인할 수 없으므로 적절하지 않다.

43 정보능력 문제 정답 ③

㉠ 문자열을 출력하기 위한 서식 지정자는 '%s'이다.
㉡ 부동 소수점으로 표현한 실수를 출력하기 위한 서식 지정자는 '%f'이다.
㉢ 부호가 있는 10진수 정수를 출력하기 위한 서식 지정자는 '%d'이다.
따라서 ㉠~㉢에 들어갈 서식 지정자를 바르게 연결한 것은 ③이다.

44 정보능력 문제 정답 ②

[탕비실 비품 구매 현황]에서 커피 단가를 구하기 위해서는 [비품 단가]에서 커피의 단가에 해당하는 금액을 반환해야 한다. 이에 따라 범위의 첫 번째 열에서 검색값과 같은 데이터를 찾은 후 검색값이 있는 행에서 지정된 열 번호 위치에 있는 데이터를 입력할 때 사용하는 함수인 VLOOKUP을 사용하는 것이 적절하며, VLOOKUP 함수식인 '= VLOOKUP(검색값, 검색 범위, 열 번호, 옵션)'을 적용한다.
따라서 커피의 단가를 알기 위해 [C5] 셀에 입력할 함수식은 '= VLOOKUP(A5, G5:H9, 2, 0)'이 된다.

구분	내용	적용
검색값	단가를 구할 품목	A5
검색 범위	커피 품목을 찾아 해당 단가를 반환할 범위	G5:H9
열 번호	검색 범위에서 반환하고자 하는 값인 단가가 있는 열의 위치	2
옵션	정확하게 일치하는 값을 찾고 싶으면 '0', 근삿값을 찾고 싶으면 '1'	0

더 알아보기

함수	설명
LOOKUP	배열이나 한 행 또는 한 열 범위에서 원하는 값을 찾음 식 = LOOKUP(검색값, 검색 범위, 결과 범위)
HLOOKUP	범위의 첫 번째 행에서 검색값과 같은 데이터를 찾은 후 검색값이 있는 열에서 지정된 행 번호 위치에 있는 데이터를 입력함 식 = HLOOKUP(검색값, 검색 범위, 행 번호, 옵션)

45 정보능력 문제   정답 ①

데이터베이스의 작업은 '시작 → 데이터베이스 만들기 → 자료 입력 → 저장 → 자료 검색 → 보고서 인쇄 → 종료' 순으로 진행되므로 가장 적절하다.

46 정보능력 문제   정답 ③

정보는 아무리 중요한 내용이라도 공개되는 순간 그 가치가 급격하게 떨어지는 것이 보통이므로 정보의 특징에 대해 잘못 이야기하고 있는 사람은 '상연'이다.

47 정보능력 문제   정답 ③

ⓒ 데이터가 훨씬 조직적으로 저장되어 있어 이러한 데이터를 이용하는 프로그램의 개발이 더욱 쉬워지고 개발 기간이 단축되므로 여러 데이터를 한 곳에서 관리하고 있어 데이터의 양이 방대해지므로 데이터를 이용하는 프로그램의 개발에 시간이 오래 소요된다는 설명은 적절하지 않다.

ⓑ 데이터가 중복되지 않고 한 곳에만 기록되어 있어 결함이 없는 데이터를 유지하는 것이 쉬우므로 데이터를 한 곳에서 관리하고 있어 결함 없는 데이터를 유지하기가 비교적 어렵다는 설명은 적절하지 않다.

따라서 데이터베이스의 특성에 대한 설명으로 적절하지 않은 것은 'ⓒ, ⓑ'이다.

오답 체크

㉠ 데이터가 변경되면 한 곳에서만 수정하면 되기 때문에 해당 데이터를 이용하는 모든 애플리케이션은 최신의 데이터를 즉시 이용할 수 있으므로 적절하다.

ⓒ 데이터베이스 시스템을 이용하면 데이터의 중복이 현저하게 줄어들게 되므로 적절하다.

ⓔ 한 번에 여러 파일에서 데이터를 찾아내는 기능은 원하는 검색이나 보고서 작성 등을 쉽게 할 수 있게 해주므로 적절하다.

ⓓ 대부분의 데이터베이스 관리시스템은 사용자가 정보에 대한 보안등급을 정할 수 있게 해주므로 적절하다.

48 정보능력 문제   정답 ②

전자 계산표 또는 표 계산 프로그램인 스프레드시트는 워드프로세서와 같이 문서를 작성하고 편집하는 기능 외에도 수치나 공식을 입력하여 그 값을 계산해 내고, 계산 결과를 차트로 표시할 수 있는 기능을 가지고 있으므로 빈칸에 들어갈 소프트웨어의 종류로 가장 적절한 것은 '스프레드시트'이다.

[49-50]
49 정보능력 문제   정답 ①

진영이가 대여한 자전거의 코드는 'H24CK40NK121'로, 분류 코드가 'H24'이므로 하이브리드형이고, 생산 재질 코드가 'CK'이므로 크롬강 재질이다. 또한, 생산 일자 코드가 '40N'이므로 2019년에 생산되었고, 대여 지역 코드가 'K12'이므로 강동구에서 대여하였다. 이때, 코드 가장 마지막에 1이 추가되어 있으므로 부가 용품이 장착된 자전거이다.

따라서 자전거를 대여한 지역이 강동구라는 정보가 적절하다.

50 정보능력 문제   정답 ④

D 자전거의 분류는 미니벨로형으로 분류 코드는 'M54'이고, 생산 재질은 하이텐으로 생산 재질 코드는 'HT'이다. 또한, 생산 일자는 2018년으로 생산 일자 코드는 '32E'이고, 대여 지역은 중랑구로 대여 지역 코드는 'J83'이며, 부가 용품은 장착되어 있지 않으므로 D 자전거의 자전거 코드는 'M54HT32EJ83'으로 작성되어야 한다.

따라서 자전거 코드가 잘못 작성된 자전거는 D 자전거이다.

실전모의고사 3회 | 60문항형 |

정답

01 의사소통	02 의사소통	03 의사소통	04 의사소통	05 의사소통	06 의사소통	07 의사소통	08 의사소통	09 의사소통	10 의사소통
④	②	④	③	③	⑤	①	④	①	③
11 수리	**12** 수리	**13** 수리	**14** 수리	**15** 수리	**16** 수리	**17** 수리	**18** 수리	**19** 수리	**20** 수리
③	③	④	⑤	③	⑤	③	②	③	①
21 문제해결	**22** 문제해결	**23** 문제해결	**24** 문제해결	**25** 문제해결	**26** 문제해결	**27** 문제해결	**28** 문제해결	**29** 문제해결	**30** 문제해결
①	⑤	③	①	⑤	⑤	③	②	②	②
31 자원관리	**32** 자원관리	**33** 자원관리	**34** 자원관리	**35** 자원관리	**36** 자원관리	**37** 자원관리	**38** 자원관리	**39** 자원관리	**40** 자원관리
②	②	②	③	③	④	④	③	④	②
41 정보	**42** 정보	**43** 정보	**44** 정보	**45** 정보	**46** 정보	**47** 기술	**48** 기술	**49** 기술	**50** 기술
②	②	③	③	④	③	③	①	②	④
51 기술	**52** 기술	**53** 기술	**54** 조직이해	**55** 조직이해	**56** 조직이해	**57** 조직이해	**58** 조직이해	**59** 조직이해	**60** 조직이해
③	①	⑤	④	⑤	⑤	②	④	③	①

취약 영역 분석표

영역별로 맞힌 개수, 틀린 문제 번호와 풀지 못한 문제 번호를 적고 나서 취약한 영역이 무엇인지 파악해보세요. 취약한 영역은 해커스잡 사이트 (ejob.Hackers.com)에서 제공하는 <빈출 핵심 개념집>을 학습하고, 틀리거나 풀지 못한 문제를 다시 풀어보면서 확실히 극복하세요.

학습 날짜	영역	맞힌 개수	틀린 문제 번호	풀지 못한 문제 번호
___월 ___일	의사소통능력	/10		
	수리능력	/10		
	문제해결능력	/10		
	자원관리능력	/10		
	정보능력	/6		
	기술능력	/7		
	조직이해능력	/7		

해설

01 의사소통능력 문제
정답 ④

ⓒ 상대방을 향하여 상체를 기울여 다가앉은 자세를 통해 자신이 열심히 듣고 있다는 사실을 강조할 수 있으므로 적절하지 않다.
ⓔ 손이나 다리를 꼬지 않는 소위 개방적 자세를 취함으로써 상대에게 마음을 열어 놓고 있다는 표현을 할 수 있으므로 적절하지 않다.
따라서 경청의 올바른 자세로 적절하지 않은 것은 'ⓒ, ⓔ'이다.

02 의사소통능력 문제
정답 ②

㉠ 제시된 의미에 해당하는 한자성어는 '寤寐不忘(잠 깰 오, 잠 매, 아닐 불, 잊을 망)'이다.
㉡ 제시된 의미에 해당하는 한자성어는 '自家撞着(스스로 자, 집 가, 칠 당, 붙을 착)'이다.
㉢ 제시된 의미에 해당하는 한자성어는 '管鮑之交(대롱 관, 절인 물고기 포, 갈 지, 사귈 교)'이다.
따라서 ㉠~㉢의 의미에 해당하는 한자성어를 바르게 연결한 것은 ②이다.

03 의사소통능력 문제
정답 ④

토론은 어떤 논제에 관하여 찬성자와 반대자가 각기 논리적인 근거를 발표하고, 상대방의 논거가 부당하다는 것을 명백하게 하는 말하기이며, 말하는 이 혼자 여러 사람을 대상으로 자신의 사상 등에 대해 일방적으로 말하게 되는 것은 연설이므로 가장 적절하지 않다.

[오답 체크]
① 토의는 여러 사람이 모여서 공통의 문제에 대해 가장 좋은 해답을 얻기 위해 협의하는 말하기를 의미하므로 적절하다.
② 주례, 회의와 같은 상황에서는 의례적 말하기를 사용하게 되며, 친근한 사람과 말할 때는 친교적 말하기를 사용하게 되므로 적절하다.
③ 의사표현은 상황에 따라 공식적 말하기, 의례적 말하기, 친교적 말하기로 구분되므로 적절하다.
⑤ 공식적 말하기는 사전에 준비된 내용을 대중에게 전달할 때 활용하는 말하기이므로 적절하다.

04 의사소통능력 문제
정답 ③

특별 승급 요건 및 결격 여부를 꼼꼼하게 확인하고 대상자를 20XX년 12월 23일까지 추천해야겠다는 반응은 문서를 통한 상대의 의도와 내게 요구되는 행동을 분석하는 문서이해 절차 4단계에 해당하므로 가장 적절하다.

[오답 체크]
① 제시된 문서가 격무·기피 부서 근무자와 주요 역점·시책 사업 추진 성과 우수자를 포상하려는 취지로 작성되었다는 반응은 문서 작성의 배경과 주제를 파악하는 문서이해 절차 2단계에 해당하므로 적절하지 않다.
② 기관별 특별 승급 추천 인원을 확인하고 배정된 인원수 내로 소속 소방서의 대상자를 추려본다는 반응은 문서에서 이해한 목적을 달성하기 위한 행동 및 생각을 결정하는 문서이해 절차 5단계에 해당하므로 적절하지 않다.
④ 제시된 문서는 정부 행정기관에서 대내적 혹은 대외적 공무를 집행하기 위해 작성한 공문서로, ◇◇광역시에서 성과 우수자 특별 승급이라는 공무를 집행하기 위해 발송한 문서라는 반응은 문서의 목적을 이해하는 문서이해 절차 1단계에 해당하므로 적절하지 않다.
⑤ 20XX년 성과 우수자 특별 승급에서 6급 이하 공무원 정원의 0.5%에 해당하는 20명 내외가 선정되겠다는 반응은 문서에 제시된 정보와 현안을 파악하는 문서이해 절차 3단계에 해당하므로 적절하지 않다.

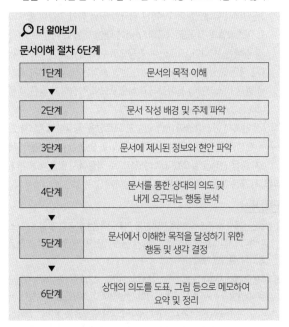

🔎 더 알아보기

문서이해 절차 6단계

1단계	문서의 목적 이해
▼	
2단계	문서 작성 배경 및 주제 파악
▼	
3단계	문서에 제시된 정보와 현안 파악
▼	
4단계	문서를 통한 상대의 의도 및 내게 요구되는 행동 분석
▼	
5단계	문서에서 이해한 목적을 달성하기 위한 행동 및 생각 결정
▼	
6단계	상대의 의도를 도표, 그림 등으로 메모하여 요약 및 정리

05 의사소통능력 문제　　　　　　　정답 ③

4문단에서 이집트는 1952년 이집트 혁명이 발생하고 1956년 가말 압델 나세르가 대통령에 취임하며 외세와 맞서고 수에즈 운하의 국유화를 선언하였다고 하였으므로 이집트 혁명 이후 나세르가 이집트의 대통령이 되면서 수에즈 운하의 국유화가 선언되었음을 알 수 있다.

오답 체크

① 2문단에서 영국이 1917년에 유대인과 밸푸어 선언을 체결하였다고 하였으며, 밸푸어 선언 당시에 이집트 외의 중동 지역과 팔레스타인은 영국의 식민지가 아니었다고 하였으므로 적절하지 않은 내용이다.

② 1문단에서 19세기 후반에 시작된 시오니즘에 정치적 성향을 부여한 테오도어 헤르츨이 1897년 스위스의 바젤에서 제1차 시오니스트 회의를 개최하였다고 하였으므로 적절하지 않은 내용이다.

④ 6문단에서 1979년에 미국의 중개로 캠프데이비드 협정을 체결하였다고 하였으므로 적절하지 않은 내용이다.

⑤ 3문단에서 1947년 UN이 팔레스타인을 아랍국과 유대국으로 구분하고 예루살렘은 국제화하자는 의견을 가결하였고, 이를 거부한 아랍인들과 달리 적극적으로 수락한 유대인들이 1948년 이스라엘 공화국의 건국을 선포하였다고 하였으므로 적절하지 않은 내용이다.

06 의사소통능력 문제　　　　　　　정답 ⑤

ⓒ 3문단에서 유대인들이 1948년 영국의 위임 통치 기간이 종료되고 이스라엘의 건국을 공표하자 이에 대한 반발로 이집트, 이라크, 레바논, 시리아, 요르단이 합동으로 이스라엘을 공격하며 제1차 중동 전쟁이 발발하였으나 전쟁의 승리는 미국의 무기 지원을 받은 이스라엘에 돌아갔다고 하였으므로 적절하지 않은 내용이다.

ⓔ 5문단에서 이스라엘이 아랍 연합과 요르단을 공격하여 제3차 중동 전쟁을 일으켰다고 하였으며, 시리아와 연합한 아랍인들이 제4차 중동 전쟁을 일으켰다고 하였으므로 적절하지 않은 내용이다.

따라서 중동 전쟁에 대한 설명으로 적절하지 않은 것은 'ⓒ, ⓔ'이다.

오답 체크

ⓐ 4문단에서 수에즈 운하의 경영권을 가지고 있던 영국과 프랑스, 이스라엘이 이집트를 공격하면서 제2차 중동 전쟁이 발생하였다고 하였으므로 적절한 내용이다.

ⓑ 5문단에서 제4차 중동 전쟁 당시 여러 아랍 국가가 아랍 측에 지원군을 파병함과 동시에 석유의 무기화 선언으로 이스라엘을 지지하는 국가에 석유 수출을 금하고, 기타 국가에도 석유 수출을 줄이는 전략을 구사하여 전 세계가 심각한 석유 위기에 처했다고 하였으므로 적절한 내용이다.

07 의사소통능력 문제　　　　　　　정답 ①

정착(定着)과 표류(漂流)는 각각 일정한 곳에 자리를 잡아 붙박이로 있거나 머물러 삶과 정처 없이 돌아다님을 뜻하므로 ⓐ와 ⓑ는 반대관계이다.

따라서 각각 필요한 비용을 미리 헤아려 계산함과 일정한 기간 동안의 수입과 지출을 마감하여 계산함을 뜻하여 반대관계인 '예산: 결산'이 적절하다.

오답 체크

· 효시(嚆矢): 어떤 사물이나 현상이 시작되어 나온 맨 처음을 비유적으로 이르는 말

· 연원(淵源): 사물의 근원

· 감흥(感興): 마음속 깊이 감동받아 일어나는 흥취

08 의사소통능력 문제　　　　　　　정답 ④

3문단에서 경제학에서 한계효용의 도입으로 경제 주체가 경제 활동으로 얻는 만족도를 객관적인 수치로 나타낼 수 있게 되었다고 하였으므로 경제학에 한계효용이 도입되면서 경제 활동을 통해 얻는 만족도를 객관적으로 표현할 수 있게 되었음을 알 수 있다.

오답 체크

① 3문단에서 사람들이 물로부터 얻을 수 있는 총효용은 다이아몬드로부터 얻을 수 있는 총효용보다 크다고 하였으므로 적절하지 않은 내용이다.

② 1문단에서 물은 사용 가치가 높고 교환 가치가 낮다고 하였으므로 적절하지 않은 내용이다.

③ 2문단에서 한계효용은 일정한 종류의 재화가 계속해서 소비될 때 마지막 한 단위의 재화로부터 얻어지는 심리적 만족도라고 하였으므로 적절하지 않은 내용이다.

⑤ 1문단에서 사용 가치가 없는 재화가 수량이 적어서 교환 가치가 높다고 하여 높은 가격에 거래되는 것은 아니라고 하였으므로 적절하지 않은 내용이다.

09 의사소통능력 문제　　　　　　　정답 ①

2문단에서 한계효용 체감의 법칙은 어떠한 재화나 서비스를 반복하여 소비할 때 만족도가 감소하게 되는 현상으로, 한계효용 체감의 법칙으로 인해 인간이 소비하는 재화의 단위가 많아지면 그 단위를 통해 얻을 수 있는 효용의 크기가 점차 줄어든다고 하였다. 그러므로 한계효용 체감의 법칙은 재화 소비량이 증가함에 따라 효용의 크기가 감소하는 형태의 그래프로 나타내야 한다.

따라서 한계효용 체감의 법칙을 나타낸 그래프로 가장 적절한 것은 ①이다.

10 의사소통능력 문제 정답 ③

이 글은 콘텐츠 선택의 유연성, 추가 비용 지급 불필요, 편리한 시청 환경 등의 장점을 기반으로 확산된 OTT 서비스가 전통적인 영상 콘텐츠 플랫폼을 대체하는 현상이 미래에는 더욱 가속화될 것이라고 예측하는 내용이므로 이 글의 주제문으로 가장 적절한 것은 ③이다.

오답 체크

① OTT가 확산되면서 개인의 취향에 맞는 콘텐츠를 선택하여 향유할 수 있게 되었다고 하였지만, 더 많은 사용자 확보를 위한 OTT 플랫폼 운영자의 콘텐츠 제공 방법에 대해서는 다루고 있지 않으므로 적절하지 않은 내용이다.

② OTT의 보편화로 유선 방송 중 유료 가입 상품을 저렴한 상품으로 교체하는 코드 쉐이빙 현상이 심화되고 있다고 하였으므로 적절하지 않은 내용이다.

④ 정보통신정책연구원의 조사 결과에 따르면 OTT 이용률이 연령이 낮을수록 높게 나타나는 경향이 있다고 하였지만, 국내 OTT 플랫폼 기업들의 시장 점유율 확대 방안에 대해서는 다루고 있지 않으므로 적절하지 않은 내용이다.

⑤ OTT가 콘텐츠 선택의 유연성, 추가 비용 지급 불필요, 편리한 시청 환경 등의 장점을 기반으로 확산되었다고 하였지만, 글 전체를 포괄할 수 없으므로 적절하지 않은 내용이다.

11 수리능력 문제 정답 ③

한 번의 시행에서 사건 A가 일어날 확률을 p라 할 때, 이 시행을 n번 반복한 독립시행에서 사건 A가 r번 일어날 확률은 $_{n}C_{r}\,p^{r}(1-p)^{n-r}$임을 적용하여 구한다.

주사위를 한 번 던져 6의 약수가 나오는 경우의 수는 1, 2, 3, 6이므로 확률은 $\frac{4}{6}=\frac{2}{3}$이고, 6의 약수가 나오지 않을 확률은 $\frac{1}{3}$이다.

따라서 게임을 5번 반복하였을 때, 2점을 얻을 확률은 $_{5}C_{2}\left(\frac{2}{3}\right)^{2}\left(\frac{1}{3}\right)^{3}=10\times\frac{4}{9}\times\frac{1}{27}=\frac{40}{243}$이다.

12 수리능력 문제 정답 ③

K 공사에서 예약한 방의 개수를 x라고 하면
한 방에 직원을 5명씩 배정하면 직원 8명이 남으므로 직원의 수는 $5x+8$이고,
한 방에 직원을 6명씩 배정하면 방이 4개 남으므로
$6(x-5)+1\le 5x+8\rightarrow 6x-29\le 5x+8\rightarrow x\le 37$ ⋯ ⓐ
$5x+8\le 6(x-4)\rightarrow 5x+8\le 6x-24\rightarrow x\ge 32$ ⋯ ⓑ
ⓐ와 ⓑ에서 $32\le x\le 37$이므로 K 공사에서 예약한 방의 개수는 32개 이상 37개 이하이다.
따라서 K 공사에서 예약한 방의 최대 개수는 37개이다.

13 수리능력 문제 정답 ④

합집합의 원소의 개수 $n(A\cup B)=n(A)+n(B)-n(A\cap B)$임을 적용하여 구한다.

J 공사에서 자전거 동호회 가입을 희망하는 직원의 집합을 A, 등산 동호회 가입을 희망하는 직원의 집합을 B라고 하면 각 동호회 가입을 희망하는 직원 수는 $n(A)$, $n(B)$이다. 전체 직원 120명 중 42명은 자전거 동호회와 등산 동호회 모두 가입을 희망하지 않으므로 $n(A\cup B)=120-42=78$이다. 이때, 자전거 동호회 가입을 희망하는 직원은 39명이고, 자전거 동호회 가입을 희망하지만 등산 동호회 가입은 희망하지 않는 직원은 21명이므로 $n(A)=39$, $n(A\cap B)=39-21=18$이다.
$n(A)+n(B)-n(A\cap B)=78\rightarrow 39+n(B)-18=78$
$\rightarrow n(B)=57$
따라서 등산 동호회 가입을 희망하는 직원은 모두 57명이다.

14 수리능력 문제 정답 ⑤

ⓒ 막대 그래프는 내역, 비교, 경과, 도수 등을 표현하기에 적합하므로 적절하다.

ⓒ 화장품 수입액과 수출액이 모두 상위 10개국에 속하는 국가는 미국, 일본, 태국, 중국으로 총 4개이므로 적절하다.

ⓔ 독일, 영국, 스위스, 아일랜드의 화장품 수입액의 평균은 (38,863 + 37,864 + 28,796 + 28,439) / 4 = 33,490.5천 달러이므로 적절하다.

오답 체크

㉠ 미국과 일본의 화장품 수입액의 합 314,615 + 213,513 = 528,128천 달러는 프랑스의 화장품 수입액보다 528,128 - 364,740 = 163,388천 달러 많으므로 적절하지 않다.

15 수리능력 문제 정답 ③

2021년 3월 국내 건축 허가 수에서 부산의 건축 허가 수가 차지하는 비중은 (520 / 22,060) × 100 ≒ 2.4%로 2.5% 미만이므로 적절하다.

오답 체크

① 시간적 추이에 따른 변화를 한눈에 볼 수 있어 경과나 비교를 비롯한 상관관계 등을 나타낼 때 가장 적합한 그래프는 꺾은선 그래프이므로 적절하지 않다.

② 제시된 지역 중 2021년 5월에 건축 허가 수가 5번째로 많은 지역은 대전이므로 적절하지 않다.

④ 2021년 1월부터 6월까지 국내 건축 허가 수가 가장 많은 달인 4월과 가장 적은 달인 1월의 차이는 23,775 - 14,736 = 9,039동이므로 적절하지 않다.

⑤ 2021년 6월 세종의 건축 허가 수는 3개월 전 대비 {(161 - 107) / 107} × 100 ≒ 50.5% 증가했으므로 적절하지 않다.

16 수리능력 문제
정답 ⑤

서로 다른 n개에서 순서를 고려하지 않고 r개를 뽑는 경우의 수는 $_nC_r = \frac{n!}{r!(n-r)!}$, 사건 A가 일어날 확률 $= \frac{\text{사건 A가 일어날 경우의 수}}{\text{모든 경우의 수}}$, 사건 A가 일어나지 않을 확률 $= 1 - \frac{\text{사건 A가 일어날 경우의 수}}{\text{모든 경우의 수}}$ 임을 적용하여 구한다.

혜리가 제과점에서 2종류의 제품을 구매할 때, 적어도 빵 1종류를 포함해 구매할 확률은 2종류의 제품을 구매하는 전체 확률에서 2종류의 제품 중 빵을 포함하지 않고 구매하는 확률을 뺀 것과 같다.

혜리가 제과점에서 빵 3종류, 쿠키 2종류, 샌드위치 1종류 총 6종류 중에서 2종류의 제품을 구매하는 경우의 수는 $_6C_2 = \frac{6!}{2!(6-2)!} = 15$ 가지이고, 2종류의 제품 중 빵을 포함하지 않고 구매하는 경우의 수는 쿠키 2종류와 샌드위치 1종류 중 2종류의 제품을 구매하는 경우의 수와 같으므로 $_3C_2 = \frac{3!}{2!(3-2)!} = 3$ 가지이다. 이에 따라 2종류의 제품 중 빵을 포함하지 않고 구매하는 확률은 $\frac{3}{15} = \frac{1}{5}$ 이다.

따라서 혜리가 A 제과점에서 2종류의 제품을 구매할 때, 적어도 빵 1종류를 포함해 구매할 확률은 $1 - \frac{1}{5} = \frac{4}{5}$ 이다.

17 수리능력 문제
정답 ③

1분기 대비 4분기 사무관리직의 봉사 활동 횟수는 {(7,984 − 6,422) / 7,984} × 100 ≒ 19.6% 감소하였으므로 적절하지 않은 설명이다.

[오답 체크]
① 2분기 이후 공무원과 농수산업의 전분기 대비 증감 추이는 모두 2분기에 증가, 3분기에 감소, 4분기에 증가하여 동일하므로 적절한 설명이다.
② 제시된 기간 중 주부의 봉사 활동 횟수가 58,613회로 가장 많은 2분기와 51,178회로 가장 적은 1분기의 봉사 활동 횟수 차이는 58,613 − 51,178 = 7,435회이므로 적절한 설명이다.
④ 기타를 제외하고 제시된 기간 동안 매 분기 봉사 횟수가 가장 많은 직업은 학생이므로 적절한 설명이다.
⑤ 2분기 군인의 봉사 활동 횟수는 전문직의 봉사 활동 횟수의 349,746 / 48,608 ≒ 7.2배이므로 적절한 설명이다.

18 수리능력 문제
정답 ②

현석이는 1월 4일에 주가가 10만 원인 H 전자 주식 1주를 매수하였고, H 전자의 주가는 1월 5일에 전일 대비 10% 올랐으므로 100,000 × (1 + 0.1) = 110,000원, 1월 6일에 전일 대비 15% 내렸으므로 110,000 × (1 − 0.15) = 93,500원, 1월 7일에 전일 대비 20% 올랐으므로 93,500 × (1 + 0.2) = 112,200원이다.

따라서 현석이가 1월 7일에 매도한 H 전자 주식 1주의 가격은 112,200원이다.

19 수리능력 문제
정답 ③

총이익 = 개당 이익 × 판매 개수임을 이용하여 구한다.

A의 정가를 300원씩 할인할수록 판매 개수는 30개씩 늘어나므로 한 번 300원 할인하는 횟수를 x라고 하면,

A 한 개를 판매하여 얻는 이익은 (12,900 − 11,000) − 300x = 1,900 − 300x이고, A의 판매 개수는 10 + 30x이다. 이때, A를 판매하여 얻는 총이익은 (1,900 − 300x) × (10 + 30x)이므로 완전제곱식으로 나타내면

$(1{,}900 - 300x) \times (10 + 30x) = 19{,}000 + 54{,}000x - 9{,}000x^2$
$= -9{,}000(x^2 - 6x + 9 - 9) + 19{,}000 = -9{,}000(x-3)^2 + 100{,}000$
이다.

따라서 할인을 300원씩 3번 하였을 때 A를 판매하여 얻는 총이익이 100,000원으로 최대가 되므로 총이익을 최대로 하고자 할 때 A의 판매 가격은 12,900 − 900 = 12,000원이다.

20 수리능력 문제
정답 ①

㉠ 제시된 직업 중 사무 종사자 임금근로자 수가 4,275천 명으로 두 번째로 많고, 건강보험 가입률도 94.9%로 두 번째로 높으므로 적절하다.
㉡ 농림어업 숙련 종사자의 사회보험별 가입률 순위는 가입률이 높은 순서대로 59.6%인 건강보험, 56.0%인 고용보험, 49.0%인 국민연금 순이고, 임금근로자 전체의 사회보험별 가입률 순위도 74.8%인 건강보험, 71.9%인 고용보험, 69.6%인 국민연금 순으로 서로 같으므로 적절하다.

[오답 체크]
㉢ 임금근로자 전체의 고용보험 가입률과 전문가 및 관련 종사자의 고용보험 가입률의 차이는 83.7 − 71.9 = 11.8%p이므로 적절하지 않다.
㉣ 국민연금에 가입한 단순 노무 종사자 수인 3,197 × 0.296 ≒ 946천 명은 고용보험에 가입한 판매 종사자 수인 1,690 × 0.549 ≒ 928천 명보다 많으므로 적절하지 않다.

> **⏱ 빠른 문제 풀이 Tip**
> ㉣ 직업별 사회보험 가입자 수를 계산하지 않고 직업별 종사자 수와 사회보험별 가입률의 크기를 각각 비교한다.
> 국민연금 가입 단순 노무 종사자 3,197 × 0.296과 고용보험 가입 판매 종사자 1,690 × 0.549에 각각 2를 곱하면 국민연금 가입 단순 노무 종사자는 3,197 × 0.592, 고용보험 가입 판매 종사자는 3,380 × 0.549가 된다. 이때, 3,380은 3,197보다 약 5% 이상 크고, 0.592는 0.549보다 약 7% 이상 크므로, 국민연금 가입 단순 노무 종사자가 고용보험 가입 판매 종사자보다 큰 것을 알 수 있다.

21 문제해결능력 문제

정답 ①

㉠ 생각하는 습관을 위해 시간을 별도로 계획하는 것이 아니라 일상적인 대화, 회사의 문서, 신문의 사설 등 일상생활 중 접하는 모든 것들에 대해서 출·퇴근길, 화장실, 잠자리에 들기 전 등 언제 어디에서나 생각하는 습관을 가지는 것이 필요하므로 적절하지 않다. 따라서 논리적 사고의 구성요소에 대한 설명으로 적절하지 않은 것은 '㉠'이다.

22 문제해결능력 문제

정답 ⑤

㉠ 우리가 알고 있는 단순한 정보에 의존하면 문제를 해결하지 못하거나 오류를 범할 수 있으므로 A 대리가 고객에게 자신이 알고 있는 단순한 제품 사양만을 바탕으로 고객에게 자신이 파악한 고장 원인에 대해 설명한 것은 문제해결의 장애요인에 해당하는 사례이다.

㉡ 현재 상황이 어떤지를 분석하기 전에 개인적인 편견이나 경험, 습관으로 정해진 규정과 틀에 얽매이면 새로운 아이디어와 가능성을 무시해 버릴 수 있으므로 B 팀장이 과거 자신의 경험에 대입하여 갈등 상황을 중재한 것은 문제해결의 장애요인에 해당하는 사례이다.

㉢ 어떤 문제가 발생했을 때 문제의 본질을 명확하게 분석하지 않은 채 직관에 의해 성급하게 판단하고 해결안을 수립하여 실행하면 근본적인 문제를 해결하지 못하거나 새로운 문제를 야기하는 결과를 초래할 수 있으므로 C 과장이 본인의 직관으로 문제를 판단하고 해결안을 수립한 것은 문제해결의 장애요인에 해당하는 사례이다.

㉣ 자료를 수집하는 데 있어 구체적인 절차를 무시하고 무계획적으로 많은 자료를 얻으려는 노력에만 집중할 경우 많은 자료 중에서 자신에게 필요한 자료를 구분하기 어려울 수 있으므로 D 사원이 문제를 해결하기 위해 가장 먼저 최대한 많은 양의 자료를 모은 것은 문제해결의 장애요인에 해당하는 사례이다.

따라서 문제해결의 장애요인에 해당하는 사례로 적절한 것은 '㉠, ㉡, ㉢, ㉣'이다.

[23-24]
23 문제해결능력 문제

정답 ③

봉사 활동 점수는 시간당 0.2점을 부여하고, 백 대리가 사회봉사에 참여한 총 8시간 40분 중 1시간 미만 단위는 절삭하여 백 대리의 봉사 활동 점수는 $0.2 \times 8 = 1.6$점이므로 적절하다.

오답 체크

① 내부 규정 위반 등으로 경고/징계를 받은 자는 전체 마일리지 점수에서 건당 15점씩, 최대 30점까지 차감되므로 적절하지 않다.

② 내부 오프라인 청렴 강의를 2시간 이수하고 외부 기관 온라인 청렴 강의를 3시간 이수한 유 인턴의 교육 활동 점수는 13점이지만, 인턴은 평가 대상에서 제외되므로 적절하지 않다.

④ 알선, 청탁, 금품·향응 수수로 징계를 받은 자는 전체 마일리지 점수에서 50점이 차감되므로 적절하지 않다.

⑤ 세부 항목별 점수는 연간 세부 항목별 점수 한도를 초과하지 않으며, 부패유발 요인 제도를 4건 개선한 하 대리는 건당 5점씩 3건까지 점수를 부여하여 세부 항목 점수는 15점이므로 적절하지 않다.

24 문제해결능력 문제

정답 ①

이 대리의 세부 항목별 청렴 마일리지 점수는 다음과 같다.

구분	세부 항목	마일리지 점수
대내외 활동	청렴 콘텐츠 공모전 수상	10점
	윤리경영 활동 주도 (본사 윤리 담당자에게 관련 실적 별도 제출)	0점
	청렴 활동 관련 외부인의 칭찬	4점
교육 활동	외부 기관 온라인 청렴 강의 이수	9점
	내부 오프라인 청렴 강의 이수	10점
제도 개선	부패유발 요인 제도 개선	10점
	청렴 기고 (신문, 잡지 등에 수록된 경우에 한해 인정)	10점
비리 신고	내부 규정 위반행위 신고	5점
	알선, 청탁, 금품·향응 수수행위 신고	0점
	신고제도 관련 고객 상담	1점
봉사 활동	사회봉사 참여 활동	$0.2 \times 19 = 3.8$점

따라서 이 대리의 전체 마일리지 점수는 $10 + 0 + 4 + 9 + 10 + 10 + 10 + 5 + 0 + 1 + 3.8 = 62.8$점이다.

25 문제해결능력 문제

정답 ⑤

제시된 조건에 따르면 네 명 중 두 명은 거짓만을, 두 명은 진실만을 말하고 있으므로 B의 진술이 진실이라고 말하는 D의 진술이 진실이라면 B와 D의 진술이 진실, A와 C의 진술이 거짓이 되고, D의 진술이 거짓이라면 B와 D의 진술이 거짓, A와 C의 진술이 진실이 된다. B와 D가 말한 진술의 진위 여부에 따라 가능한 경우는 다음과 같다.

[경우 1] B와 D가 진실을 말하는 경우

구분	A	B	C	D
진술의 진위 여부	거짓	진실	거짓	진실
자료를 준비하기로 한 사람	O	X	O	X

[경우 2] B와 D가 거짓을 말하는 경우

구분	A	B	C	D
진술의 진위 여부	진실	거짓	진실	거짓
자료를 준비하기로 한 사람	X	O	X	O

따라서 경우 1에서 A와 C는 거짓만을 말하고, 경우 2에서 A와 C는 진실만을 말하게 되어 A와 C가 말하는 진술의 진위 여부는 같으므로 항상 참인 설명이다.

오답 체크

① 경우 1에 따르면 A는 거짓만을 말하고 있으므로 항상 참인 설명은 아니다.

② 경우 1, 2에 따르면 자료를 준비해 오기로 한 사람은 각각 A와 C 또는 B와 D이므로 항상 거짓인 설명이다.

③ 경우 1에서 C는 거짓만을 말하고, 경우2에서 D는 거짓만을 말하므로 항상 참인 설명은 아니다.

④ 경우 1, 2에 따르면 자료를 준비해 오기로 한 사람은 각각 A와 C 또는 B와 D이므로 항상 참인 설명은 아니다.

26 문제해결능력 문제

정답 ⑤

제시된 조건에 따르면 과장들이 숙박한 호실 사이에는 5개 이상의 호실이 있고, 사원 중 1명은 과장들보다 앞 호실에서 숙박하였으므로 사원 중 1명은 201호, 과장들은 202호와 208호에 숙박한 것을 알 수 있다. 또한, 사원 중 1명만 과장 바로 앞 또는 뒤 호실에서 숙박하였으므로 나머지 사원 1명은 203호 또는 207호에 숙박할 수 없다. 이때, 대리들이 숙박한 호실 사이에는 차장을 포함하여 총 2명이 숙박하였으므로 대리들이 숙박한 호실에 따라 가능한 경우는 다음과 같다.

[경우 1] 대리들이 203호와 206호에 숙박한 경우

201호	202호	203호	204호	205호	206호	207호	208호
사원	과장	대리	차장 또는 사원	차장 또는 사원	대리	부장	과장

[경우 2] 대리들이 204호와 207호에 숙박한 경우

201호	202호	203호	204호	205호	206호	207호	208호
사원	과장	부장	대리	차장 또는 사원	차장 또는 사원	대리	과장

따라서 대리들이 숙박한 호실 사이에는 사원 중 1명이 숙박하였으므로 항상 참인 설명이다.

오답 체크

① 경우 1, 2에 따르면 과장들은 202호와 208호에 숙박하였으므로 항상 거짓인 설명이다.

② 경우 2에 따르면 부장은 203호, 대리들은 204호와 207호에 숙박할 수도 있으므로 항상 참인 설명은 아니다.

③ 경우 1, 2에 따르면 차장은 204호 또는 205호에 숙박할 수도 있으므로 항상 참인 설명은 아니다.

④ 경우 2에 따르면 사원 중 1명은 205호 또는 206호, 부장은 203호에 숙박할 수도 있으므로 항상 참인 설명은 아니다.

27 문제해결능력 문제

정답 ③

제시된 자료에 따르면 우대 혜택은 중복 적용되지 않아 국가유공자인 남편은 할인율이 가장 높은 국가유공자 우대 혜택을 받는 것이 가장 저렴하므로 남편의 자유 이용권 구매 요금은 30,000 × (1 - 0.4) = 18,000원이다. 임신 상태인 정하는 중학생인 아들과 초등학생인 딸, 태아를 포함하여 자녀의 수가 총 3명이지만, 다자녀 우대 혜택의 경우 태아는 자녀의 수에 포함하지 않으므로 정하는 임산부 우대 혜택을 받는다. 이때, 임산부 우대 혜택은 동반 1인까지 할인이 적용되어 자녀 중 1명만 할인을 받을 수 있고, 할인이 적용되는 동반인은 할인 전 요금이 높은 동반인부터 우선 적용된다. 중학생 아들과 초등학생인 딸은 다른 우대 혜택의 대상이 아니므로 둘 중 할인 전 요금이 높은 중학생 아들만 임산부 우대 혜택의 동반인으로 적용된다. 이에 따라 정하와 중학생 아들이 임산부 우대 혜택을 받고, 딸은 우대 혜택이 없으므로 정하의 입장권과 아들의 자유 이용권, 딸의 자유 이용권 구매 요금은 {18,000 × (1 - 0.2)} + {24,000 × (1 - 0.3)} + 21,000 = 52,200원이다.

따라서 정하네 가족이 지불할 총 요금은 18,000 + 52,200 = 70,200원이다.

[28-29]

28 문제해결능력 문제

작업해야 할 모든 작업물의 흑백 매수는 총 230매이고, 컬러 매수는 총 185매이며 세 개의 작업물을 동일한 프린터로 프린트하므로 두 번의 대기 시간이 발생한다. 이를 고려한 프린터의 종류별 프린트 시간을 계산하면 다음과 같다.

구분	작업 시간
A 프린터	(230 × 40) + (185 × 55) + (20 × 2) = 19,415초
B 프린터	(230 × 34) + (185 × 70) + (25 × 2) = 20,820초
C 프린터	(230 × 38) + (185 × 63) + (22 × 2) = 20,439초

따라서 가장 빠르게 프린트되는 프린터는 A 프린터며, 가장 느리게 프린트되는 프린터는 B 프린터이므로 A 프린터는 B 프린터보다 20,820 - 19,415 = 1,405초 = 23분 25초 더 빠르다.

29 문제해결능력 문제
정답 ②

각 작업물의 프린터 종류별 프린트 시간을 계산하면 다음과 같다.

구분	A 프린터	B 프린터	C 프린터
가 작업물	8,250초	10,500초	9,450초
나 작업물	6,750초	6,900초	6,950초
다 작업물	10,000초	8,500초	9,500초
라 작업물	11,000초	1,4000초	12,600초
마 작업물	7,500초	8,700초	8,200초

다 작업물은 B 프린터로 프린트하였을 때 작업 시간이 최소가 되므로 B 프린터로 프린트한다. 이때, 가 작업물과 나 작업물, 라 작업물, 마 작업물 모두 A 프린터를 이용할 때 프린트 시간이 최소지만, 모든 프린터는 흑백 프린트와 컬러 프린트를 합쳐 하루에 450장까지 프린트가 가능하며 한 가지 작업물은 여러 프린터로 나눠서 프린트하지 않는다는 조건에 따라 A 프린터로 모두 프린트할 수 없다. 이에 따라 각 작업물을 프린트 시간이 최소인 프린터와 두 번째로 최소인 프린터의 프린트 시간을 비교하면 가 작업물은 1,200초, 나 작업물은 150초, 라 작업물은 1,600초, 마 작업물은 700초의 시간을 단축할 수 있으므로 프린트 시간을 많이 단축할 수 있는 작업물 순서대로 라 작업물과 가 작업물을 A 프린터로 프린트하고, 나 작업물은 두 번째로 프린트 시간이 최소인 B 프린터로, 마 작업물은 두 번째로 프린트 시간이 최소인 C 프린터로 프린트하여야 프린트 시간이 최소화된다.

따라서 나 작업물은 B 프린터로 프린트하여야 하므로 적절하지 않다.

30 문제해결능력 문제
정답 ②

제시된 조건에 따르면 기획팀 사무실과 법무팀 사무실 사이에는 두 팀의 사무실이 있으며, 법무팀 사무실보다 낮은 층에 있는 팀이 두 팀 이상이고, 기획팀 사무실은 홍보팀 사무실 바로 아래층에 있어야 하므로 법무팀 사무실이 기획팀 사무실보다 높은 곳에 있다. 또한, 영업팀 사무실은 법무팀 사무실보다 높은 층에 있으며, 인사팀 사무실은 5층이나 6층에 있으므로 가능한 경우는 다음과 같다.

6층	영업팀 또는 인사팀
5층	영업팀 또는 인사팀
4층	법무팀
3층	연구팀
2층	홍보팀
1층	기획팀

따라서 4층에 배정되어 있는 팀은 '법무팀'이다.

31 자원관리능력 문제
정답 ②

⊙ 제시된 설명에 해당하는 인적자원의 특성은 개발 가능성이다.
ⓒ 제시된 설명에 해당하는 인적자원의 특성은 능동성이다.
ⓒ 제시된 설명에 해당하는 인적자원의 특성은 전략적 자원이다.
따라서 ⊙~ⓒ의 설명에 해당하는 인적자원의 특성을 바르게 연결한 것은 ②이다.

32 자원관리능력 문제
정답 ②

ⓒ 물품을 효과적으로 관리하기 위해서는 입출하의 빈도가 높은 품목을 출입구 가까운 곳에 보관한다는 회전 대응 보관의 원칙에 따라 물품의 활용 빈도가 상대적으로 높은 것은 가져다 쓰기 쉬운 위치에 보관해야 하므로 적절하지 않다.
따라서 물품을 효과적으로 관리하기 위한 방법으로 적절하지 않은 것은 'ⓒ'이다.

[오답 체크]

⊙ 유리, 플라스틱 등 그 재질의 차이에 따라 보관 장소의 차이를 두는 등 개별 물품의 특성을 고려하여 보관 장소를 선정해야 하므로 적절하다.
ⓒ 물품 관리 시 동일성의 원칙과 유사성의 원칙에 따라 보관 장소를 구분해야 하므로 적절하다.
ⓔ 물품 정리 및 보관 시에는 해당 물품을 앞으로도 계속 사용할 것인지 그렇지 않을 것인지 구분한 뒤 보관해야 하므로 적절하다.

33 자원관리능력 문제 정답 ②

제시된 자료에 따르면 임 대리가 비품 관리대장을 확인한 2020년 6월에 구입일자로부터 내구연한이 지난 비품은 정수기, 모니터(18인치), 의자(고정형), 팩스기이다. 이때, 교체할 비품의 수량은 정수기가 2대, 모니터(18인치)가 5대, 의자(고정형)가 5개, 팩스기가 1대이다.

따라서 임 대리가 구매할 비품의 총 수량은 2 + 5 + 5 + 1 = 13이다.

34 자원관리능력 문제 정답 ③

이윤은 납품 가격과 판매 가격, 판매 수량을 고려하여 구한다. 이어폰의 종류별 가격 정보를 고려하였을 때, 이어폰의 종류별 이윤은 다음과 같다.

구분	가 이어폰	나 이어폰	다 이어폰	라 이어폰	마 이어폰
납품 가격 (만 원)	5	7	5	4	8
판매 가격 (만 원)	9	12	8.5	7	13.5
개당 이윤 (만 원)	9 − 5 = 4	12 − 7 = 5	8.5 − 5 = 3.5	7 − 4 = 3	13.5 − 8 = 5.5
지난 달 판매 수량(개)	28	23	34	35	20
판매사의 이윤 (만 원)	112	115	119	105	110

따라서 A 판매사의 입장에서 이윤이 최대인 제품은 '다 이어폰'이다.

35 자원관리능력 문제 정답 ③

폭우 피해 복구 작업은 총 4개 구역으로 나뉘며, 각 구역의 필요 인원만큼 자원봉사자가 투입된다. 또한, 점심시간을 제외하고 하루에 8시간씩 작업을 진행하며, 각 자원봉사자의 작업 면적에 따른 시간당 작업 속도는 12m²으로 모두 동일하므로 한 사람이 하루 동안 진행하는 작업 면적은 96m²이다. 1구역의 투입 인원 40명이 하루 동안 작업하는 면적은 40 × 96 = 3,840m²이고, 해당 구역의 작업이 모두 완료되면 일찍 완료된 날은 8시간 모두 작업한 것으로 기간을 산정하므로 모든 작업 기간은 소수점 첫째 자리에서 올림하여 계산한다. 이에 따라 1구역의 복구 작업을 완료하는 데 걸리는 기간은 42,000 / 3,840 ≒ 11일이다. 2구역의 투입 인원 23명이 하루 동안 작업하는 면적은 23 × 96 = 2,208m²로 2구역의 복구 작업을 완료하는 데 걸리는 기간은 18,000 / 2,208 ≒ 9일이다. 3구역의 투입 인원 18명이 하루 동안 작업하는 면적은 18 × 96 = 1,728m²로 3구역의 복구 작업을 완료하는 데 걸리는 기간은 12,000 / 1,728 ≒ 7일이다. 4구역의 투입 인원 29명이 하루 동안 작업하는 면적은 29 × 96 = 2,784m²로 4구역의 복구 작업을 완료하는 데 걸리는 기간은 26,000 / 2,784 ≒ 10일이다.

따라서 전 구역의 복구 작업을 모두 완료하는 데 걸리는 기간은 11 + 9 + 7 + 10 = 37일이다.

[36 - 37]
36 자원관리능력 문제 정답 ③

조 과장이 신입사원 5명의 안전 용품을 모두 동일한 종으로 구매하므로 동일한 종을 5개씩 구매한다. 안전화는 미끄럼 방지 기능이 있는 고급형1 안전화이므로 안전화의 가격은 35,000 × 5 = 175,000원이고, 안전모는 통기성 기능이 있는 일반형 안전모에 보안경이 장착된 일체형이므로 (3,000 + 3,000) × 5 = 30,000원이다. 또한, 마스크는 일회용으로 교체가 가능한 일반형 마스크로 구매하며, 신입사원 1명당 20개씩 지급하므로 800 × 5 × 20 = 80,000원이고, 작업 장갑은 절연 기능이 있는 고급형 장갑이므로 5 × 18,000 = 90,000원이다.

따라서 조 과장이 구매할 안전 용품의 총 가격은 175,000 + 30,000 + 80,000 + 90,000 = 375,000원이다.

37 자원관리능력 문제 정답 ④

최 사장이 A 지사에서 출발하여 모든 지사를 들르는 데 소요되는 시간은 다음과 같다.

순찰 경로	소요 시간
A → D → B → C → E	75 + 45 + 35 + 30 = 185분
A → D → B → E → C	75 + 45 + 40 + 30 = 190분
A → D → C → B → E	75 + 50 + 35 + 40 = 200분
A → D → C → E → B	75 + 50 + 30 + 40 = 195분
A → E → B → C → D	80 + 40 + 35 + 50 = 205분
A → E → B → D → C	80 + 40 + 45 + 50 = 215분
A → E → C → B → D	80 + 30 + 35 + 45 = 190분
A → E → C → D → B	80 + 30 + 50 + 45 = 205분

따라서 최 사장이 모든 지사를 들르는 데 걸리는 최대 소요 시간과 최소 소요 시간의 차이는 215 − 185 = 30분이다.

38 자원관리능력 문제 정답 ②

'공정 보상의 원칙'은 근로자의 인권을 존중하고 공헌도에 따라 노동의 대가를 공정하게 지급하는 원칙이며, 직무 배당, 승진, 상벌, 근무 성적의 평가, 임금 등을 공정하게 처리하는 원칙은 '공정 인사의 원칙'이므로 효율적인 인적자원관리의 원칙에 대해 잘못 이야기하고 있는 사람은 '승윤'이다.

🔍 더 알아보기

효율적인 인적자원관리의 원칙

적재적소 배치의 원칙	해당 직무 수행에 가장 적합한 인재를 배치해야 함
공정 보상의 원칙	근로자의 인권을 존중하고 공헌도에 따라 노동의 대가를 공정하게 지급해야 함
공정 인사의 원칙	직무 배당, 승진, 상벌, 근무 성적의 평가, 임금 등을 공정하게 처리해야 함
종업원 안정의 원칙	직장에서 신분이 보장되고 계속해서 근무할 수 있다는 믿음을 갖게 하여 근로자가 안정된 회사 생활을 할 수 있도록 해야 함
창의력 계발의 원칙	근로자가 창의력을 발휘할 수 있도록 새로운 제안, 건의 등의 기회를 마련하고, 적절한 보상을 하여 인센티브를 제공해야 함
단결의 원칙	직장 내에서 구성원들이 소외감을 느끼지 않도록 배려하고, 서로 유대감을 가지고 협동, 단결하는 체제를 이루도록 해야 함

39 자원관리능력 문제

정답 ④

간접비용은 과제 수행을 위해 소비된 비용 중 직접비용을 제외한 비용을 의미하므로 간접비용에 해당하는 것은 ㉠, ㉢, ㉣, ㉥, Ⓐ으로 5개이다.

오답 체크

㉡, ㉤, Ⓢ은 제품이나 서비스를 창출하기 위해 직접 소비된 직접비용에 해당한다.

40 자원관리능력 문제

정답 ②

제시된 [신입사원 평가 점수]에 따르면 A 사원의 평가 점수는 18＋23＋19＋22＝82점, B 사원의 평가 점수는 21＋19＋17＋24＝81점, C 사원의 평가 점수는 17＋21＋20＋22＝80점, D 사원의 평가 점수는 18＋19＋24＋23＝84점, E 사원의 평가 점수는 23＋21＋20＋19＝83점이다. 이에 따라 D 사원, E 사원, A 사원, B 사원, C 사원 순으로 지원한 부서에 우선 배치하므로 D 사원은 기획팀, E 사원은 인사팀, A 사원은 홍보팀, B 사원은 전산팀에 배치된다. 이때, C 사원은 홍보팀을 지원하였으나, 홍보팀의 필요 인력은 1명이고, 이미 A 사원이 배치되었으므로 C 사원은 전산팀 또는 인사팀에 배치된다.

따라서 C 사원은 홍보팀에 배치되지 않으므로 가장 적절하지 않다.

41 정보능력 문제

정답 ②

게시판에 올릴 글의 제목에는 글의 내용을 파악할 수 있는 함축된 단어를 사용해야 하므로 사이버 공간에서 지켜야 하는 예절에 대해 잘못 이야기하고 있는 사원은 '이 사원'이다.

42 정보능력 문제

정답 ②

작업 관리자 실행을 위해서는 Ctrl＋Shift＋Esc 키를 눌러야 하므로 가장 적절하지 않다.

43 정보능력 문제

정답 ③

5W2H 원칙 중 WHEN은 정보의 요구 또는 수집 시점을 고려해야 한다는 원칙이므로 가장 적절하지 않다.

44 정보능력 문제

정답 ③

엑셀에서 특정한 조건에 맞는 데이터를 추출하여 지정한 시트나 영역으로 붙여넣는 데 이용할 수 있는 기능은 '고급 필터'이다.

오답 체크

① 조건부 서식: 조건에 맞는 특정한 값에만 서식을 적용하여 변경사항을 쉽게 파악할 수 있는 기능
② 텍스트 정렬: 오름차순 또는 내림차순으로 텍스트를 정렬하거나 사용자가 임의로 정렬 순서를 지정하여 정렬하는 기능
④ 데이터 유효성 검사: 데이터의 유효성 조건을 지정하거나 설명 메시지, 오류 메시지 등을 표시하여 데이터를 정확하게 입력할 수 있도록 도와주는 기능
⑤ 찾기 및 바꾸기: 특정한 값을 찾거나 특정한 값을 원하는 값으로 한번에 바꿔주는 기능

45 정보능력 문제

정답 ④

선수필승(先手必勝)이라는 말과 같이 변화가 심한 현대 사회에서는 정보의 질이나 내용보다도 다른 사람보다 빠르게 정보를 습득하는 것이 더 중요할 수 있으므로 가장 적절하지 않다.

46 정보능력 문제
정답 ③

이수 학점이 20학점 이상이면서 성적이 4.0 이상인 학부생의 수를 구하기 위해서는 이수 학점 행의 셀값이 20 이상인 셀 중에서 성적 행의 셀값이 4.0 이상인 셀의 개수를 반환해야 한다. 이에 따라 지정한 범위1의 셀값 중 조건1에 만족하면서 지정한 범위2의 셀값 중 조건2에 만족하는 셀의 개수를 반환할 때 사용하는 함수인 COUNTIFS를 사용한다.

따라서 COUNTIFS 함수식인 '=COUNTIFS(지정한 범위1, 조건식1, 지정한 범위2, 조건식2, …)'를 적용하면 '=COUNTIFS(D2: D9, ">=20", E2:E9, ">=4.0")'이다.

구분	내용	적용
지정한 범위1	조건식1에 만족하는 셀의 개수를 구할 범위인 이수 학점	D2:D9
조건식1	셀값이 20 이상인 셀의 개수를 구하는 수식	>=20
지정한 범위2	조건식2에 만족하는 셀의 개수를 구할 범위인 성적	E2:E9
조건식2	셀값이 4.0 이상인 셀의 개수를 구하는 수식	>=4.0

> **🔎 더 알아보기**
>
> | SUMIFS | 지정한 범위1의 셀값 중 조건1에 만족하는 셀과 지정한 범위2의 셀값 중 조건2에 만족하는 셀의 합을 구할 때 사용하는 함수
[식] =SUMIFS(합을구할범위, 지정한범위1, 조건식1, 지정한 범위2, 조건식2, …) |
> |---|---|

47 기술능력 문제
정답 ③

기술혁신은 그 과정 자체가 불확실하며, 장기간의 시간을 요구하고 기술 개발에 대한 투자가 가시적인 성과로 나타나기까지는 비교적 오랜 시간을 필요로 한다.

따라서 기술혁신 과정의 장기화는 하타무라 요타로가 분류한 실패의 원인이 아닌 기술혁신의 특징에 해당하므로 가장 적절하지 않다.

48 기술능력 문제
정답 ①

㉠ 직접적 벤치마킹은 벤치마킹 대상을 직접 방문하여 수행하는 방법을 의미하므로 적절하지 않다.

따라서 직접적 벤치마킹과 간접적 벤치마킹에 대한 설명으로 적절하지 않은 것의 개수는 '1개'이다.

49 기술능력 문제
정답 ②

기술은 물리적인 것뿐만 아니라 사회적인 것으로서 지적인 도구를 특정한 목적에 사용하는 지식체계이며, 하드웨어나 인간에 의해 만들어진 비자연적인 대상, 혹은 그 이상을 의미하므로 기술에 대해 잘못 이야기하고 있는 사람은 '효상'이다.

[50-51]
50 기술능력 문제
정답 ④

'제품의 특징'에서 1.5L 용량의 물통으로 대용량 전해수를 제조한다고 하였으므로 물통에 1.3L 물을 담아 사용하면 물통의 최대 용량을 초과하여 고장의 원인이 되는 것은 아님을 알 수 있다.

오답 체크

① '제품 이상 시 점검 및 조치사항'에서 제품 재가동 시 전원버튼을 눌러도 동작하지 않는 경우 전원버튼을 3초 이상 눌러 절전모드 해제 후 작동하라고 하였으므로 적절하다.

② '사용 시 주의사항'에서 사람 또는 동물에 직접 분사하지 말라는 내용은 위험 등급에 해당하며, 위험 등급에 해당하는 주의사항을 지키지 않을 경우 사망 또는 중대한 상해가 발생할 수 있다고 하였으므로 적절하다.

③ '사용 시 주의사항'에서 전해수를 가습기에 대신 넣어 사용하지 말라는 내용은 위험 등급에 해당하며, 위험 등급에 해당하는 주의사항을 지키지 않을 경우 사망 또는 중대한 상해가 발생할 수 있다고 하였으므로 적절하다.

⑤ '사용 시 주의사항'에서 섬유, 금속, 가죽 등에 사용하지 말라는 내용은 경고 등급에 해당하며, 가죽 소파에 전해수기를 사용하는 것과 같이 경고 등급의 주의사항을 지키지 않을 경우 경미한 상해 또는 물적 손해가 발생할 수 있다고 하였으므로 적절하다.

51 기술능력 문제
정답 ③

ⓒ 매뉴얼은 '어디서, 누가, 무엇을, 언제, 어떻게, 왜'라는 사용자의 질문을 예상하여 이에 대한 답을 제공하고, 사용자가 한 번 본 이후 빨리 외울 수 있도록 하여 더 이상 매뉴얼이 필요하지 않도록 배려해야 하므로 적절하다.

ⓜ 매뉴얼은 사용자가 필요한 정보를 빨리 찾을 수 있도록 짧고 의미 있는 제목이나 비고 등을 활용해야 하므로 적절하다.

따라서 매뉴얼을 제작할 때 유의해야 할 사항으로 적절한 것은 'ⓒ, ⓜ'이다.

오답 체크

㉠ 매뉴얼은 명확한 의미 전달을 위해 단정적으로 표현하고 수동태보다는 능동태의 동사를, 추상명사보다는 행위동사를 사용해야 하므로 적절하지 않다.

ⓛ 매뉴얼은 비전문가도 쉽게 이해할 수 있도록 단순하고 간결하게 서술하며, 매뉴얼 개발자는 제품에 대한 애매모호한 단어를 사용하지 않고 추측성으로 기능의 내용을 서술하지 않아야 하므로 적절하지 않다.

ⓔ 제품 매뉴얼에 제품의 설계상 결함이나 위험 요소를 대변해서는 안 되므로 적절하지 않다.

52 기술능력 문제 　　　　정답 ①

사람이 언제 어디서나 네트워크에 자유롭게 접속하여 다양한 데이터 및 서비스를 활용할 수 있는 4차 산업혁명 관련 기술은 '유비쿼터스'이다.

오답 체크

④ 사물인터넷을 지칭하는 IoT는 네트워크 장비와 사람 사이의 통신을 주목적으로 하는 유비쿼터스와 다르게 사물에 센서와 프로세스를 연결하여 사람의 개입 없이 정보를 알아서 수집, 제어, 관리하는 시스템을 의미하므로 적절하지 않다.

🔍 더 알아보기

4차 산업혁명 관련 기술

인공지능 (AI)	인간의 두뇌 작용처럼 컴퓨터 스스로 학습하고 판단하는 시스템
사물인터넷 (IoT)	네트워크로 연결된 유형 및 무형의 사물들이 상호 소통하는 기술
증강현실 (AR)	현실 세계에 3차원 가상 물체를 겹쳐 보여줌으로써 실제 현실에 가상의 정보를 더해주는 기술
가상현실 (VR)	머리에 장착하는 디스플레이 디바이스를 활용하여 컴퓨터가 만든 가상의 세계를 실제처럼 체험할 수 있도록 하는 기술
드론	조종사의 직접적인 조작 없이도 무선전파에 의해 비행 및 조종이 가능한 항공기
자율주행차	운전자의 직접적인 조작 없이도 자동차 스스로 도로의 상황을 파악하여 주행하는 자동차

53 기술능력 문제 　　　　정답 ⑤

E-Learning을 활용한 기술교육은 학습자가 원하는 시간과 장소에서 학습이 가능하여 일정 시간을 할애할 필요가 적으며, 학습자 스스로 학습을 조절 및 통제할 수 있으므로 가장 적절하지 않다.

54 조직이해능력 문제 　　　　정답 ④

㉠ 조직 내의 부문 사이에 형성된 관계로, 조직 구성원들의 임무, 과업, 업무 장소 등을 쉽게 파악할 수 있는 요소는 '조직구조'이다.

㉡ 조직 구성원들의 사고와 행동에 영향을 미치며, 일체감과 정체성을 부여하고, 조직이 안정적으로 유지될 수 있도록 돕는 요소는 '조직문화'이다.

㉢ 조직이 달성하려는 장래의 상태로, 조직이 존재하는 정당성과 합법성을 제공하는 요소는 '조직목표'이다.

따라서 ㉠~㉢에 들어갈 내용을 바르게 연결한 것은 ④이다.

55 조직이해능력 문제 　　　　정답 ⑤

집단 간 경쟁이 발생하면 집단 내부의 응집성은 더욱 강해지고, 집단의 활동이 조직화될 수 있다.

따라서 ㉠~㉤ 중 잘못된 내용은 '㉤'이다.

56 조직이해능력 문제 　　　　정답 ⑤

제시된 업무 수행 시트는 간트 차트이며, 업무의 각 단계를 효과적으로 수행했는지 자가 점검해볼 수 있어서 업무별 수행 수준을 확인하기 쉬운 업무 수행 시트는 체크리스트이므로 적절하지 않다.

오답 체크

① 상용화 버전 개발 중 플랫폼 API 연동 업무는 6월 1주에 시작하여 6월 3주에 종료되며, QA 테스트 업무는 6월 1주에 시작하여 7월 1주에 종료되므로 적절하다.

② 간트 차트는 단계별로 업무를 시작하고 끝나는 데 걸리는 시간을 바 형식으로 표시하여 전체 일정을 한눈에 확인할 수 있는 업무 수행 시트이므로 적절하다.

③ 알파 버전 개발은 5월 1주에 시작하여 6월 1주에 종료되며, 상용화 버전 개발은 6월 1주에 시작하여 7월 1주에 종료되므로 적절하다.

④ 상용 아이템 설치 업무와 밸런스 수정 업무, 지표 관리 도구 개발 업무 모두 2주가 소요되므로 적절하다.

🔍 더 알아보기

업무 수행 시트의 종류

간트 차트 (Gantt chart)	작업 진도 도표로, 단계별로 업무를 시작하고 끝나는 데 걸리는 시간을 바 형식으로 표시할 때 사용함
워크 플로 시트 (Workflow sheet)	일의 흐름을 동적으로 보여주는 시트로, 사용하는 도형을 다르게 표현하여 주된 작업과 부차적인 작업, 혼자 처리할 수 있는 일과 타인의 협조를 필요로 하는 일, 주의해야 하는 일 등을 구분하여 표현할 수 있음
체크리스트 (Checklist)	업무의 각 단계를 효과적으로 수행했는지 자가 점검해볼 수 있는 도구로, 시간의 흐름을 표현하는 데에는 한계가 있으나 업무를 세부적인 활동으로 구분하고 활동별로 기대되는 수행 수준의 달성 여부를 확인하는 데 효과적임

57 조직이해능력 문제　　　　　정답 ②

(가) 의사결정이 필요한 문제를 인식하고 진단하는 단계는 '확인 단계'에 해당한다.
(나) 실행 가능한 해결안을 선택하는 단계는 '선택 단계'에 해당한다.
(다) 확인된 문제에 대해 해결방안을 모색하는 단계는 '개발 단계'에 해당한다.

따라서 조직의 의사결정 과정 단계가 바르게 연결된 것은 ②이다.

58 조직이해능력 문제　　　　　정답 ④

경영전략을 통해 미래에 도달하고자 하는 모습인 비전을 규명하고 조직의 미션을 설정하는 것은 전략목표 설정 단계에 해당하며, 경영전략 실행 단계에서는 수립된 경영전략을 실제로 행하여 경영목적을 달성하므로 적절하지 않다.

오답 체크

① 조직전략은 조직의 사명을 정의하는 가장 상위 단계의 전략이며, 사업전략은 사업 수준에서 각 사업의 경쟁적 우위를 점하기 위한 방향과 방법을 다루는 전략이고, 부문전략은 기능부서별로 사업전략을 구체화하여 세부적인 수행 방법을 결정하는 전략이므로 적절하다.
② 환경 분석 단계에서 전략목표를 기반으로 최적의 대안을 수립하기 위해 조직의 내·외부 환경을 분석하는 데 SWOT 분석이 빈번하게 활용되므로 적절하다.
③ 조직의 경영전략은 경영자의 경영이념이나 조직의 특성에 따라 다양하므로 적절하다.
⑤ 평가 및 피드백 단계에서 경영전략 결과를 평가하여 피드백하는 과정을 거친 후 경영목적 달성 여부에 따라 경영목표와 경영전략을 재조정하므로 적절하다.

59 조직이해능력 문제　　　　　정답 ③

대화를 통해 설아와 정호는 인사부, 소희와 지윤은 총무부, 민정과 서하는 회계부 소속임을 알 수 있다.

따라서 같은 부서에 소속된 직원끼리 바르게 짝지은 것은 ③이다.

🔍 더 알아보기

부서별 업무

부서	업무
총무부	주주총회 및 이사회 개최 관련 업무, 의전 및 비서 업무, 집기비품 및 소모품의 구입과 관리, 사무실 임차 및 관리, 차량 및 통신시설의 운영, 국내외 출장 업무 협조, 복리후생 업무, 법률자문과 소송관리, 사내외 홍보 광고 업무 등
인사부	조직기구의 개편 및 조정, 업무분장 및 조정, 인력수급계획 및 관리, 직무 및 정원의 조정 종합, 노사 관리, 평가 관리, 상벌 관리, 인사발령, 교육 체계 수립 및 관리, 임금제도, 복리후생제도 및 지원 업무, 복무 관리, 퇴직 관리 등
기획부	경영계획 및 전략 수립, 전사기획 업무 종합 및 조정, 중장기 사업계획의 종합 및 조정, 경영정보 조사 및 기획 보고, 경영진단 업무, 종합예산수립 및 실적관리, 단기사업계획 종합 및 조정, 사업계획, 손익추정, 실적관리 및 분석 등
회계부	회계제도의 유지 및 관리, 재무상태 및 경영실적 보고, 결산 관련 업무, 재무제표 분석 및 보고, 법인세, 부가가치세, 국세 지방세 업무 자문 및 지원, 보험가입 및 보상 업무, 고정자산 관련 업무 등
영업부	판매 계획, 판매예산의 편성, 시장조사, 광고 선전, 견적 및 계약, 제조지시서의 발행, 외상매출금의 청구 및 회수, 제품의 재고 조절, 거래처로부터의 불만 처리, 제품의 애프터서비스, 판매원가 및 판매가격의 조사 검토 등

60 조직이해능력 문제

미국: 미국에서는 테이블당 담당 서버가 있어서 음식을 주문하거나 필요한 것을 요청하려면 담당 서버가 테이블로 올 때까지 기다려야 하므로 종업원을 불러야 할 때 오른손을 높이 들고 있거나 큰소리를 내서 종업원의 주의를 끈다는 부분이 수정되어야 한다.

인도: 인도에서는 식사하면서 대화하는 것을 무례하게 여겨서 식사 중에는 대화를 나누지 않으며 식사를 마치고 입을 물로 씻고 난 후에 대화를 나누므로 함께 식사하며 신뢰를 쌓는 것을 중요하게 여기기 때문에 식사 중에 적극적으로 대화에 참여하는 것이 좋다는 부분이 수정되어야 한다.

오답 체크

· 이탈리아: 이탈리아에서는 누군가 음식을 권하면 처음에는 사양하고 두 번째로 권할 때 먹는 것이 예의이다. 또한, 다른 사람과 함께 식사할 때는 식사 속도를 맞추는 것이 좋으며, 식사를 마치고 식탁에서 얼굴이나 머리 등을 정돈하는 것은 예의 없다고 여겨진다.

· 일본: 일본에서는 화장하고 남은 뼛조각을 젓가락으로 옮기기 때문에 음식을 젓가락에서 젓가락으로 전달하는 행동을 매우 불길하게 여긴다. 또한, 식사 시 젓가락만 사용하는 경우가 많아서 왼손에 밥그릇이나 국그릇을, 오른손에 젓가락을 들고 식사한다.

· 중국: 중국에서 식사할 때 고개를 숙이고 먹는 것은 동물과 같은 것이라고 여기며, 식사 시 숟가락을 사용했다면 사용 흔적이 보이지 않도록 숟가락을 뒤집어 놓아야 한다. 또한, 회전하는 원형 테이블은 시계 방향으로 돌려야 하며, 생선은 뒤집지 않고 먹어야 한다.

실전모의고사 4회 `80문항형`

정답

01 의사소통	02 의사소통	03 의사소통	04 의사소통	05 의사소통	06 의사소통	07 의사소통	08 의사소통	09 수리	10 수리
③	②	③	⑤	⑤	⑤	⑤	④	①	⑤
11 수리	12 수리	13 수리	14 수리	15 수리	16 수리	17 문제해결	18 문제해결	19 문제해결	20 문제해결
④	③	①	③	④	④	⑤	②	⑤	⑤
21 문제해결	22 문제해결	23 문제해결	24 문제해결	25 조직이해	26 조직이해	27 조직이해	28 조직이해	29 조직이해	30 조직이해
④	②	④	⑤	④	③	④	①	③	④
31 조직이해	32 조직이해	33 정보	34 정보	35 정보	36 정보	37 정보	38 정보	39 정보	40 정보
①	④	④	④	①	②	②	④	⑤	④
41 자원관리	42 자원관리	43 자원관리	44 자원관리	45 자원관리	46 자원관리	47 자원관리	48 자원관리	49 기술	50 기술
①	②	⑤	③	①	④	②	⑤	④	②
51 기술	52 기술	53 기술	54 기술	55 기술	56 기술	57 자기개발	58 자기개발	59 자기개발	60 자기개발
①	⑤	③	④	①	⑤	④	③	③	②
61 자기개발	62 자기개발	63 자기개발	64 자기개발	65 대인관계	66 대인관계	67 대인관계	68 대인관계	69 대인관계	70 대인관계
③	④	③	②	③	④	④	①	④	②
71 대인관계	72 대인관계	73 직업윤리	74 직업윤리	75 직업윤리	76 직업윤리	77 직업윤리	78 직업윤리	79 직업윤리	80 직업윤리
③	④	②	②	①	⑤	②	⑤	④	②

취약 영역 분석표

영역별로 맞힌 개수, 틀린 문제 번호와 풀지 못한 문제 번호를 적고 나서 취약한 영역이 무엇인지 파악해보세요. 취약한 영역은 해커스잡 사이트 (ejob.Hackers.com)에서 제공하는 <빈출 핵심 개념집>을 학습하고, 틀리거나 풀지 못한 문제를 다시 풀어보면서 확실히 극복하세요.

학습 날짜	영역	맞힌 개수	틀린 문제 번호	풀지 못한 문제 번호
__월 __일	의사소통능력	/8		
	수리능력	/8		
	문제해결능력	/8		
	조직이해능력	/8		
	정보능력	/8		
	자원관리능력	/8		
	기술능력	/8		
	자기개발능력	/8		
	대인관계능력	/8		
	직업윤리	/8		

해설

01 의사소통능력 문제
정답 ③

한국토지주택공사가 모집하는 청년·신혼부부 매입임대주택 3,571 가구는 오는 30일 이후 LH 청약센터에 게시된 공고문을 통해 확인하거나 LH 콜센터를 통해 전화상담을 할 수 있으며, 서울주택도시공사, 경기주택도시공사, 대구도시공사가 모집하는 청년·신혼부부 매입임대주택에 대한 구체적인 입주자격 등은 해당 기관 누리집에 게시된 공고문에서 확인할 수 있으므로 청년·신혼부부 매입임대주택 관련 정보를 LH 청약센터나 LH 콜센터를 통해서만 확인할 수 있는 것은 아님을 알 수 있다.

[오답 체크]
① 청년 매입임대주택은 학업 및 취업 등으로 인해 이주가 잦은 청년층의 상황을 반영해 냉장고·세탁기·에어컨 등 가전제품을 갖춘 풀옵션을 공급한다고 하였으므로 적절한 내용이다.
② 청년·신혼부부 매입임대주택의 모집 물량은 지역별로 서울 등 수도권이 4,294가구, 그 외 지역이 1,517가구라고 하였으므로 적절한 내용이다.
④ 신혼부부 매입임대주택은 결혼 7년 이내의 신혼부부와 예비신혼부부, 만 6세 이하 자녀를 키우는 가구 및 일반 혼인가구가 신청할 수 있다고 하였으므로 적절한 내용이다.
⑤ 정○○ 국토교통부 주거복지지원과장은 올해 2만 가구가 넘는 물량을 청년과 신혼부부를 대상으로 공급할 것이라고 하였으므로 적절한 내용이다.

02 의사소통능력 문제
정답 ②

이 글은 거푸집이 한 사회의 생산력과 사회 발전 수준을 추측할 수 있는 중요한 지표라는 점을 강조하고, 거푸집 하나로 동일한 금속기를 많이 제작할 수 있다는 특징을 바탕으로 금속기가 제작된 중심지와 분포 양상을 분석하여 해당 사회의 구조를 파악할 수 있다는 고고학적 의의를 설명하는 내용이므로 이 글의 제목으로 가장 적절한 것은 ②이다.

[오답 체크]
① 사회 발전 단계에 따른 거푸집의 변화 양상에 대해서는 다루고 있지 않으므로 적절하지 않은 내용이다.
③ 거푸집은 돌로 만들어진 석제품과 흙으로 만들어진 토제품으로 분류된다고 하였지만, 글 전체를 포괄할 수 없으므로 적절하지 않은 내용이다.
④ 우리나라에서도 청동 도구의 제작에 사용된 거푸집이 발견되면서 기원전 1,000년에는 청동기 시대에 진입하였다는 사실이 증명되었다고 하였지만, 글 전체를 포괄할 수 없으므로 적절하지 않은 내용이다.
⑤ 거푸집이 출토된 지역의 지리적 공통점에 대해서는 다루고 있지 않으므로 적절하지 않은 내용이다.

03 의사소통능력 문제
정답 ③

꿈속에서 본인도 알지 못하는 자신의 소망이 나타날 수 있다고 하였으므로 속에 있거나 숨은 것이 밖으로 나타나거나 그렇게 나타나게 한다는 의미의 '발현(發現)'이 적절하다.

· 구현(具現): 어떤 내용이 구체적인 사실로 나타나게 함

[오답 체크]
㉠ 표현(表現): 생각이나 느낌 따위를 언어나 몸짓 따위의 형상으로 드러내어 나타냄
㉡ 재현(再現): 다시 나타남
㉣ 구연(口演): 동화, 야담, 만담 따위를 여러 사람 앞에서 말로써 재미있게 이야기함
㉤ 재연(再演): 연극이나 영화 따위를 다시 상연하거나 상영함

04 의사소통능력 문제
정답 ⑤

상대방에게 명령해야 하는 상황에서는 '○○을 이렇게 해라!'와 같이 강압적으로 말하기보다는 '○○을 이렇게 해주는 것이 어떻겠습니까?'와 같이 부드럽게 표현하는 것이 훨씬 효과적이므로 가장 적절하지 않다.

> ### 🔍 더 알아보기
> **상황에 따른 의사표현법**
>
> | | |
> | --- | --- |
> | 상대방의 잘못을 지적할 때 | 상대방의 잘못을 지적할 때 모호한 표현을 사용하면 설득력을 잃으므로 상대방과의 관계를 고려하면서 상대방이 확실히 알 수 있도록 지적해야 하며, 당장 꾸짖고 있는 내용에 한정해야 함 |
> | 상대방을 칭찬할 때 | 자칫 잘못하면 아부로 느껴질 수 있으므로 본인이 가장 중요하게 여기는 것을 칭찬하는 것이 좋음 |
> | 상대방에게 부탁할 때 | 먼저 상대의 사정을 우선시하는 태도를 보여준 다음에 부탁에 응하기 쉽게 구체적이고 명확한 내용을 전달하고, 상대방이 거절할 때도 싫은 내색을 보이지 않는 것이 좋음 |
> | 상대방의 요구를 거절할 때 | 먼저 사과를 한 다음 요구에 응할 수 없는 이유를 설명하며, 불가능한 요구는 모호한 태도보다는 단호하게 거절하되 상대방이 부정적인 감정을 가지지 않도록 해야 함 |
> | 명령해야 할 때 | 강압적으로 말하기보다는 부드럽게 표현하는 것이 효과적임 |
> | 설득해야 할 때 | 일방적으로 강요하거나 상대방에게 손해를 보라는 식의 밀어붙이는 대화가 아닌 먼저 양보해서 이익을 공유하겠다는 의지를 보여주는 것이 중요함 |

| 충고해야 할 때 | 사람은 자신에게 부정적이거나 거부 반응을 보이는 사람에게는 타협적이거나 우호적이지 않은 성향이 있으므로 충고는 마지막 방법으로 보류하되 충고해야 할 상황이면 비유법을 통해 깨우쳐 주는 것이 좋음 |
| 질책해야 할 때 | 질책할 때는 '칭찬의 말, 질책의 말, 격려의 말' 순의 샌드위치 화법을 활용하여 상대방이 반발하지 않고 받아들일 수 있도록 해야 함 |

05 의사소통능력 문제

정답 ⑤

한글맞춤법 제42항에 따라 어떤 일이 있었던 때로부터 지금까지의 동안을 나타내는 의존 명사 '지'는 앞말과 띄어 써야 하므로 '이별한 지'로 띄어 써야 한다.

06 의사소통능력 문제

정답 ⑤

이 글은 공기나 가스에 들어 있는 성분을 편리하고 신속하게 측정할 수 있는 검지관의 용도를 소개하고, 간단한 제작법 및 조작법을 설명하는 글이다.
따라서 '(마) 검지관이 개발되어 상용화된 배경 – (라) 검지관의 정의와 용도 – (다) 검지관의 제작법 – (가) 검지관의 조작법(1): 관 내부로의 공기 투입과 착색층 길이의 확인 – (바) 검지관의 조작법(2): 변색된 검지제와 농도 도표의 비교 – (나) 검지관의 장점과 사용 시 주의사항' 순으로 연결되어야 한다.

[07 - 08]
07 의사소통능력 문제

정답 ⑤

(마)문단에서 게슈탈트 코칭은 현재에 집중하여 피코치자의 개인적인 잠재력을 깨우며, 피코치자의 욕구가 해결되지 못하는 문제를 경험적이고 실존적인 수준에서 해결할 수 있도록 한다는 점에서 의의가 있다고 하였으므로 (마)문단의 내용을 요약하면 '현재에 중심을 두고 피코치자를 돕는 게슈탈트 코칭의 의의'가 된다.

08 의사소통능력 문제

정답 ④

(다)문단에서 게슈탈트 심리학은 학습, 기억, 문제해결 등 지적 활동에서의 지각 중심적 해석을 내세워 인지 심리학, 문화 심리학 등의 발달에 큰 영향을 주었다고 하였으므로 게슈탈트 심리학이 인지 심리학의 영향으로 지적 활동에서 지각 중심적 해석을 강조한 것은 아님을 알 수 있다.

오답 체크

① (라)문단에서 코치는 피코치자의 현재에 집중하여 해소되지 못한 욕구를 없애고 피코치자의 욕구가 연속해서 형성과 소멸을 반복할 수 있게 이끈다고 하였으므로 적절한 내용이다.

② (가)문단에서 게슈탈트 심리학은 정신 현상 자체가 감각적 요소의 집합이 아닌 전체로서의 구조나 특질을 갖고 있다고 보는 심리학파라고 하였으므로 적절한 내용이다.

③ (마)문단에서 게슈탈트 코칭에서 코치와 피코치자의 상호 작용에서는 행동과 표현이 중시되며 코치는 자신의 경험을 행동으로 생생하게 피코치자에게 전달할 수 있다고 하였으므로 적절한 내용이다.

⑤ (나)문단에서 게슈탈트 심리학은 개인이 환경과 상호 작용하는 과정을 집단화에 초점을 맞추어 설명하였다고 하였으므로 적절한 내용이다.

09 수리능력 문제

정답 ①

전체 출국자 수에서 61세 이상 출국자 수가 차지하는 비중은 2017년에 $(2,540 / 24,836) \times 100 \fallingdotseq 10.2\%$이고, 2018년에 $(2,985 / 26,927) \times 100 \fallingdotseq 11.1\%$로 2017년이 2018년보다 더 작으므로 적절하지 않다.

오답 체크

② 2016년부터 2020년까지 전체 출국자 수의 평균은 $(20,845 + 24,836 + 26,927 + 26,921 + 3,688) / 5 = 20,643.4$천 명으로 20,500천 명 이상이므로 적절하다.

③ 2019년에 40세 이하 출국자 수는 $3,545 + 4,842 + 5,415 = 13,802$천 명이고, 41세 이상 출국자 수는 $5,214 + 4,734 + 3,171 = 13,119$천 명으로 40세 이하 출국자 수가 41세 이상 출국자 수보다 많으므로 적절하다.

④ 2017년 51세~60세 출국자 수의 전년 대비 증가율은 $\{(4,214 - 3,633) / 3,633\} \times 100 \fallingdotseq 16.0\%$로 15% 이상이므로 적절하다.

⑤ 2017년 이후 0~20세 출국자 수와 41세~50세 출국자 수의 전년 대비 증감 추이는 증가, 증가, 감소, 감소로 동일하므로 적절하다.

10 수리능력 문제

정답 ⑤

작업량 = 시간당 작업량 × 시간임을 적용하여 구한다.
전체 일의 양을 1, A가 혼자 작업하는 데 걸리는 시간을 a, B가 혼자 작업하는 데 걸리는 시간을 b, C가 혼자 작업하는 데 걸리는 시간을 c라고 하면, A의 시간당 작업량은 $\frac{1}{a}$, B의 시간당 작업량은 $\frac{1}{b}$, C의 시간당 작업량은 $\frac{1}{c}$이다.
A와 B가 함께 작업할 때 걸리는 시간은 4시간이므로
$\left(\frac{1}{a} + \frac{1}{b}\right) \times 4 = 1 \rightarrow 4a + 4b = ab$ … ⓐ
B와 C가 함께 작업할 때 걸리는 시간은 5시간이므로
$\left(\frac{1}{b} + \frac{1}{c}\right) \times 5 = 1 \rightarrow 5b + 5c = bc$ … ⓑ
A가 혼자 작업하면 B가 혼자 작업하는 것보다 6시간이 더 걸리므로
$a = b + 6$ … ⓒ
ⓒ를 ⓐ에 대입하여 풀면,
$4(b + 6) + 4b = (b + 6)b \rightarrow 4b + 24 + 4b = b^2 + 6b$
$\rightarrow b^2 - 2b - 24 = 0 \rightarrow (b - 6)(b + 4) = 0$
$\rightarrow b = 6(b > 0)$

b = 6을 ⓐ와 ⓑ에 대입하여 풀면 a = 12, c = 30
따라서 C가 혼자 작업하여 일을 마치는 데 걸리는 시간은 30시간이다.

11 수리능력 문제   정답 ④

제시된 지역 중 2018년 지원자 수가 다섯 번째로 많은 지역과 입영자 수가 다섯 번째로 많은 지역은 부산으로 동일하므로 적절하다.

오답 체크

① 2019년에 지원자 수와 입영자 수 모두 모든 지역에서 전년 대비 감소하였으므로 적절하지 않다.
② 2018년 서울 지역의 육군 지원자 중 입영한 사람은 (12,620 / 30,027) × 100 ≒ 42.0%이므로 적절하지 않다.
③ 2019년 지원자 수가 6,000명 미만인 강원, 충북, 전북, 제주 지역의 평균 지원자 수는 (4,972 + 4,865 + 5,973 + 1,708) / 4 ≒ 4,380명이므로 적절하지 않다.
⑤ 2019년 전체 지원자 수는 전년 대비 183,036 − 165,456 = 17,580명 감소하였고, 전체 입영자 수는 87,114 − 81,375 = 5,739명 감소하였으므로 적절하지 않다.

12 수리능력 문제   정답 ③

n명 중 자격이 다른 2명의 대표를 선출하는 경우의 수는 $n \times (n-1)$,
n명 중 자격이 같은 2명의 대표를 선출하는 경우의 수는 $\frac{n \times (n-1)}{2}$
임을 적용하여 구한다.
회원 수가 20명인 사내 바리스타 동아리에서 임원 2명을 뽑는 것은 자격이 같은 2명의 대표를 선출하는 경우의 수이므로 $a = \frac{20 \times 19}{2} = 190$가지이고, 회원 수가 20명인 사내 바리스타 동아리에서 동아리장 1명과 총무 1명을 뽑는 것은 자격이 다른 2명의 대표를 선출하는 경우의 수이므로 $b = 20 \times 19 = 380$가지이다.
따라서 a + b = 190 + 380 = 570가지이다.

13 수리능력 문제   정답 ①

설탕의 양 = 설탕물의 양 × $\frac{설탕물의 농도}{100}$ 임을 적용하여 구한다.
농도가 7%인 설탕물의 양을 x라고 하면
처음 컵에 들어 있던 농도가 14%인 설탕의 양은 450 × 0.14 = 63g이고, 컵에 넣은 농도가 7%인 설탕물의 설탕의 양은 $0.07x$이다. 이때, 농도가 7%인 설탕물을 넣어 만든 농도가 12%인 설탕물의 설탕의 양은 (450 + x) × 0.12 = 54 + 0.12x이므로
63 + 0.07x = 54 + 0.12x → 0.05x = 9 → x = 180
따라서 컵에 넣은 농도가 7%인 설탕물의 양은 180g이다.

14 수리능력 문제   정답 ③

진원이가 상자에서 카드를 한 장 뽑아 숫자를 확인하고, 확인한 카드를 다시 상자 안에 넣은 뒤 카드를 뽑는 것을 반복하므로 1부터 9까지 숫자가 적힌 카드를 중복하여 뽑아 세 자릿수를 만드는 경우의 수는 총 $9^3 = 729$가지이다.
세 자릿수가 680 미만일 경우의 수는
백의 자릿수가 6일 때, 십의 자릿수는 1부터 7까지 가능하고, 일의 자릿수는 1부터 9까지 모두 가능하므로 7 × 9 = 63가지이고,
백의 자릿수가 5 이하일 때, 십의 자릿수와 일의 자릿수는 각각 1부터 9까지 모두 가능하므로 5 × 9 × 9 = 405가지이다.
따라서 진원이가 만든 수가 680 미만일 확률은 $\frac{63 + 405}{729} = \frac{468}{729} = \frac{52}{81}$ 이다.

15 수리능력 문제   정답 ④

㉠ $\log_6 4 + \log_6 9 = \log_6(4 \times 9) = \log_6 36 = \log_6 6^2 = 2$
㉡ $\log_{81} 27 + 1.4 = \log_{3^4} 3^3 + 1.4 = \frac{3}{4} + 1.4 = 0.75 + 1.4 = 2.15$
㉢ $\log_5 \frac{125}{2} - 1 = (\log_5 125 - \log_5 2) - 1 = \log_5 5^3 - \log_5 2 - 1$
           $= 3 - \log_5 2 - 1 = 2 - \log_5 2$
㉣ $4^{\log_9 3} + \log_{16} 4 = 4^{\log_{3^2} 3} + \log_{4^2} 4 = 4^{\frac{1}{2}} + \frac{1}{2} = \sqrt{4} + 0.5 = 2 + 0.5 = 2.5$
따라서 ㉠~㉣을 값이 큰 순서대로 바르게 나열하면 '㉣ − ㉡ − ㉠ − ㉢'이다.

🔍 더 알아보기

로그의 정의
$a > 0$, $a \neq 1$, $N > 0$일 때, $a^x = N \Leftrightarrow x = \log_a N$ (N은 진수, a는 밑)
로그의 성질
$a > 0$, $a \neq 1$, $b > 0$, $x > 0$, $y > 0$, n은 실수일 때,
- $\log_a a = 1$, $\log_a 1 = 0$
- $\log_a xy = \log_a x + \log_a y$
- $\log_a \frac{x}{y} = \log_a x - \log_a y$
- $\log_{a^x} b^y = \frac{y}{x} \log_a b$

16 수리능력 문제   정답 ④

A, B 두 팀이 동시에 회의를 진행하는 주기는 A 팀과 B 팀의 회의가 진행되는 주기의 최소공배수임을 적용하여 구한다.
회의를 진행하는 주기는 A 팀이 7일, B 팀이 9 = 3^2일이므로 두 팀이 동시에 회의를 진행하는 주기는 7 × 3^2 = 63일이다. 두 팀이 5월 25일에 동시에 회의를 진행하였으므로 그다음으로 동시에 회의가 진행되는 날은 63(= 6 + 30 + 27)일 후인 7월 27일이다.
따라서 9월에 두 팀이 동시에 회의를 진행하는 날은 7월 27일의 63(= 4 + 31 + 28)일 후인 9월 28일이다.

17 문제해결능력 문제   정답 ⑤

제시된 글에서 설명하고 있는 문제해결방법은 '퍼실리테이션'이다.

[오답 체크]

① 소프트 어프로치: 동일한 문화적 토양을 가진 구성원들이 서로를 이심 전심으로 이해하는 상황을 가정하고, 코디네이터 역할의 제3자가 결론으로 끌고 갈 지점을 미리 머릿속에 그려가며 공감에 의지해 의견을 중재하고 타협과 조정을 통해 문제를 해결하는 방법

② 브레인스토밍: 창의적인 사고를 위한 발산 방법 중 가장 흔히 사용되는 방법으로, 구성원의 자유로운 발언을 통해 아이디어의 연쇄 반응을 일으켜 최적의 해결 방안을 찾아내는 방법

③ 6색 사고 모자 기법: 각기 다른 사고 유형을 나타내는 여섯 가지 색깔의 모자를 차례대로 바꾸어 쓰면서 모자 색깔이 뜻하는 유형대로 생각해 봄으로써 문제해결 방안을 찾아내는 방법

④ 하드 어프로치: 서로 다른 문화적 토양을 가지고 있는 구성원을 가정하여 서로의 생각을 직설적으로 주장하는 논쟁이나 협상을 통해 서로의 의견을 조정해 가는 방법

18 문제해결능력 문제   정답 ②

Y 씨가 한 달 동안 집 전화를 5시간 사용한다고 할 때, 통신사별 집 전화 요금은 다음과 같다.

구분	집 전화 요금
A 통신사	$8,000 + (50 \times 60 \times 3) = 17,000$원
B 통신사	$12,500 + (160 \times 20 \times 2) = 18,900$원
C 통신사	$4,300 + (23 \times 120 \times 4) = 15,340$원

따라서 Y 씨가 이용하기 가장 저렴한 통신사는 C 통신사이며, 한 달 총 요금은 15,340원이다.

19 문제해결능력 문제   정답 ⑤

한별이가 2명의 친구와 4시간 동안 멀티방을 이용할 때 요금은 다음과 같다.
◇◇멀티방은 4시간 이용 시 1인 요금이 $11,800 + (1,100 \times 3)$ = 15,100원이며, 인당 30% 할인이 적용되므로 요금은 $15,100 \times 3 \times (1 - 0.3) = 31,710$원이고, ♤♤멀티방은 4시간 이용 시 1인 요금이 $9,000 + (2,500 \times 2) = 14,000$원이며, 인당 25% 할인이 적용되므로 요금은 $14,000 \times 3 \times (1 - 0.25) = 31,500$원이다. ☆☆ 멀티방은 4시간 이용 시 1인 요금이 $3,200 \times 4 = 12,800$원이며, 인당 2,500원씩 할인이 적용되므로 요금은 $(12,800 \times 3) - (2,500 \times 3) = 30,900$원이고, ♡♡멀티방은 4시간 이용 시 1인 요금이 $6,000 + (1,500 \times 3) = 10,500$원이므로 요금은 $10,500 \times 3 = 31,500$원이다.

♧♧멀티방은 4시간 이용 시 1인 요금이 $(1,600 \times 2) \times 4 = 12,800$원이며, 1인은 60% 할인이 적용되므로 요금은 $(12,800 \times 2) + \{12,800 \times (1 - 0.6)\} = 30,720$원이다.
따라서 한별이가 친구들과 이용할 멀티방은 '♧♧멀티방'이다.

20 문제해결능력 문제   정답 ⑤

주어진 명제가 참일 때, 그 명제의 대우가 참인 것을 이용한다.
다섯 번째 명제의 대우와 세 번째 명제의 대우, 네 번째 명제의 대우를 차례로 결합한 결론은 다음과 같다.

· 다섯 번째 명제(대우): 분홍색을 좋아하는 사람은 빨간색을 좋아하고 보라색 옷을 즐겨 입는다.
· 세 번째 명제(대우): 빨간색을 좋아하는 사람은 초록색을 좋아한다.
· 네 번째 명제(대우): 초록색을 좋아하는 사람은 파란색 옷을 즐겨 입지 않는다.
· 결론: 분홍색을 좋아하는 사람은 파란색 옷을 즐겨 입지 않는다.

따라서 분홍색을 좋아하는 사람이 파란색 옷을 즐겨 입지 않으므로 항상 참인 설명이다.

[오답 체크]

① 초록색을 좋아하는 사람이 분홍색을 좋아하는지는 알 수 없으므로 항상 참인 설명은 아니다.

② 두 번째 명제의 대우와 첫 번째 명제의 대우를 차례로 결합하면 연두색 옷을 즐겨 입지 않는 사람은 노란색을 좋아하지 않으므로 항상 거짓인 설명이다.

③ 노란색을 좋아하지 않는 사람이 파란색 옷을 즐겨 입는지는 알 수 없으므로 항상 참인 설명은 아니다.

④ 빨간색을 좋아하지 않는 사람이 파란색 옷을 즐겨 입지 않는지는 알 수 없으므로 항상 참인 설명은 아니다.

21 문제해결능력 문제   정답 ④

시진: 현상 및 원인 분석 전에 지식과 경험을 바탕으로 일의 과정이나 결과, 결론을 가정한 다음, 검증 후 사실일 경우 다음 단계의 일을 수행하여 해결하는 것은 '가설지향의 문제'이며, '성과지향의 문제'는 기대하는 결과를 명시하고 효과적으로 달성하는 방법을 사전에 구상하여 해결해야 하므로 적절하지 않다.

진솔: 문제해결 시 기술, 재료, 방법, 사람 등 필요한 자원에 대해 확보 계획을 수립하고 내·외부 자원을 모두 효과적으로 활용해야 하므로 적절하지 않다.

따라서 문제해결을 위한 기본적인 사고에 대해 잘못 이야기하고 있는 사람을 모두 고르면 '시진, 진솔'이다.

미진: 기존에 가지고 있는 사물과 세상을 바라보는 인식의 틀을 전환하여 새로운 관점에서 사고하는 것은 문제해결을 위한 기본적인 사고 중 '발상의 전환'에 대한 설명이므로 적절하다.

형철: 전체를 각각의 요소로 나누어 그 요소의 의미를 도출한 다음 우선순위를 부여하고 구체적인 문제해결방법을 실행하는 것은 문제해결을 위한 기본적인 사고 중 '분석적 사고'에 대한 설명이므로 적절하다.

민구: 고정관념, 선입견, 기계적 반응, 관행 등은 문제해결을 위한 기본적인 사고 중 '발상의 전환'을 가로막는 장애요인이므로 적절하다.

22 문제해결능력 문제 정답 ②

주어진 명제가 참일 때, 그 명제의 대우가 참인 것을 이용한다.
첫 번째 명제와 세 번째 명제의 대우를 차례로 결합한 결론은 다음과 같다.

· 첫 번째 명제: 떡볶이를 좋아하는 사람은 순대를 좋아한다.
· 세 번째 명제(대우): 순대를 좋아하는 사람은 김밥을 즐겨 먹지 않는다.
· 결론: 떡볶이를 좋아하는 사람은 김밥을 즐겨 먹지 않는다.

따라서 떡볶이를 좋아하는 사람이 김밥을 즐겨 먹지 않으므로 항상 참인 설명이다.

① 첫 번째 명제의 대우와 다섯 번째 명제의 대우를 차례로 결합하면 순대를 좋아하지 않으면 튀김을 선호하지 않거나 만두를 즐겨 먹지 않으므로 항상 참인 설명은 아니다.

③ 네 번째 명제와 두 번째 명제를 차례로 결합하면 만두를 즐겨 먹지 않는 사람은 어묵을 선호하지 않으므로 항상 거짓인 설명이다.

④ 두 번째 명제와 여섯 번째 명제의 대우, 세 번째 명제를 차례로 결합하면 튀김을 선호하는 사람은 순대를 좋아하지 않으므로 항상 거짓인 설명이다.

⑤ 세 번째 명제, 첫 번째 명제의 대우, 다섯 번째 명제의 대우를 차례로 결합하면 김밥을 즐겨 먹는 사람은 튀김을 선호하지 않거나 만두를 즐겨 먹지 않으므로 항상 참인 설명은 아니다.

23 문제해결능력 문제 정답 ④

행사는 1부와 2부로 나누어 1부는 5시간 동안, 2부는 영어로 4시간 동안 진행할 예정이므로 2부에만 영어가 가능한 사회자를 섭외한다. 또한, 2명 모두 경력이 5년 이상인 사회자로 섭외하며, 사회자들은 회사에서 행사장까지 왕복 2시간을 이동한다. 이에 따라 1부의 사회자를 섭외하는 데 필요한 인건비는 $500,000 + (120,000 \times 2) + (120,000 \times 2) = 980,000$원이고, 2부의 사회자를 섭외하는 데 필요한 인건비는 $500,000 + (120,000 \times 1) + (120,000 \times 2) + (50,000 \times 6) = 1,160,000$원이다.

따라서 사회자를 섭외하는 데 필요한 총 인건비는 $980,000 + 1,160,000 = 2,140,000$원 $= 214$만 원이다.

24 문제해결능력 문제 정답 ⑤

제시된 조건에 따르면 A는 2번 또는 4번 의자에 앉고, C는 A보다 왼쪽 의자에 앉는다. 또한, B는 가장 오른쪽 의자에 앉지 않으므로 A가 4번 의자에 앉는 경우, B와 C는 A보다 왼쪽 의자에 앉게 되지만 이는 D와 E가 바로 옆자리에 앉는다는 조건에 모순되므로 A는 2번 의자에 앉는 것을 알 수 있다. 이에 따라 B는 3번 의자, C는 1번 의자, D와 E는 각각 4번 또는 5번 의자에 앉는다.

1번 의자	2번 의자	3번 의자	4번 의자	5번 의자
C	A	B	D 또는 E	D 또는 E

따라서 A는 2번 의자에 앉으므로 항상 거짓인 설명이다.

① C는 가장 왼쪽에 배치된 1번 의자에 앉으므로 항상 참인 설명이다.
② D는 4번 또는 5번 의자에 앉으므로 항상 거짓인 설명은 아니다.
③ B는 3번 의자, A는 2번 의자에 앉으므로 항상 참인 설명이다.
④ C는 1번 의자, E는 4번 또는 5번 의자에 앉으므로 항상 거짓인 설명은 아니다.

25 조직이해능력 문제 정답 ④

조직변화의 과정에 따라 ㉠~㉢에 들어갈 내용을 순서대로 바르게 나열하면 '조직변화 방향 수립 – 조직변화 실행 – 변화 결과 평가'가 된다.

26 조직이해능력 문제 정답 ③

㉡ 새로운 기술을 도입함으로써 이루어지는 기술변화는 생산성이 증대될 수 있도록 하므로 적절하지 않다.

㉢ 조직 구성원들의 사고방식 또는 가치 체계를 조직의 목적과 일치시키거나 조직 구성원이 새로운 문화에 적응하도록 유도함으로써 조직변화를 가져올 수 있으므로 적절하지 않다.

따라서 조직변화의 유형에 대한 설명으로 적절하지 않은 것은 ㉡, ㉢으로 '2개'이다.

㉠ 고객의 요구에 부응하고자 이루어지는 제품 및 서비스의 변화는 고객을 늘리거나 새로운 시장 확보에 사용되는 전략이므로 적절하다.

㉣ 조직의 전략변화를 통해 조직구조나 경영방식, 각종 시스템 등을 개선할 수 있으므로 적절하다.

27 조직이해능력 문제

ⓒ 조직은 두 명 이상의 사람이 공동의 목표를 달성하기 위하여 의식적으로 구성한 집합체이므로 적절하지 않다.

ⓜ 이른 아침에 가벼운 운동을 하고자 공원에 들른 사람들은 공동의 목표를 달성하기 위해 의식적으로 구성된 집합체라고 보기 어려우므로 적절하지 않다.

따라서 조직에 대한 설명으로 적절하지 않은 것은 'ⓒ, ⓜ'이다.

오답 체크

ⓐ 조직은 재화나 서비스를 생산하는 경제적 기능, 조직 구성원들에게 만족감을 주고 협동을 지속시키는 사회적 기능을 가지므로 적절하다.

ⓒ 기업은 노동이나 자본, 물자, 기술 등을 투입하여 제품이나 서비스를 산출하는 기관으로, 최소의 비용으로 최대의 효과를 얻음으로써 차액인 이윤을 극대화하기 위해 구성된 조직이므로 적절하다.

ⓓ 조직마다 다양한 구조를 이루고 있으며, 외부 환경과 긴밀한 관계를 맺고 있으므로 적절하다.

28 조직이해능력 문제

ⓐ 5 Forces Model의 어느 요인이든 강해질수록 산업의 전반적인 수익률이 감소하며, 기존 경쟁자 간의 경쟁이 치열할수록 해당 산업의 수익성에 부정적인 영향을 주므로 적절하지 않다.

ⓓ 공급자의 교섭력이 강할수록 제품이나 서비스의 품질이 저하되고, 비용이 증가하여 수익성이 낮아질 수 있으므로 적절하지 않다.

29 조직이해능력 문제

환율이 상승하면 원화의 가치가 감소하여 수입품의 가격이 오르고 수입이 감소하며, 환율이 하락하면 원화의 가치가 증가하여 수출품의 가격이 오르고 수출이 감소한다는 점에서 상대적으로 수입업자는 환율이 하락하는 상황을, 수출업자는 환율이 상승하는 상황을 선호함을 추론할 수 있으므로 가장 적절하지 않다.

오답 체크

① 해외에서 반드시 수입해야 하는 원자재 가격이 오르면 수입에 더 많은 외화가 필요하게 되어 외화 수요 증가로 환율이 상승하므로 적절하다.

② 환율은 한 단위의 외화를 얻기 위해 지불해야 하는 자국 통화의 양으로, 달러당 환율이 1,000원에서 1,300원으로 상승했다면 달러의 가치가 300원만큼 증가하고 원화의 가치가 300원만큼 감소했다고 볼 수 있으므로 적절하다.

④ 환율이 하락하면 원화 가치가 증가하여 외채 상환의 부담이 감소하므로 적절하다.

⑤ 우리나라 사람들의 해외여행이 증가하면 외화에 대한 수요가 증가하여 환율이 상승하므로 적절하다.

30 조직이해능력 문제

M 기업은 중간 계층이 비대한 구조로 인해 조직 내에 의사결정자가 다수 존재하여 관리자 간에 갈등이 발생할 가능성이 매우 크며, 업무 결과에 대한 담당자의 책임 정도가 높은 것에 비해 조직 구조상 업무를 자율적으로 처리할 수 있는 권한이 미흡한 점이 문제로 지적되었으므로 'Structure(구조)'가 개선되어야 한다.

🔎 더 알아보기

맥킨지 7-S 모형

공유가치 (Shared value)	조직 구성원들의 행동이나 사고를 특정 방향으로 이끌어 가는 원칙이나 기준
리더십 스타일 (Style)	구성원들을 이끌어 나가는 전반적인 조직관리 스타일
구성원 (Staff)	조직의 인력 구성과 구성원들의 능력과 전문성, 가치관과 신념, 욕구와 동기, 지각과 태도 그리고 그들의 행동 패턴 등을 의미
제도·절차 (System)	조직 운영의 의사결정과 일상 운영의 틀이 되는 각종 시스템을 의미
구조 (Structure)	조직의 전략을 수행하는 데 필요한 틀로서, 구성원의 역할과 그들 간의 상호관계를 지배하는 공식 요소
전략 (Strategy)	조직의 장기적인 목적과 계획 그리고 이를 달성하기 위한 장기적인 행동 지침
스킬 (Skill)	하드웨어는 물론, 이를 이용하는 소프트웨어 기술을 포함하는 요소를 의미

31 조직이해능력 문제

제시된 사업 포트폴리오 분석 기법은 'BCG 매트릭스'이다.

ⓐ Cash Cow는 투자 비용을 전부 회수하고 많은 이익을 내는 사업으로, 자금 유입이 많지만 시장성장률이 낮아 자금 유출은 적으므로 적절하지 않다.

ⓒ Star는 시장성장률과 상대적 시장점유율이 모두 높아서 지속적인 투자가 필요한 사업이며, Dog는 시장성장률과 상대적 시장점유율이 모두 낮아서 투자가 아닌 철수가 필요한 사업이므로 적절하지 않다.

오답 체크

ⓒ BCG 매트릭스는 사업을 유형화·단순화하여 수익성과 경쟁 상황을 분석함으로써 사업 현황 파악에 도움을 주고 전략 수립을 위한 의사결정의 방향성을 제시하는 분석 기법이므로 적절하다.

ⓓ 사업 초기에는 대체로 시장성장률이 높고 상대적 시장점유율이 낮은 Question Mark에 속하지만 기업이 어떤 전략을 시행하느냐에 따라 Star 또는 Dog로 분류될 수 있으므로 적절하다.

ⓔ BCG 매트릭스는 사업을 분석하는 기준이 시장성장률과 상대적 시장점유율로 한정되어 지나친 단순화의 오류에 빠질 가능성이 크다는 단점이 있으므로 적절하다.

32 조직이해능력 문제　　　　　　　　정답 ④

조직목표는 한번 수립되면 달성 시까지 지속되는 것이 아니라 환경 혹은 조직 내 여러 원인에 의해 바뀌거나 없어지거나 새롭게 제시되는 등 가변적 속성을 가지고 있으므로 조직목표는 고정되어 있는 것이 아니어서 가변적이라고 볼 수 있다는 피드백이 가장 적절하다.

33 정보능력 문제　　　　　　　　　정답 ④

'1차 자료'에 해당하는 것은 ⓒ, ⓒ, ⓑ, ⊚이며, '2차 자료'에 해당하는 것은 ⊙, ⓔ, ⓗ, ⊗이다.
따라서 1차 자료와 2차 자료를 바르게 분류한 것은 ④이다.

🔍 더 알아보기

정보원의 종류

1차 자료	· 원래의 연구 성과가 기록된 자료 · 단행본, 학술지, 학술지 논문, 학술회의자료, 연구보고서, 학위논문, 특허 정보, 표준 및 규격자료, 레터, 출판 전 배포자료, 신문, 잡지, 웹 정보자원 등
2차 자료	· 1차 자료를 효과적으로 찾아보기 위한 자료 또는 1차 자료에 포함된 정보를 압축, 정리해서 읽기 쉬운 형태로 제공하는 자료 · 사전, 백과사전, 편람, 연감, 서지 데이터베이스 등

34 정보능력 문제　　　　　　　　　정답 ④

정보화 사회에서는 자신이 원하는 정보를 찾기 위해서 인터넷을 활용하여 정보를 검색하는 '정보검색'과 인터넷 검색을 통해 얻은 결과를 파일에 보관하거나 출력을 하는 등의 방법으로 정보를 관리하는 '정보관리'뿐만 아니라 전자우편 등을 이용한 '정보전파'도 필수적으로 해야 할 일이므로 가장 적절하지 않다.

35 정보능력 문제　　　　　　　　　정답 ①

키워드가 너무 짧으면 원하는 결과를 쉽게 찾을 수 없는 경우가 많기 때문에 키워드는 구체적이고 자세하게 작성해야 하므로 정보검색에 대한 설명으로 가장 적절하지 않다.

36 정보능력 문제　　　　　　　　　정답 ②

조건부 서식에 따라 선택한 범위에 있는 '중복' 값에 모두 서식이 지정된다.
따라서 [A1:D7] 범위에서 '기획부, 연구부, 2011, 2015, O, X'가 기재된 셀에 서식이 지정되므로 서식이 적용되는 셀의 개수는 '14개'이다.

🔍 더 알아보기

조건부 서식
· 데이터를 시각적으로 탐색·분석하여 일정한 패턴과 추세를 파악하는 데 사용하는 기능
· 특정 조건에 해당하는 셀이나 범위, 또는 특정 값을 데이터 막대, 색조, 아이콘 집합 등으로 시각화하여 강조할 수 있음

[37 - 38]
37 정보능력 문제　　　　　　　　　정답 ②

확장 아스키코드는 기존 7비트의 아스키코드에서 표현 가능했던 128개 문자 코드의 가장 왼쪽에 숫자 0을 추가하였으므로 [7비트 아스키코드 문자 코드표]에 의해 각각의 확장 아스키코드가 의미하는 문자는 다음과 같다.

01001100	01101111	01110110	01100101
L	o	v	e

따라서 결합된 단어는 'Love'이다.

38 정보능력 문제　　　　　　　　　정답 ④

[7비트 아스키코드 문자 코드표]에 의해 문자 M의 7비트 아스키코드는 $1001101_{(2)}$이고, 문자 y의 7비트 아스키코드는 $1111001_{(2)}$이므로 a = $1001101_{(2)}$ = $77_{(10)}$이고, b = $1111001_{(2)}$ = $121_{(10)}$이다.
따라서 a + b = 198이다.

39 정보능력 문제　　　　　　　　　정답 ⑤

머리글에는 숫자와 문자, 그림뿐만 아니라 표도 삽입할 수 있으므로 가장 적절하지 않다.

오답 체크
① 머리글과 바닥글은 리본 메뉴의 [삽입] 탭에서 설정할 수 있으므로 적절하다.
② 머리글과 바닥글은 각각 한 페이지의 맨 위와 아래에 일정한 내용을 고정적·반복적으로 나타내므로 적절하다.
③ 현재 날짜와 시간을 삽입하고 '자동으로 업데이트'를 설정하면 문서를 확인하는 시간에 따라 자동으로 수정되므로 적절하다.
④ 머리글과 바닥글의 내용을 짝수 페이지와 홀수 페이지에 다르게 입력할 수 있으므로 적절하다.

40 정보능력 문제　　　　　　　　　정답 ④

파워포인트는 엑셀의 워크 시트를 삽입하여 워크 시트 데이터를 프레젠테이션에 연결하고 워크 시트 데이터 수정 시 프레젠테이션에서 업데이트할 수 있으므로 가장 적절하다.

41 자원관리능력 문제   정답 ①

신 대리가 업무 마감 기한이 이른 업무부터 진행하므로 오후 1시 전에 총무팀에 비품 신청서를 제출하고, 김 사원이 워크숍 기획안 작성을 완료하였는지 확인 후 권 팀장에게 오후 2시까지 연락을 해야 한다. 또한, 다음날 진행되는 홍보팀 전체 회의에 필요한 다과와 음료 배달 주문을 오후 3시까지 해야 한다. 그 후, 오후 4시에 외주 업체로부터 홍보 동영상 시안을 전달받아 검토해야 하고, 외주 업체의 근무가 끝나는 오후 7시보다 1시간 빠른 오후 6시까지 수정 사항을 전달해야 한다.

따라서 신 대리가 진행할 업무 순서를 바르게 나열하면 'ⓒ - ⑤ - ⑩ - ⓔ - ⓒ'이다.

42 자원관리능력 문제   정답 ②

'예산 낭비요인'에 해당하는 것은 ⑤, ⓒ이며, '물적자원 낭비요인'에 해당하는 것은 ⓒ, ⓔ, ⑩, ④이다.

따라서 예산 낭비요인과 물적자원 낭비요인을 바르게 분류한 것은 ②이다.

43 자원관리능력 문제   정답 ⑤

[신청 인원 배정 방법]에 따르면 프로젝트별 필요 인원수만큼 직원이 참여해야 하며, 프로젝트별 필요 인원수와 신청 인원수가 같으면 신청 인원은 모두 해당 프로젝트에 참여하므로 [프로젝트 참여 신청 현황]에서 중소기업 상생 프로젝트와 친환경 에너지 기업 육성 프로젝트는 배정되어야 하는 인원과 참여 신청한 인원이 같으므로 김 사원과 유 대리는 중소기업 상생 프로젝트에 참여하고, 김 사원, 박 사원, 최 대리, 유 대리는 모두 친환경 에너지 기업 육성에 참여하게 된다. 이때, A 부서의 직원 7명은 최대 2개의 프로젝트에 참여할

수 있으므로 김 사원과 유 대리는 취약계층 에너지 지원 프로젝트에 참여할 수 없고, 프로젝트별 필요 인원수가 신청 인원수보다 적으면 참여 신청한 프로젝트의 수가 적은 직원에게 프로젝트 참여 우선권을 부여하므로 프로젝트별 필요 인원수가 신청 인원수보다 적은 폐자원 활용 사업은 참여 신청한 프로젝트의 수가 1개인 이 사원과 참여 신청한 프로젝트의 수가 2개인 최 대리, 정 차장이 참여하게 된다. 취약계층 에너지 지원 프로젝트도 프로젝트별 필요 인원수가 신청 인원수보다 적으므로 참여 신청한 프로젝트의 수가 1개인 한 과장과 참여 신청한 프로젝트의 수가 2개인 정 차장이 참여하게 된다.

따라서 취약계층 에너지 지원 프로젝트에 참여하는 직원끼리 바르게 짝지은 것은 ⑤이다.

44 자원관리능력 문제   정답 ③

혹자는 어떤 일을 할 때 마감 기한에 대한 관념보다 결과의 질을 중시하는 경향이 있는데, 어떤 일이든 마감 기한을 넘기면 인정받기 힘들기 때문에 완벽에 가깝지만 기한을 넘긴 일보다 완벽하지는 않지만 기한 내에 끝낸 일이 인정받기 쉬우므로 적절하다.

> **🔍 더 알아보기**
>
> **시간관리에 대한 오해**
> · 시간관리는 상식에 불과함
> · 시간에 쫓기면 일을 더 잘함
> · 시간관리는 일정과 할 일을 정리해 둔 목록만으로도 충분함
> · 시간관리는 창의적인 일을 하는 데 적합하지 않음

45 자원관리능력 문제   정답 ①

예비군 훈련 과업세부도에 대한 설명으로 적절하지 않은 것은 없으므로 '0개'이다.

46 자원관리능력 문제 정답 ④

[면접 지원자 정보]에 따르면 면접을 진행할 인원은 총 15명이다. 이때, 하루에 5명씩 면접을 볼 예정이며, 연달아 진행될 수 있도록 연속되는 날짜로 3일 동안 진행된다. 또한, 8월 7일 다음 날부터 평일 오후 2시부터 6시까지 진행해야 하므로 가능한 면접의 시작 날짜는 8월 20일이다.

따라서 회의실 관리 담당자가 안내할 면접의 시작 날짜는 8월 20일이다.

47 자원관리능력 문제 정답 ②

양 과장이 내일 오전 9시에 서울 본사에서 1시간 30분 동안 진행되는 영업팀 회의에 참석한 뒤, 서울 본사에서 출발하므로 서울 본사에서 출발 가능한 시각은 10시 30분이다. 이에 따라 양 과장이 이용할 교통수단별 정보는 다음과 같다.

구분	탑승 장소 도착 시각	출발 시각	도착 시각	창원 지사 도착 시각	비용
버스	11:10	10:50	15:30	15:50	4만 원
		11:10	15:50	16:10	
기차	10:50	11:00	14:50	15:30	7만 원
		12:00	15:50	16:30	
비행기	11:25	15:00	15:30	16:05	8만 원
		15:20	15:50	16:25	
택시	10:40	10:40	15:40	15:50	20만 원
자가용	10:35	10:35	16:05	16:15	3만 원

이때, 탑승 장소에 도착하는 시각과 창원 지사에 도착하는 시각을 고려하여 16시에 창원 지사에서 시작하는 거래처 미팅에 참석하기 위해 이용 가능한 교통수단은 오전 11시에 출발하는 기차와 10시 40분에 출발하는 택시이다.

따라서 양 과장이 이용할 가장 저렴한 교통수단은 기차이다.

48 자원관리능력 문제 정답 ⑤

테마별 평점과 리모델링 비용은 다음과 같다.

구분	흥미	가격	난이도	평점	리모델링 비용
테마1	60 × 0.4 =24점	80 × 0.3 =24점	100 × 0.3 =30점	24 + 24 + 30 =78점	6 × 1,190,000 =7,140,000원
테마2	100 × 0.4 =40점	40 × 0.3 =12점	80 × 0.3 =24점	40 + 12 + 24 =76점	4 × 1,820,000 =7,280,000원
테마3	80 × 0.4 =32점	80 × 0.3 =24점	80 × 0.3 =24점	32 + 24 + 24 =80점	5 × 1,390,000 =6,950,000원
테마4	40 × 0.4 =16점	100 × 0.3 =30점	60 × 0.3 =18점	16 + 30 + 18 =64점	6 × 1,220,000 =7,320,000원
테마5	80 × 0.4 =32점	100 × 0.3 =30점	40 × 0.3 =12점	32 + 30 + 12 =74점	5 × 1,430,000 =7,150,000원

이때, 테마4의 평점이 64점으로 가장 낮지만, 리모델링 비용이 7,300,000원 이상으로 리모델링 대상에서 제외된다.

따라서 리모델링할 테마는 테마4가 아니므로 가장 적절하지 않다.

오답 체크

① 테마3의 리모델링 비용은 6,950,000원으로 7,000,000원 미만이므로 적절하다.
② 테마1의 평점은 78점으로 테마2의 평점인 76점보다 높으므로 적절하다.
③ 평점이 80점 이상인 테마는 테마3뿐이므로 가장 적절하다.
④ 테마5의 리모델링 비용은 7,150,000원으로 테마2의 리모델링 비용인 7,280,000원보다 낮으므로 적절하다.

49 기술능력 문제 정답 ④

기술 관리자는 중간급 매니저로서, 기술을 운용하거나 문제해결을 할 수 있는 능력, 공학적 도구나 지원 방식을 이해할 수 있는 능력, 기술직과 의사소통을 할 수 있는 능력 등이 요구된다.

따라서 기술 관리자에게 필요한 능력에 해당하는 것은 '⊙, ©, @'이다.

오답 체크

©, ⑩ 기술 경영자는 일반적으로 기술개발이 결과지향적으로 수행되도록 유도하고, 기술개발의 세부사항까지 세밀하게 파악하며, 기술개발 전 과정을 전체적으로 조망할 수 있는 능력을 갖춘 사람이므로 기술을 효과적으로 평가할 수 있는 능력과 새로운 제품 개발 시간을 단축할 수 있는 능력은 기술 경영자에게 필요한 능력에 해당한다.

50 기술능력 문제 정답 ②

⊙ Q 사는 별도의 연수시설이 없어서 체계적인 교육을 진행하기 어려우며, 이론을 겸한 실무 중심의 교육과 현장 밀착형 교육을 계획하고 있다고 하였으므로 새로운 기술을 익히는 방법으로 '전문연수원을 통한 기술과정 연수'가 적절하다.

© 권 대리는 업무 특성상 동종 업계 종사자들과 인적 네트워크를 형성하는 것이 중요하며 이론보다는 실무 중심의 교육이 필요하고, 교육에 일정 시간을 충분히 할애할 수 있으며 경쟁심이 강한 성격이라고 하였으므로 새로운 기술을 익히는 방법으로 '상급학교 진학을 통한 기술교육'이 적절하다.

따라서 새로운 기술을 익히는 방법을 바르게 연결한 것은 ②이다.

🔍 더 알아보기

새로운 기술을 익히는 방법

전문 연수원을 통한 기술과정 연수	· 각 분야의 전문가들로 구성하여 이론을 겸한 실무 중심의 교육을 할 수 있음 · 최신 실습 장비, 시청각시설, 전산시설 등 각종 부대시설 활용이 가능함 · 산학협력 연수 및 국내외 우수 연수기관과 협력한 연수가 가능함 · 자체적으로 교육하는 것보다 연수비가 저렴하여 교육이 부담이 적음
E-Learning을 활용한 기술교육	· 원하는 시간과 장소에서 학습이 가능함 · 원하는 내용을 원하는 순서에 맞게 원하는 시간만큼 학습이 가능하여 학습자 스스로 학습을 조절하고 통제할 수 있음 · 사진, 텍스트, 소리, 동영상 등 멀티미디어를 이용한 학습이 가능함 · 이메일, 자료실 등을 통해 의사교환과 상호작용이 자유롭게 이루어짐 · 책에 비해 새로운 내용을 업데이트하기 쉬워 새로운 내용을 신속하게 반영하고 교육에 소요되는 비용을 절감할 수 있음 · 인간적인 접촉이 적고 중도 탈락률이 높으며, 현장 중심의 실무교육이 힘들다는 단점이 있음
상급학교 진학을 통한 기술교육	· 실무 중심 전문교육기관이나 전문대학, 대학 및 대학원과 같은 상급학교 진학을 통해 학문적이면서 최신 기술의 흐름을 반영한 기술교육이 가능함 · 산업체와의 프로젝트 활동이 가능하여 실무 중심의 기술교육이 가능함 · E-Learning을 활용한 기술교육과 달리 원하는 시간에 학습할 수 없어 일정 시간을 할애해야 하며, 학습자 스스로 학습을 조절 및 통제할 수 없다는 단점이 있음
OJT를 활용한 기술교육	· 조직 안에서 피교육자가 직무에 종사하며 받게 되는 교육훈련 방법으로, 업무 수행에 필요한 지식, 기술, 능력, 태도를 훈련받는 것을 말함 · 직장 상사나 선배가 지도해 주는 형태로 훈련이 진행되어 교육자와 피교육자 사이에 친밀감이 조성되며 시간의 낭비가 적고 조직의 필요에 합치되는 교육훈련을 할 수 있음 · 지도자의 높은 자질이 요구되며 교육훈련 내용의 체계화가 어려움 · 주로 기술직을 대상으로 하지만 관리직이나 전문직에도 점점 적용하고 있음

51 기술능력 문제

정답 ①

정 팀장은 P 사의 기획부에 근무하면서 부서 간 업무 협조가 원활하지 않다는 문제점을 파악하고, 부서 이기주의를 타파할 수 있도록 인사 제도를 보완하는 방안을 상부에 건의하였다고 하였으므로 정 팀장의 역할은 업무 수행의 새로운 방법을 고안하는 '아이디어 창안'이 가장 적절하다.

오답 체크

② 정 팀장은 부서 이기주의를 타파할 수 있는 인사 제도 보완 방안을 상부에 건의하였을 뿐 아이디어를 전파했다고 보기는 어려우며, 혁신을 위해 자원을 확보하거나 아이디어 실현을 위해 헌신하였는지는 알 수 없으므로 적절하지 않다.

③ 정 팀장이 리더십을 발휘하여 프로젝트를 기획 및 조직, 감독하였는지 알 수 없으므로 적절하지 않다.

🔍 더 알아보기

기술혁신의 역할

기술혁신이 아이디어 단계에서부터 상업화 단계에 이르기까지 전 과정이 성공적으로 수행되기 위해서는 다섯 가지의 핵심적인 역할이 필요함

역할	활동	필요한 자질과 능력
아이디어 창안	· 아이디어 창출과 가능성 검증 · 업무 수행의 새로운 방법 고안 · 혁신적인 진보를 위한 탐색	· 각 분야의 전문 지식 · 추상화와 개념화 능력 · 새로운 분야의 일을 즐기는 태도
챔피언	· 아이디어의 전파 · 혁신을 위한 자원 확보 · 아이디어 실현을 위한 헌신	· 위험을 감수하는 태도 · 아이디어 응용에 관한 관심
프로젝트 관리	· 리더십 발휘 · 프로젝트 기획 및 조직 · 프로젝트의 효과적인 진행 감독	· 의사결정능력 · 업무 수행 방법에 대한 지식
정보 수문장	· 조직 외부의 정보를 내부 구성원에게 전달 · 조직 내의 정보원 기능	· 높은 수준의 기술적 역량 · 원만한 대인관계능력
후원	· 혁신에 대한 격려와 안내 · 불필요한 제약으로부터 프로젝트 보호 · 혁신에 대한 자원 획득 기능	· 조직의 주요 의사결정에 대한 영향력

52 기술능력 문제

정답 ⑤

실용신안권은 실용상의 편리를 위해 기존 제품의 형상, 구조 등을 개선하여 기술적 창작 수준이 특허보다 간단한 고안을 보호하는 권리이므로 적절하지 않다.

53 기술능력 문제   정답 ③

근로자 개인을 중심으로 연쇄적 사고의 발생을 설명한 하인리히는 불안전한 행동은 안전 교육으로 제거하고 불안전한 상태는 안전 관리로 개선할 수 있다고 생각하였으므로 적절하지 않다.

오답 체크

① 하인리히는 산업 재해를 도미노 현상에 비유하며 하나의 작은 사고가 순차적으로 반응하여 재해가 발생하기 때문에 앞선 사고의 직접적 원인을 제거하면 재해로 이어지지 않는다는 도미노 이론을 주장하였으므로 적절하다.

② 버드의 신 도미노 이론에서 2단계 기본적 원인은 개인적 요인과 업무적 요인으로 구분된다. 여기서 개인적 요인에는 근로자의 지식 및 기능의 부족, 동기부여의 부족, 육체적·정신적 문제 등이 포함되며, 업무적 요인에는 기계 및 설비의 결함, 구조물의 불안정, 부적절한 작업 기준 등이 포함되므로 적절하다.

④ 하인리히는 사고의 직접적 원인을 제거해야 한다고 주장한 반면에 버드는 사고의 배후이자 근원적 원인인 기본적 원인을 제거해야 한다고 강조하였으므로 적절하다.

⑤ 버드는 신 도미노 이론에서 1단계 제어의 부족을 재해의 연쇄 중 가장 중요한 요인으로 보았으며, 제어의 부족에는 관리자가 근로자에게 충분한 교육을 제공하지 않는 것, 설비에 적절한 기술적 조치를 취하지 않는 것 등이 포함되므로 적절하다.

54 기술능력 문제   정답 ②

㉠ 경쟁에서 승리한 기술 시스템이 관성화되는 단계는 기술 공고화 단계이며, 해당 단계에서는 자문 엔지니어와 금융전문가의 역할이 중요하므로 적절하다.

㉢ 기술 이전의 단계에서는 성공적인 기술이 다른 지역으로 이동하므로 적절하다.

따라서 기술 시스템의 발전 단계에 대한 설명으로 적절한 것은 '㉠, ㉢'이다.

오답 체크

㉡ 발명·개발·혁신의 단계에서는 시스템을 디자인하고 초기 발전을 추진하는 기술자의 역할이 중요하므로 적절하지 않다.

㉣ 기술 시스템 사이의 경쟁이 이루어지는 단계는 기술 경쟁의 단계이며, 해당 단계에서는 기업가의 역할이 중요하므로 적절하지 않다.

55 기술능력 문제   정답 ①

기술적용 시 기술의 매뉴얼 여부는 반드시 고려해야 할 사항이 아니다.

56 기술능력 문제   정답 ⑤

㉣과 ㉤은 산업재해의 기본적 원인 중 '작업 관리상 원인'에 해당한다.

오답 체크

㉠, ㉥은 산업재해의 기본적 원인 중 '교육적 원인'에 해당한다.

㉡, ㉢은 산업재해의 기본적 원인 중 '기술적 원인'에 해당한다.

57 자기개발능력 문제   정답 ④

자기관리의 과정은 '비전 및 목적 정립 → 과제 발견 → 일정 수립 → 수행 → 반성 및 피드백' 순으로 진행되며, 수행 단계에서는 내가 지금 하려는 일은 무엇인지, 이 일에 영향을 미치는 요소들은 무엇인지, 이를 관리하기 위한 방법에는 어떤 것들이 있는지 찾아 계획대로 바람직하게 수행되도록 한다.

따라서 현재 변화되어야 할 사항들을 확인하는 단계로, 자신이 해야 할 일을 확인하고 일들 간에 상충되는 것이 없도록 조정하는 단계는 과제 발견 단계이므로 가장 적절하지 않다.

58 자기개발능력 문제   정답 ③

진경: 자기개발은 평생에 걸쳐 이루어지는 과정으로, 직업생활을 둘러싸고 있는 환경은 끊임없이 변화하고 있으며 우리에게 지속적으로 학습할 것을 요구하므로 적절하지 않다.

이현: 자기개발을 위해 교육훈련기관에서 특정 교육프로그램을 이수할 수도 있지만, 자기개발은 일상생활 가운데 이루어져야 하므로 적절하지 않다.

따라서 자기개발의 특징에 대해 잘못 이야기하고 있는 사람은 '진경, 이현'이다.

오답 체크

보연: 자기를 개발한다고 하는 것은 스스로 계획하고 실행한다는 의미로, 자신의 능력, 적성, 특성 등을 이해하고 목표 성취를 위해 스스로를 관리하며 개발하는 것이므로 적절하다.

두식: 자기개발은 자신을 개발하여 효과적으로 업무를 수행하고, 자신이 설정한 목표를 달성하며 보다 보람되고 나은 삶을 영위하기 위해 해야 하는 것이므로 적절하다.

59 자기개발능력 문제   정답 ③

흥미와 적성 개발 방법 중 업무를 작은 단위로 나누어 수행함으로써 작은 성공의 경험을 축적하고, 일과를 마치고 본인의 업무 수행 결과를 점검하여 만족감과 자긍심을 느끼는 방법은 '조금씩 성취감 느끼기'이다.

따라서 지문의 빈칸에는 '성취감'이 들어가는 것이 적절하다.

60 자기개발능력 문제   정답 ②

㉠ 직장인이 해고로 실업자가 되어 경제적으로 문제가 발생하면 개인의 경제적 안전이 보장되지 못하여 안전 욕구 단계에 영향을 미치므로 적절하지 않다.

㉤ 자아실현의 욕구는 결핍 상태에서 발현하는 것이 아닌 성장을 위한 긍정적 동기에 의해 나타나는 욕구이므로 적절하지 않다.

따라서 매슬로의 인간 욕구 5단계에 대한 설명으로 적절하지 않은 것은 '㉠, ㉤'이다.

[오답 체크]

㉡ 생리적 욕구, 안전 욕구 등의 하위 욕구를 자아실현의 욕구보다 우선으로 여길 경우 자기개발이 이뤄지지 않을 수 있으므로 적절하다.

㉢ 인간의 생존에 필요한 욕구를 충족하고자 하는 것은 가장 기본적이고 중요한 욕구인 생리적 욕구에 해당하므로 적절하다.

㉣ 타인의 인정이라는 외적인 측면과 자아 존중이라는 내적인 측면을 모두 만족하였을 때 존경의 욕구가 궁극적으로 충족되었다고 볼 수 있으므로 적절하다.

🔍 **더 알아보기**

매슬로의 인간 욕구 5단계

욕구 5단계		내용
상위 ↕ 하위	자아실현의 욕구	자신의 잠재적 역량을 최대한 발휘하고자 하는 욕구로 사람마다 큰 차이가 있음
	존경의 욕구	스스로 자긍심을 가지려는 욕구와 타인이 자신을 존중해 주기를 바라는 욕구를 포함한 긍지와 존경에 대한 욕구
	사회적 욕구	소속감, 친구와의 우정, 동료들과의 연대감, 애정을 원하는 욕구
	안전 욕구	안정, 보호, 공포로부터의 해방, 질서에 대한 욕구
	생리적 욕구	가장 기본적인 욕구로, 우선순위가 가장 강함

61 자기개발능력 문제   정답 ③

경력개발 계획의 3단계 경력목표 설정 단계는 직무, 지식 및 환경에 대한 정보를 기초로 자신이 하고 싶은 일은 어떤 것인지, 이를 달성하기 위해서는 어떻게 능력이나 자질을 개발해야 하는지에 대하여 단계별 목표를 설정하며, 여기서 목표는 장기목표와 단기목표로 구분하여 목표를 수립해야 하므로 단기목표는 고려하지 않는다는 설명은 가장 적절하지 않다.

🔍 **더 알아보기**

경력개발 계획 단계

1단계	직무정보 탐색
2단계	자신과 환경 이해
3단계	경력목표 설정
4단계	경력개발전략 수립
5단계	실행 및 평가

62 자기개발능력 문제   정답 ④

A: 합리적인 의사결정이란 자신이 하고자 하는 목표에 대해 몇 가지 대안을 찾아보고 실행 가능성이 높은 최상의 방법을 선택하여 행동하는 것을 의미하므로 적절하지 않다.

따라서 합리적인 의사결정에 대해 적절하게 이야기한 사람은 'B, C, D, E'이다.

63 자기개발능력 문제   정답 ③

직장에서의 자기개발은 업무를 효과적으로 처리하여 업무 성과를 향상시키기 위해 필요하므로 적절하지 않다.

[오답 체크]

① 설정한 목표를 성취하기 위해 자기개발을 하고 이를 통해 자기개발의 방향과 방법을 설정할 수 있으므로 적절하다.

② 자기개발을 통해 자신감을 얻게 되고 삶의 질이 향상되어 보다 보람된 삶을 살 수 있으므로 적절하다.

④ 자기관리 자체가 자신의 주변 사람들과 긍정적인 인간관계를 형성하고 유지하는 데 도움이 되므로 적절하다.

⑤ 끊임없이 변화하는 환경에 적응하여 자신의 지식이나 기술 등이 뒤처지지 않게 하기 위해 필요하므로 적절하다.

64 자기개발능력 문제　　　　정답 ②

甲: 자신이 맡은 업무의 내용을 파악하고 새로 들어온 조직의 규칙이나 규범, 분위기를 알고 적응해 나가고 있으며, 자신의 입지를 확고히 다져나가 승진하는 데 많은 관심을 가지는 '경력초기' 단계에 해당하는 사례이다.

乙: 자신이 그동안 성취해온 것을 재평가하고, 현 직업이나 생활 스타일에 불만을 느끼며, 현재의 경력 경로와 관련 없는 다른 직업으로 이동하는 경력 변화가 일어나기도 하는 '경력중기' 단계에 해당하는 사례이다.

丙: 자신에게 적합한 직업이 무엇인지를 탐색하고 선택한 후, 필요한 능력을 키우는 과정으로 자신의 장단점, 흥미, 적성, 가치관 등 자신에 대한 탐색과 자신이 원하는 직업에서 요구하는 능력, 환경, 가능성, 보상 등 직업에 대한 탐색이 동시에 이루어져야 하는 '직업선택' 단계에 해당하는 사례이다.

丁: 조직의 생산적인 기여자로 남고 자신의 가치를 지속적으로 유지하기 위해 노력함과 동시에 퇴직을 고려하게 되며, 조직의 압력을 받기도 하는 '경력말기' 단계에 해당하는 사례이다.

따라서 甲~丁의 사례에서 확인할 수 없는 경력 단계는 '조직입사'이다.

65 대인관계능력 문제　　　　정답 ③

제시된 글의 빈칸에 들어갈 말은 '임파워먼트'로, 임파워먼트는 리더가 본인의 정당한 권력과 자원에 관한 통제력을 다른 조직 구성원에게 공유하여 조직 구성원이 주체적으로 직무를 관리할 수 있게 함으로써 구성원의 의욕을 높여 직무가 완수되도록 하는 과정을 의미한다.

따라서 조직 차원에서 공감대 형성이 없는 구조와 시스템, 제한된 정책과 절차 등은 임파워먼트의 장애요인으로 작용하므로 가장 적절하다.

오답 체크

① 임파워먼트하에서는 소수의 결정권자뿐만 아니라 실무자가 직접 의사결정에 참여하여 현장에서의 개선과 변혁을 신속하고 정확하게 이끌어 내므로 적절하지 않다.

② 임파워먼트는 명확하고 의미 있는 목적에 초점을 맞추어 사람들이 분명하고 의미 있는 목적과 사명을 위해 최대한의 노력을 발휘하도록 해야 하므로 적절하지 않다.

④ 임파워먼트는 실무자들의 업무 수행 능력을 높이기 위하여 실무자들의 책임 범위를 확대함으로써 자신이 담당하는 일에 대해 스스로 의사결정권을 갖게 해 사명감을 높임으로써 창의력과 능력을 최대한 발휘할 수 있도록 하는 방법이므로 적절하지 않다.

⑤ 조직이 점차 수평화되어 중간관리자층이 줄어들면서 임파워먼트의 중요성이 점차 확대되고 있으므로 적절하지 않다.

66 대인관계능력 문제　　　　정답 ④

㉠ 변 팀장은 환경 변화에 따라 팀원들에게 새로운 업무를 맡을 기회를 제공함으로써 창조성을 고무하는 분위기를 조성하였으므로 '새로운 도전 기회 부여하기'가 적절하다.

㉡ 황 팀장은 평소 업무 실수가 잦은 성 대리의 문제점을 짚어주되 문제해결 과정에 직접적으로 개입하지 않고, 성 대리가 실질적인 해결책을 스스로 찾을 수 있도록 동기를 부여하였으므로 '창의적인 문제해결법 찾도록 하기'가 적절하다.

🔍 **더 알아보기**

대표적인 조직원 동기부여 방법

긍정적 강화법 활용하기	목표 달성을 높이 평가하여 조직원에게 곧바로 보상하는 긍정적 강화법은 높은 성과를 달성한 조직원에게 칭찬이나 따뜻한 말로 보상함으로써 동기를 효과적으로 부여함
새로운 도전 기회 부여하기	환경 변화에 따라 조직원들에게 새로운 업무를 맡을 기회를 제공함으로써 창조성을 고무할 수 있음
창의적인 문제해결법 찾도록 하기	창의적인 문제해결법은 조직원들이 자신의 실수나 잘못에 대해 스스로 책임지도록 동기를 부여하는 것으로, 조직원이 문제를 해결하는 과정에 리더가 개입하여 지도할 수 있지만 실질적인 해결책은 조직원 스스로 찾도록 해야 함
업무에 책임을 지도록 하는 환경 조성하기	자신의 잘못이나 업무에 대한 책임을 지도록 하는 환경 속에서 일하는 직원들은 오히려 자신의 위치에서 안정감을 느끼고 자신이 의미 있는 일을 하고 있다는 긍지를 가짐
코칭하기	코칭은 문제나 진척 상황을 직원들과 함께 자세히 살펴 지원을 아끼지 않고, 지도와 격려를 하는 활동으로, 직원들 스스로 권한과 목적의식이 있는 중요한 사람이라고 느끼게 하여 자신만의 장점과 성공전략을 활용할 수 있도록 코칭해야 함
변화를 두려워하지 않기	안전지대는 모든 것이 친숙하고 위험 요소가 전혀 없는 편안한 상황을 의미하는데, 리더는 부하 직원들이 안전지대를 떠나 위험을 감수하여 더 높은 목표를 달성할 수 있도록 격려해야 함
지속적으로 교육하기	리더는 직원들에게 지속적인 교육과 성장의 기회를 제공함으로써 직원 스스로 상사로부터 충분히 인정받고 일부 권한을 위임받았다고 느낄 수 있도록 동기를 부여해야 함

67 대인관계능력 문제　　　　정답 ④

시간과 노력을 투자할 필요가 없을 정도로 협상의 가치가 낮아 협상을 중단하거나 철수하는 전략은 회피전략에 해당하므로 협상전략에 대해 잘못 이야기하고 있는 사람은 '희원'이다.

① 진명: 협상을 진행하는 것이 자신에게 불리하게 될 가능성이 있어 협상을 피함으로써 자신과 상대방 모두 손해를 보게 되는 전략은 회피전략이므로 적절하다.

② 유나: 상대방과의 우호적인 인간관계 유지를 선호하여 자신의 이익보다는 상대방의 이익을 고려하여 순순히 따르는 전략은 유화전략이므로 적절하다.

③ 덕수: 협상 당사자들끼리 자신의 목적이나 우선순위에 대한 정보를 서로 교환하고, 자신이 취한 것에서 우선순위가 낮은 것은 상대방에게 양보하여 모두가 잘되는 전략은 협력전략이므로 적절하다.

⑤ 재규: 자신이 상대방보다 우위를 점하고 있을 때 자신의 입장을 강요하는 전략은 강압전략이므로 적절하다.

🔍 더 알아보기

협상전략의 종류

협력전략	· 협상 참여자들이 협동과 통합으로 문제를 해결하고자 하는 협력적 문제해결전략 · 나도 잘되고, 상대방도 잘되어, 우리 모두가 잘되는 'I Win, You Win, We win' 전략
유화전략	· 상대방의 욕구와 주장에 자신의 욕구와 주장을 조정하고 순응시켜 굴복하는 양보전략 · 당신의 승리를 위해서 나는 손해를 보아도 괜찮다는 'I Lose, You Win' 전략
회피전략	· 협상을 피하거나 잠정적으로 중단하거나 철수하는 무행동전략 · 나도 손해를 보고, 상대방도 손해를 보아, 우리 모두가 손해를 보는 'I Lose, You Lose, We Lose' 전략
강압전략	· 상대방의 주장을 무시하고 힘으로 일방적으로 밀어붙여 상대방에게 자신의 입장을 강요하는 경쟁전략 · 내가 승리하기 위해서 당신은 희생되어야 한다는 'I Win, You Lose' 전략

68 대인관계능력 문제　　　　　정답 ①

㉠ 팀원들이 자신의 입장에 감정적으로 묶이는 것은 갈등을 증폭시키는 원인 중 '감정적 관여'에 해당한다.

㉡ 팀원들이 승패의 경기를 시작하고, 문제를 해결하기보다는 승리하기를 원하는 것은 갈등을 증폭시키는 원인 중 '적대적 행동'에 해당한다.

㉢ 팀원들이 공동의 목표를 달성할 필요성을 느끼지 않고 각자의 입장만 고수하여 의사소통의 폭을 줄이며, 서로 접촉하는 것을 피하는 것은 갈등을 증폭시키는 원인 중 '입장 고수'에 해당한다.

따라서 ㉠~㉢의 사례에서 갈등을 증폭시키는 원인을 바르게 연결한 것은 ①이다.

69 대인관계능력 문제　　　　　정답 ④

'순응형'은 즐거운 마음으로 업무를 수행하고 조직을 위해서 자신의 약속도 미루며 헌신적인 모습을 보이지만, 업무에 대한 아이디어가 부족하고 인기 없는 업무는 하지 않는다.

따라서 '순응형'에 해당하는 직원은 '정'이다.

① 갑의 멤버십 유형은 '소외형'에 해당한다.

② 을의 멤버십 유형은 '실무형'에 해당한다.

③ 병의 멤버십 유형은 '수동형'에 해당한다.

⑤ 무의 멤버십 유형은 '주도형'에 해당한다.

🔍 더 알아보기

멤버십의 유형

구분	자아상	동료/리더의 시각	조직에 대한 자신의 느낌
소외형	· 자립적 · 고의로 반대 의견을 제시함 · 조직의 양심	· 냉소적 · 부정적 · 고집이 셈	· 자신을 인정하지 않음 · 적절한 보상이 없음 · 불공정하고 문제가 있음
순응형	· 기쁜 마음으로 과업 수행 · 팀플레이 수행 · 리더나 조직을 믿고 헌신함	· 아이디어가 없음 · 인기 없는 일은 하지 않음 · 조직을 위해 자신과 가족의 요구를 양보함	· 기존 질서를 따르는 것이 중요함 · 리더의 의견을 거스르는 것이 어려움 · 획일적인 태도 및 행동에 익숙함
실무형	· 조직의 운영 방침에 민감함 · 균형 잡힌 시각으로 사건을 봄 · 규정과 규칙에 따라 행동함	· 개인의 이익을 극대화하기 위한 흥정에 능함 · 적당한 열의와 평범한 수완으로 업무를 수행함	· 규정 준수를 강조함 · 명령과 계획이 빈번하게변경됨 · 리더와 부하 간의 비인간적 풍토 존재
수동형	· 판단이나 사고 시 리더에 의존함 · 지시가 있어야 행동함	· 하는 일이 없음 · 제 몫을 하지 못함 · 업무 수행에 감독이 필요함	· 조직이 나의 아이디어를 원치 않음 · 노력과 공헌을 해도 아무 소용이 없음 · 리더는 항상 자기 마음대로 함
주도형	· 모범형으로 불리기도 하며, 조직과 팀의 목적 달성을 위해 독립적·혁신적으로 사고하고 적극적으로 역할을 실천함 · 독립적·혁신적 사고 측면에서 스스로 생각하고 건설적인 비판을 하며, 자기 나름의 개성이 있고 혁신적이며 창조적임 · 적극적인 참여와 실천 측면에서 솔선수범하고 주인의식을 가지고 있으며 적극적으로 참여하고 자발적이며 기대 이상의 성과를 내려고 노력함		

70 대인관계능력 문제　　　　　　정답 ②

변혁적 유형의 특징에 해당하는 것은 ⓒ, ⓔ, ⓑ으로 '3개'이다.

오답 체크

ⓐ, ⓑ은 파트너십 유형의 특징, ⓒ, ⓓ은 민주주의에 근접한 유형의 특징, ⓐ은 독재자 유형의 특징에 해당한다.

71 대인관계능력 문제　　　　　　정답 ③

ⓒ 반복된 사과는 불성실한 사과처럼 받아들여져 신뢰를 잃을 수 있으므로 적절하지 않다.

ⓑ 대인관계에서 나타나는 어려움은 대부분 역할과 목표에 대한 갈등과 애매한 기대 때문에 발생하므로 새로운 상황에 직면할 때마다 서로에 대한 기대를 분명히 하여 공유해야 하므로 적절하지 않다.

따라서 대인관계능력을 향상시킬 수 있는 방법으로 적절하지 않은 것의 개수는 '2개'이다.

🔍 더 알아보기

대인관계능력 향상 방법

상대방에 대한 이해와 양보	자신한테는 중요한 일이 다른 사람한테는 사소한 일일 수 있으므로 상대방의 관점에서 중요하다고 생각하는 것을 이해함
사소한 일에 대한 관심	인간관계의 커다란 손실은 사소한 것으로부터 비롯되며, 나이와 경험에 상관없이 사람들은 쉽게 상처받고 내적으로 민감할 수 있으므로 약간의 친절과 공손함은 매우 중요함
약속의 이행	책임지고 약속을 지키는 습관을 가진다면 주변 사람들과의 이해의 간격을 좁혀주는 신뢰를 얻을 수 있음
칭찬하고 감사하는 마음	상대방에 대한 칭찬과 감사의 표시는 상호 간의 신뢰를 형성하고 사람의 마음을 움직이게 하지만, 상대방에 대한 불만과 불평은 상호 간의 신뢰가 무너질 수 있으므로 칭찬하고 배려하며, 감사하는 마음을 가져야 함
기대의 명확화	대인관계에서 나타나는 어려움은 대부분 역할과 목표에 대한 갈등과 애매한 기대 때문에 발생하므로 새로운 상황에 직면할 때마다 서로에 대한 기대를 분명히 하여 공유해야 함
언행일치	언행일치는 자신의 말을 실제 행동으로 실현함으로써 약속을 지키고 기대를 충족시키는 것으로, 개인의 언행일치는 대인관계에서 신뢰를 쌓을 수 있음
진지한 사과	실수를 저지르는 것과 인정하지 않는 것은 별개의 문제이므로 자신의 실수를 덮지 않고 진지하게 사과해야 하며, 이때 반복된 사과는 불성실한 사과와 같이 받아들여져 신뢰를 잃을 수 있으므로 주의해야 함

72 대인관계능력 문제　　　　　　정답 ④

A 씨는 핸드폰과 요금제에 대해 설명하는 상담원들의 말을 믿지 않고 계속해서 추가적인 질문을 하며 의심하고 있으므로 '의심형'이 가장 적절하다.

🔍 더 알아보기

고객 불만 표현 유형 및 대응 방법

의심형	· 직원의 설명이나 제품의 품질에 대해 의심을 많이 하는 고객 유형 · 분명한 증거나 근거를 제시하여 고객 스스로 확신을 갖도록 유도하거나 책임자가 직접 응대하도록 함
거만형	· 자신의 과시욕을 드러내고 싶어 하는 고객 유형 · 최대한 정중하게 대하고, 자신의 과시욕을 채울 수 있을 만큼 마음껏 표현하도록 내버려 두도록 함
트집형	· 자신의 목적을 이루기 위해 사소하거나 엉뚱한 것을 문제 삼는 고객 유형 · 고객의 이야기를 경청하고 공손한 모습을 보이며, 충분히 경청 후 잘못된 점에 대해 사과하여야 함
빨리빨리형	· 성격이 급하며, 확신 있는 말이 아니면 잘 믿지 않는 고객 유형 · 만사를 시원스럽게 처리하는 모습으로 고객을 응대하고, 애매한 화법을 사용하지 않도록 함

73 직업윤리 문제　　　　　　정답 ②

예절은 국가와 겨레에 따라 달라지며, 언어 문화권과 밀접한 관계를 갖지만 같은 언어 문화권이라고 하더라도 지방에 따라 다를 수 있으므로 가장 적절하지 않다.

74 직업윤리 문제　　　　　　정답 ②

통화 담당자가 자리에 없을 경우에는 용건을 확인한 후 대신 처리할 수 있는 업무는 직접 처리 후 담당자에게 정확한 처리 상황을 전달해야 하므로 가장 적절하지 않다.

75 직업윤리 문제　　　　　　정답 ①

사전에서 '마음에 거짓이나 꾸밈이 없이 바르고 곧음'으로 풀이하고 있는 정직은 신뢰를 형성하고 유지하는 데 필요한 가장 기본적이고 필수적인 규범이므로 빈칸에 들어갈 단어로 가장 적절한 것은 '정직'이다.

76 직업윤리 문제

A 자동차의 생산팀장인 甲은 경쟁 업체인 B 자동차의 임원인 사촌 형이 자사의 알고리즘 기술을 공유해 줄 것을 요청하며 B 자동차의 임원 직급과 자율주행 자동차 연구비의 일부를 보상으로 지급해 주겠다고 하였으나, 회사에서 힘들게 개발한 기술을 유출하는 것은 시장 경제 원리에 어긋날 뿐만 아니라 불법이라는 사실을 인지하고 사촌 형의 제안을 거절하였으므로 甲이 고수한 직업윤리의 기본원칙으로 법규를 준수하고, 경쟁 원리에 따라 공정하게 행동해야 한다는 '공정경쟁의 원칙'이 적절하다.

🔍 더 알아보기

직업윤리의 기본원칙

다양한 직업환경의 특성상 모든 직업에 공통적으로 요구되는 윤리원칙을 추출할 수 있으며 이를 직업윤리의 5대 원칙이라고 함

객관성의 원칙	업무의 공공성을 바탕으로 공사 구분을 명확히 하고, 모든 것을 숨김없이 투명하게 처리하는 원칙
고객중심의 원칙	고객에 대한 봉사를 최우선으로 생각하고 현장중심, 실천중심으로 일하는 원칙
전문성의 원칙	자기 업무에 전문가로서 능력과 의식을 가지고 책임을 다하며, 능력을 연마하는 원칙
정직과 신용의 원칙	업무와 관련된 모든 것을 숨김없이 정직하게 수행하고, 본분과 약속을 지켜 신뢰를 유지하는 원칙
공정경쟁의 원칙	법규를 준수하고, 경쟁 원리에 따라 공정하게 행동하는 원칙

77 직업윤리 문제

제76조의2 제1항에서 사용자 또는 근로자는 직장에서의 지위 또는 관계 등의 우위를 이용하여 업무상 적정 범위를 넘어 다른 근로자에게 신체적·정신적 고통을 주거나 근무 환경을 악화시키는 행위를 직장 내 괴롭힘이라고 하였으므로 관리자가 직장에서 지위의 우위를 이용하여 업무상 적정 범위를 넘어서 직원들을 실시간으로 관찰하고 주의를 주는 쪽지를 내려 발송하여 직원들에게 정신적 고통을 준 사례는 직장 내 괴롭힘에 해당하기 때문에 해당 사례가 직장 내 괴롭힘으로 인정받을 수 없는 것은 아님을 알 수 있다.

오답 체크

① 제76조의3 제5항에서 사용자는 조사 결과 직장 내 괴롭힘 발생 사실이 확인된 때에는 지체 없이 행위자에 대해 징계, 근무 장소의 변경 등 필요한 조치를 하여야 하며, 이 경우 사용자는 조치를 하기 전에 그 조치에 대해 피해근로자의 의견을 들어야 한다고 하였으므로 적절하다.

③ 제76조의3 제6항에서 사용자는 직장 내 괴롭힘 발생 사실을 신고한 근로자와 피해근로자등에게 해고나 그 밖의 불리한 처우를 해서는 아니 된다고 하였으며, 제109조 제1항에서 제76조의3 제6항을 위반한 자는 3년 이하의 징역 또는 3천만 원 이하의 벌금에 처한다고 하였으므로 적절하다.

④ 제76조의2 제1항에 따라 상사가 직장에서 지위의 우위를 이용하여 고객이 있는 자리에서 부하 직원의 멱살을 잡고 머리카락을 잡아채는 등 업무상 적정 범위를 넘어서 공개적으로 모욕을 주고 신체적 고통을 준 사례는 직장 내 괴롭힘에 해당하므로 적절하다.

⑤ 제76조의3 제3항에서 사용자는 직장 내 괴롭힘 발생 시 사실 확인을 위한 조사 기간 동안 피해근로자를 보호하기 위해 필요한 경우 해당 피해근로자등에 대해 근무 장소의 변경, 유급휴가 명령 등 적절한 조치를 취해야 하며, 이 경우 사용자는 피해근로자등의 의사에 반하는 조치를 하여서는 아니 된다고 하였으므로 적절하다.

🔍 더 알아보기

직장 내 괴롭힘의 인정 요소

- 직장에서 지위 또는 관계 등의 우위를 이용할 것
- 업무상 적정 범위를 넘는 행위일 것
- 신체적·정신적 고통을 주거나 근무 환경을 악화시켰을 것

78 직업윤리 문제

호텔관광경영학과를 졸업하고 H 호텔의 프런트 데스크에서 근무하는 고 사원은 학생 시절에 호텔리어로서 갖춰야 할 지식과 태도를 갖추고자 노력하였고, 진정한 고객 만족을 위해서는 호텔 관련 지식과 교육이 필수적이라고 판단하였으므로 본인의 일이 누구나 할 수 있는 것이 아니라 해당 분야의 지식과 교육을 바탕으로 성실히 수행해야만 가능한 것이라는 믿음을 바탕으로 일을 수행하는 '전문가의식'이 가장 적절하다.

🔍 더 알아보기

직업윤리의 덕목

소명의식	자신이 맡은 일은 하늘에 의해 맡겨진 일이라고 생각하는 태도
천직의식	자신의 일이 자신의 능력과 적성에 꼭 맞는다 여기고 그 일에 열성적으로 임하는 태도
직분의식	자신이 하고 있는 일이 사회나 기업을 위해 중요한 역할을 하고 있다고 믿고 자신의 활동을 수행하는 태도
책임의식	직업에 대한 사회적 역할과 책무를 충실히 수행하고 책임을 다하는 태도
전문가의식	자신의 일이 누구나 할 수 있는 것이 아니라 해당 분야의 지식과 교육을 바탕으로 성실히 수행해야만 가능한 것이라는 믿음을 바탕으로 일을 수행하는 태도
봉사의식	직업 활동을 통해 다른 사람과 공동체에 대하여 봉사하는 정신을 갖추고 실천하는 태도

79 직업윤리 문제

정답 ④

직업윤리는 개인윤리를 바탕으로 개개인이 직업에 종사하는 과정에서 필요한 특수한 윤리 규범으로, 개인윤리의 덕목에는 타인에 대한 물리적 행사인 폭력이 절대 금지되어 있지만 군인이나 경찰관 등의 경우에는 필요한 상황에서 허용되므로 개인윤리와 직업윤리에 대해 적절하게 이야기하고 있는 사람은 '한 사원'이다.

오답 체크

① 양 주임: 직장이라는 특수 상황에서 가지는 집단적 인간관계는 가족관계, 개인적 선호에 의한 친분관계와는 다른 측면의 배려가 요구되므로 적절하지 않다.

② 이 사원: 업무 수행상 개인윤리와 직업윤리가 상황에 따라 서로 충돌하는 경우, 행동기준으로 직업윤리가 우선되어야 하므로 적절하지 않다.

③ 오 주임: 직장 생활에서는 공동의 재산, 정보 등을 개인의 권한 하에 위임, 관리하여 높은 윤리의식을 함양해야 하며, 개인의 정보를 회사의 권한 하에 위임, 관리하는 것은 아니므로 적절하지 않다.

⑤ 윤 대리: 기업은 보다 강한 경쟁력을 키우기 위하여 조직원 개개인의 역할과 능력이 경쟁 상황에 맞게 꾸준히 향상되도록 해야 하므로 적절하지 않다.

80 직업윤리 문제

정답 ②

ⓔ에서 고정관념적인 성별 역할의 강요는 성차별적인 행동에 해당되는 것으로, 해서는 안 되는 행위로 분류될 뿐 성적 언동이라고 보기는 어렵다고 하였으므로 회사의 유일한 여성 직원인 乙이 고정관념적인 성별 역할을 강요하는 사장의 주장으로 손님이 올 때마다 혼자 회사 다용도실과 화장실 청소를 담당하여 스트레스를 받고 있는 사례는 직장 내 성희롱에 해당하지 않는다.

오답 체크

① ⓒ에서 구직자도 직장 내 성희롱의 피해자에 포함된다고 하였으므로 신입사원 채용에 면접관으로 참석한 甲이 구직자에게 뽀뽀해주면 가산점을 주겠다고 회유한 사례는 직장 내 성희롱에 해당한다.

③ ⓔ에서 이성 간의 행위와 동성 간의 행위 모두 직장 내 성희롱이 될 수 있다고 하였으므로 생산직 사원 丙을 동성의 상사들이 돌아가면서 뒤에서 껴안고 엉덩이를 만진 사례는 직장 내 성희롱에 해당한다.

④ ⓔ에서 특정인을 염두에 두지 않았더라도 성적 굴욕감이나 혐오감을 준다면 직장 내 성희롱이 성립된다고 하였으므로 회사 책상에 여성의 나체 사진 달력을 걸어놓은 丁이 다른 직원들이 불쾌함을 느끼고 있음에도 시정하지 않은 사례는 직장 내 성희롱에 해당한다.

⑤ ⓛ에서 사업장 밖에서 근무시간 외에 성희롱을 한 경우에도 직장 내 성희롱으로 처벌할 수 있다고 하였으므로 퇴근 후 부하 직원에게 본인의 벗은 몸 사진을 보낸 戊가 부하 직원으로부터 기분 나쁘니 연락하지 말라는 답장을 받고 화가 나서 부하 직원의 승진에 불이익을 준 사례는 직장 내 성희롱에 해당한다.

공기업 최종 합격을 위한
추가 학습 자료 5종

본 교재 인강
30% 할인쿠폰

30% 7945 A4DB 2297 A978

NCS 온라인 모의고사
응시권

C83F B8A6 7D8B 6CA5

* 지급일로부터 30일간 PC로 응시 가능

이용방법 해커스잡 사이트(ejob.Hackers.com) 접속 후 로그인 ▶ 사이트 우측 상단 [나의정보] 클릭 ▶
[나의 쿠폰] 클릭 ▶ [쿠폰/수강권 등록]에 쿠폰(인증)번호 입력 후 이용

* 위 쿠폰은 한 ID당 1회에 한해 등록 및 사용 가능하며, 이벤트 강의 및 프로모션 강의에는 적용 불가, 쿠폰 중복 할인 불가합니다.
* 이 외 쿠폰 관련 문의는 해커스 고객센터(02-537-5000)로 연락 바랍니다.

고난도 시험 대비
피듈형 모의고사(PDF)
이용권

832V LEBF G45U HDMA

NCS 빈출 개념
스터디 자료집(PDF)
이용권

74LS CNF2 34WK FY26

이용방법 해커스잡 사이트(ejob.Hackers.com) 접속 후 로그인 ▶ 사이트 메인 상단 [교재정보 - 교재 무료자료] 클릭 ▶
교재 확인 후 이용하길 원하는 무료자료의 [다운로드] 버튼 클릭 ▶ 위 쿠폰번호 입력 후 다운로드

* 이 외 쿠폰 관련 문의는 해커스 고객센터(02-537-5000)로 연락 바랍니다.

FREE # 무료 바로 채점 및 성적 분석 서비스

바로 이용▶

이용방법 해커스잡 사이트(ejob.Hackers.com) 접속 후 로그인 ▶ 사이트 메인 상단 [교재정보 - 교재 채점 서비스] 클릭 ▶
교재 확인 후 채점하기 버튼 클릭

헤럴드 선정 2018 대학생 선호 브랜드 대상 '취업강의' 부문 1위

해커스공기업과 함께
단기간 고득점 합격 가능!

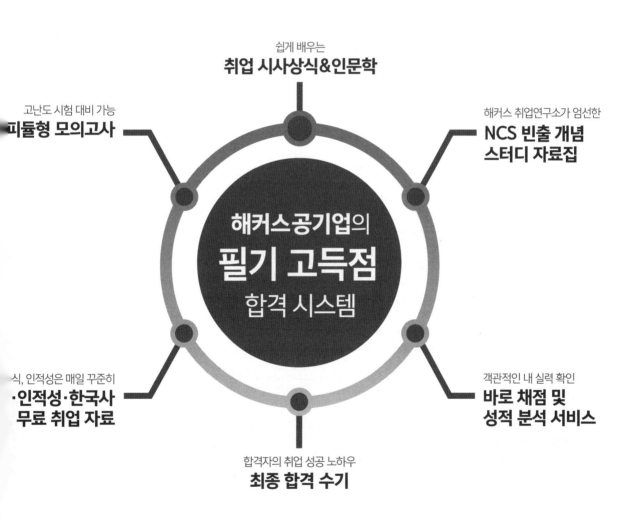

쉽게 배우는
취업 시사상식&인문학

고난도 시험 대비 가능
피듈형 모의고사

해커스 취업연구소가 엄선한
**NCS 빈출 개념
스터디 자료집**

**해커스공기업의
필기 고득점
합격 시스템**

식, 인적성은 매일 꾸준히
**·인적성·한국사
무료 취업 자료**

객관적인 내 실력 확인
**바로 채점 및
성적 분석 서비스**

합격자의 취업 성공 노하우
최종 합격 수기

상담 및 문의전화

인강 02.537.5000
학원 02.566.0028

취업강의 1위, **해커스잡**
ejob.Hackers.com

해커스공기업
NCS 모듈형
통합 봉투모의고사

개정 2판 2쇄 발행 2024년 5월 20일
개정 2판 1쇄 발행　2022년 1월 3일

지은이	해커스 취업교육연구소
펴낸곳	㈜챔프스터디
펴낸이	챔프스터디 출판팀

주소	서울특별시 서초구 강남대로61길 23 ㈜챔프스터디
고객센터	02-537-5000
교재 관련 문의	publishing@hackers.com
	해커스잡 사이트(ejob.Hackers.com) 교재 Q&A 게시판
학원 강의 및 동영상강의	ejob.Hackers.com

ISBN	978-89-6965-249-2 (13320)
Serial Number	02-02-01